进口博览会贸易促进效应研究：
主体、内容和网络

张 娟 著

中国财经出版传媒集团
中国财政经济出版社

图书在版编目（CIP）数据

进口博览会贸易促进效应研究：主体、内容和网络／张娟著．－－北京：中国财政经济出版社，2020.12
ISBN 978－7－5223－0044－3

Ⅰ．①进… Ⅱ．①张… Ⅲ．①国际贸易－进口贸易－博览会－研究－中国 Ⅳ．①F752.61-282

中国版本图书馆 CIP 数据核字（2020）第 173289 号

责任编辑：彭　波　　　　　责任印制：史大鹏
封面设计：卜建辰　　　　　责任校对：张　凡

中国财政经济出版社 出版

URL：http://www.cfeph.cn
E-mail：cfeph@cfeph.cn

（版权所有　翻印必究）

社址：北京市海淀区阜成路甲 28 号　邮政编码：100142
营销中心电话：010-88191522
天猫网店：中国财政经济出版社旗舰店
网址：https://zgczjjcbs.tmall.com
北京财经印刷厂印刷　各地新华书店经销
成品尺寸：170mm×240mm　16 开　12.25 印张　201 000 字
2020 年 12 月第 1 版　2020 年 12 月北京第 1 次印刷
定价：68.00 元
ISBN 978－7－5223－0044－3
（图书出现印装问题，本社负责调换，电话：010-88190548）
本社质量投诉电话：010-88190744
打击盗版举报热线：010-88191661　QQ：2242791300

序　言

举办中国国际进口博览会（以下简称"进口博览会"），是以习近平同志为核心的党中央着眼于推进新一轮高水平对外开放做出的重大决策，是中国主动向世界开放市场的重大举措。进口博览会办出了不一般的影响、不一般的成效、不一般的水平，国际影响力和吸引力越来越大，让全球客商分享了中国机遇，赢得国内外广泛赞誉，办成了不一般的博览会。作为中国对外开放的国家级展会平台，无论是理论层面还是实践层面，进口博览会效应都具有研究价值。

研究进口博览会效应，最有效的方式是回到事物的本源，也就是要回答进口博览会内涵和意义。进口博览会已经在上海成功举办三届，宣示了中国推进更高水平开放的坚定决心，本书作者提出，进口博览会是推动开放型世界经济发展的国家级展会平台。

第一，进口博览会是倡导共建创新包容开放型世界经济主张的国家级展会平台。进口博览会持续举办，充分体现中国构建"人类命运共同体"的大国担当，是中国支持多边贸易体制的实际行动。新冠肺炎疫情冲击下，全球经济增长前景黯淡，全球贸易投资预期下调，"退群""脱钩""筑墙"破坏全球价值链、供应链的保护主义、单边主义持续蔓延。当全球化遭遇逆风之时，第三届中国国际进口博览会于 2020 年 11 月 5 日至 10 日在国家会展中心（上海）举办，为动荡的全球经济注入了更多确定性，是中国倡导和致力开放、包容、普惠、平衡、共赢的开放型世界经济的宣誓和主张。

第二，进口博览会是主动持续向世界开放市场的国家级展会平台。构建人类命运共同体关键在行动，举办进口博览会就是在"一带一路"之外，中国推动构建人类命运共同体的又一具体实践。第三届进博会企业商业展规划总面积 36 万平方米，包括服务贸易、汽车、消费品、技术装备、医疗器械及医药保健、食品及农产品等 6 个展区，增强或拓展了养老康复、节能环保、公共卫生、家庭清洁和个人防护、智慧出行、非银金融服务等题材，表明中国持续主动向世界开放市场的信心和决心，有利于促进世界各国加强经贸交流合作,应对贸易摩擦和疫情冲击,促进全球贸易和世界经济增长。

第三,进口博览会是推动扩大国际经贸政策措施落地的国家级展会平台。举国家之力举办的进口博览会,由国务院领导牵头,涉及国家十多个部委共同推动了系列制度创新,包括进一步降低进口关税、提升通关便利化水平、复制推广电子商务综合试验区经验削减、加强外贸诚信体系建设和知识产权保护。第三届进口博览会进一步推动智能化海关监管服务模式,完善特殊食品进口注册制度来提升和完善制度环境,形成与开放型经济体制相匹配、相适应的贸易投资监管服务制度体系,形成具有国际竞争力的营商环境。

进口博览会"越办越好",发挥了国际采购促进、贸易投资促进、人文交流促进、开放合作平台促进等效应。

第一,进口博览会是全球最大的采购供应平台。参展企业质量越来越高,进口博览会吸引了世界500强和龙头企业超250家,以及一批"隐形冠军"和"小而美"的中小企业参展。采购商数量大幅提升,进口博览会组建了39个交易团、近600个交易分团,自首届进博会以来,上海市先后认定了56家"6天+365天"交易服务平台,共引入1000多家进博会展商,累计进口商品约1500亿元。参展企业认为,进口博览会已成为全球最大的采购供应平台。进口博览会的持续举办,将进一步增强采购、展示、销售、分拨等功能,推动展品变商品,增强国际开放枢纽功能建设。

第二,进口博览会带动贸易投资促进的综合效应扩大。当前,疫情推动国际经贸格局深刻调整,各国引资竞争日趋激烈,举办进口博览会,有效改善了中国营商环境,有利于"稳外资"。进口博览会成为各地区新的引资平台,各地方面向各国代表开展招商引资活动,促进贸易投资和产业合作,例如浙江中欧数字经济和高新技术对接上有33个项目签约,上海开通"上海外商投资促进服务平台",组建"招商服务大使"队伍,打造一站式综合服务平台,召开"上海城市推介大会",外资项目落地加速,上海主动对接进口博览会高级别经贸团组,设计发布52条经贸考察线路,举办56场投资促进活动,放大"外交官与民营企业家交流活动"品牌效应,2020年前三季度,中国吸收外商直接投资同比增长2.1%。上海同比增长6.1%,新增跨国公司地区总部38家、外资研发中心14家,累计分别为758家和475家。进口博览会显著推动上海成为全球资本融通的重要枢纽节点,增强了中国对跨国投资的吸引力,拓展了全球资源配置能力和国际发展空间。

第三,进口博览会增进了五洲人文交流。进口博览会包括企业展和国家展,企业展吸引了"万商云集",而国家展则成为全球人文交流平台。第二届进口博览会，国家展新亮相国家超 1/3，如柬埔寨重点展示高棉民族传统文化和特色商品、牙买加展示加勒比地区的融合文化、意大利馆的主题是"沿新丝路的意大利科技与设计"等，各国倾力推出的演艺活动广受欢迎，成为各国人文交流的靓丽窗口。国内有关省区市精心设计非物质文化遗产和"中华老字号"展示及互动体验，如浙江龙泉窑瓷器、福建寿山石雕、陕西华县皮影戏等，充分展示了中华文明的无穷魅力，增进了文化交流互鉴。进口博览会增进了五洲人文交流、经济人文相互促进，书写了国际博览业史的崭新篇章。

第四，进口博览会逐渐成为维护自由贸易和多边主义的开放合作平台。进口博览会同期还将举办"虹桥国际经济论坛"，全球共商共议，共谋发展，共解难题，打造一个包容开放合作新平台。虹桥声音越来越响。第二届国际经济论坛主题鲜明、内容丰富、议题广泛。有关国家政要、国际组织负责人、诺贝尔奖得主、知名智库学者、世界500强董事长和总裁等各界嘉宾济济一堂，围绕营商环境、人工智能、世贸组织改革、数字化时代和"一带一路"倡议开展讨论。世贸组织小型部长会议发出声明，就世贸组织进行必要改革达成共识，推动92个成员联署投资便利化部长声明。虹桥国际经济论坛品牌效应和国际影响力持续扩大，既是提供中国智慧、发出中国声音的重要舞台，也是维护自由贸易和多边主义的世界开放合作平台。

本书从进口博览会的贸易促进效应研究，是为了抓住四大效应的本质。采购平台是展会最基本的功能，也是展会作为国际贸易促进平台的体现。贸易投资促进平台是展会发挥聚集参展和采购主体作用，通过贸易主体集聚，促进贸易规模升级和结构优化。人文交流平台是展会发挥国际商务交流作用的体现，通过降低沟通不畅等带来的隐性贸易成本，促进贸易网络进一步扩大。开放合作平台是展会发挥国际经贸规则交流对话作用，通过协调贸易争端、推动贸易规则制定，促进全球贸易合作创新。

进口博览会已成为中国层次最高、到会采购商最多、成交效果最好的综合性经贸盛会，是当之无愧的"中国第一博览会"和全球最大的进口贸易促进平台。本书从主体、内容和网络三个方面已经对进口博览会贸易促进效应进行了全面演绎。但是，随着国际国内经贸形势不断变化，进口博览会意义不断深化。随着展会内容和形式不断丰富，进口博览会效应不断强化。作者不局限于对进口博览会效应总结回顾，而是提出中国发展数字贸易、技术贸易等新型贸易探索性思考，以及上海国际贸易中心建设，打造联动长三角、服务全国、辐射亚太的进出口商品集散地等区域贸易网络建设思路，并对有关制度政策进行了前瞻性思考。

第一，围绕推动规则制度性开放，全面对标CPTPP等高标准经贸规则，本书提出推进服务贸易、数字贸易等新型贸易支持政策，与国际接轨的离岸转手贸易税收制度以及数据跨境流动试点等探索。

第二，依托进口博览会，围绕"引进来、走出去"两大开放重点领域，本书提出重点推进实施一批扩大开放重大举措和落地一批标志性外资项目，研究存量外资企业再投资、外资股权投资等支持政策，破解全球资金、技术、信息、人才等要素资源跨境流动的政策制度"瓶颈"。

第三，围绕增强面向国际国内两个扇面功能，全力推动进口博览会、自贸试验区临港新片区、长三角一体化示范区等开放高地和重大平台建设，本书提出推动上海国际贸易中心建设，打造联动长三角、服务全国、辐射亚太的进出口商品中心，助力更多全球品牌从进口博览会走进中国，从中国走向世界，形成两个扇面协同发展、内外开放统筹推进的开放格局。

无论就深度和厚度角度出发，本书都对进口博览会的贸易促进效应进行有效探索。学术研究没有止境，实践研究更没有止境，随着以国内大循环为主体、国内国际双循环相互促进的新发展格局的提出，也希望在未来能够看到作者有对进口博览会效应更为深入研究思考成果，以理论指导实践，以实践丰富理论，推动进口博览会久久为功。

张国华

上海市商务委员会副主任

目 录

第一章 进口博览会举办情况和总体效应 …………………………… 1
    第一节 进口博览会举办情况回顾 ………………………………… 1
    第二节 进口博览会总体效应评估 ………………………………… 4

第二章 进口博览会贸易主体集聚效应研究 …………………………… 9
    第一节 贸易性组织和机构 ………………………………………… 9
    第二节 跨国公司地区总部 ………………………………………… 17
    第三节 本土跨国公司培育 ………………………………………… 28

第三章 进口博览会贸易内容促进效应研究 …………………………… 52
    第一节 进口贸易 …………………………………………………… 52
    第二节 技术贸易 …………………………………………………… 64
    第三节 数字贸易 …………………………………………………… 80
    第四节 钻石（宝玉石）贸易 ……………………………………… 96
    第五节 进口消费 …………………………………………………… 103

第四章 进口博览会贸易区域促进效应研究 …………………………… 113
    第一节 上海国际贸易中心建设研究 ……………………………… 113
    第二节 联动长三角服务全国辐射亚太的进口商品集散中心研究 … 127
    第三节 长三角区域贸易投资一体化研究 ………………………… 147

第五章 进口博览会贸易监管创新促进效应研究 ……………………… 161
    第一节 区域通关一体化 …………………………………………… 161
    第二节 保税展示交易 ……………………………………………… 166

参考文献 ………………………………………………………………… 180
后　记 …………………………………………………………………… 185

第一章

进口博览会举办情况和总体效应

进口博览会不仅是"买全球、卖全球"的贸易合作平台，还是集贸易、投资、技术等活动于一体的开放合作平台，具有很强的国际公共产品属性。两届进口博览会的举办有力带动了贸易与投资、文化、旅游、产业等融合互动，综合溢出效应进一步扩大。

第一节 进口博览会举办情况回顾

进口博览会是迄今为止世界上第一个以进口为主题的国家级展会，在国内外引起了广泛关注和热烈反响。第一届和第二届进口博览会分别共有172个和181个国家、地区和国际组织的代表参会，3600余家和3800余家企业参展。6天展会分别共计97.6万人和94.6万人入场观展；按一年计，第一届进口博览会和第二届进口博览会累计意向成交额分别为578.3亿美元和711.3亿美元，新产品、新技术发布分别为570多项和391项；场内、场外分别举办了510余场和380余场配套活动。

一、展览规模越来越大

首届和第二届进口博览会分别有172个、181个国家（地区和国际组织）参会，3600多家、3800多家企业参加企业商业展，40余万、50余万名境内外专业观众注册参会，展览面积分别达27万平方米、36.6万平方米。国家展是各参展国展示国家形象、经贸发展成就和特色优势产品的区域，超出80个国家、3个国际组织设立展台，展览面积约3万平方米。企业商业展设七大展区，包括1个服务贸易展区，以及6个货物贸易展区：汽车、智能及高端装备、消费电子及家电、服装服饰及日常消费品、医疗器械及医药保健、食品及农产品。20国集团、金砖国家、上合组织所有成员的企业参展，超出60个"一带一路"沿线国家1155家企业参展。全球众多知名企业参展，包括220家世界500强企业和行业龙头企业。

二、企业质量越来越高

进口博览会吸引到了来自全球的优质商品，从高端机械装备，到百姓日常用品，再到产品配套解决方案，推动中国经济高质量发展，并满足百姓更高水平的消费需求。首届进口博览会中，智能及高端装备展区为面积最大的展区，也是世界500强较为集中的展区，有400多家企业参展。通用电气、杜邦、佳能、日立、施耐德、微软、戴尔等一大批国际顶尖的科技企业，库卡、ABB、发那科等世界工业机器人巨头，霍尼韦尔、西门子、三菱电机等高科技制造企业都来展示其尖端成果。在消费领域，有1000多家国际食品及农产品企业参加，包括雀巢、达能、路易达孚、邦吉、嘉吉、丰益国际、巴西JBS、百事、喜力等世界500强企业以及多家全球大型休闲食品企业、知名酒类和饮料供应商企业。医疗器械及医疗保健领域有300多家参展企业，包括罗氏、阿斯利康、强生、赛诺菲、拜耳、飞利浦、美敦力、诺和诺德、赛默飞等全球医药行业巨头。第二届进口博览会中，一批"隐形冠军"和"小而美"的中小企业首次参展。全球车企巨头全都来了，如美国通用、福特、德国奔驰、大众、宝马、日本丰田、韩国现代等。采购商数量大幅超过首届，组建了39个交易团、近600个交易分团。境外采购商超过800家，比首届增长35家、成交额增加1倍。既有法国家乐福、德国麦德龙等知名零售企业，又有一大批中小专业采购商参会。

各省、自治区、直辖市、计划单列市、新疆生产建设兵团、国务院国资委、国家卫生健康委每届组织了39个交易团近600个交易分团参会。境内专业观众注册从40万人增加到50万人，采购商国际化程度进一步提高。报名单位中企业占比达85%，企业人员中85%是采购、销售和管理人员，充分体现首届进口博览会的专业化和国际化水平。第二届中国国际进口博览会现场交易成果丰硕,按一年及以内计,累计意向成交711.3亿美元,比首届的578.3亿美元增长了23%。

三、新产品、新服务越来越多

作为进口博览会的突出亮点之一,亮相中国的展品很多是"全球首发、中国首展"的新产品、新技术、新服务,第一届超过300件,第二届超过400件。例如,第一届有"万物互联"的智能工厂解决方案、可与人协作的工业机器人、氢燃料电池汽车等一批最"聪明"、最"绿色"的产品,计划通过博览会的"跳板",逐步进入中国市场。以胶卷起家的日本富士胶片,借助科技力量完成了大转型,展出医疗健康和高性能材料两大块。还有将人工智能和传统影像技术结合的英国产品,方便X射线医生更早诊断病情,以及德国采埃孚的自动驾驶"大脑"、韩国SK海力士的芯片、美国惠而浦的智能厨卫电器等。第二届有德国雄克公司的全球最灵活机械手、日本泰尔茂株式会社的全球最细腹岛素注射针头、意大利法拉帝集团的高速巡逻艇、智能最高产的瑞士纺纱机、最环保的日韩氢燃料电池动力车等以及德国"工业4.0"代表作数控激光切割机、英国汇丰银行的区块链跨境信用证、法国达飞集团的全球最先进的冷藏物流解决方案。进口博览会带来前沿技术、产品和服务,更好地满足了人民美好生活需要和企业技术进步需要,也让企业和管理者看到发展差距与努力方向,成为学习平台。

四、虹桥声音越来越响亮

虹桥国际经济论坛由开幕式和三场平行论坛组成,有关国家政要、国际组织负责人、诺贝尔奖得主、知名智库学者、世界500强董事长和总裁等各界嘉宾济济一堂。第一届围绕贸易与开放、贸易与创新、贸易与投资三大议题,深入讨论经济全球化受阻、国际投资持续走低的背景下,以数字化、网络化、智能化为特征的新工业革命引领产业和经济的变革与发展。第二届围绕营商环境、人工智能、世贸组织改革、数字化时代、70年中国发展与人类命运共同体等重大议题,进行了热烈讨论,发言精彩纷呈。第二届进口博览会还举办世贸组织小型部长会议,就世贸组织进行必要改革达成共识,推动92个成员联署投资便利化部长联合声明,为世贸组织改革和第12届部长级会议作了积极准备。虹桥国际经济论坛品牌效应和国际影响力持续扩大,既是提供中国智慧、发出中国声音的重要舞台,也是共同发出维护自由贸易和多边主义的国际平台。

五、配套活动越来越丰富

进口博览会着力推进供需对接、贸易撮合,帮助参展商和采购商加强展前展中撮合成交,提供了交流合作平台。第一届展会期间,进口博览局在6.2馆举办了大型展商客商供需对接会。来自82个国家和地区的1178家参展商、2462家采购商参加。601家参展商和采购商达成了进一步实地考察的意向,657对参展商和采购商达成一项成交。第二届进口博览会期间,共举办380多场配套活动。其中,国家部委的政策解读类活动12场,如工信部举办"2019智能科技与产业国际合作论坛",民政部举办"中国康复辅助器具与健康大会",中国国际贸易促进委员会、海关总署举办"新时代扩大进口与贸易便利化高峰论坛",国家药监局举办"中国药械监管政策交流会"。国际组织中,世贸组织举办《2019年世界贸易报告(中文版)》发布会,联合国工发组织举办《2020年工业发展报告》发布会,世界知识产权组织举办打击侵权假冒国际合作论坛等。

第二届新品发布平台共组织53场发布活动,推出多项新产品和新技术,带来了法国普莱耶尔钢琴曲演奏、印度巴拉他纳亚舞、苏州评弹、侗族大歌、新疆塔吉克族鹰舞等近百场非遗类文化节目展演。部分省区市精设计170多个非物质文化遗产和"中华老字号"展示及互动体验,如浙江龙泉密瓷器、福建寿山石雕、陕西华县皮影戏等,充分展示了中华文明的无限魅力,增进了文化交流互鉴[①]。

第二节 进口博览会总体效应评估

进口博览会期间,共举行了多场各类配套活动,有关国家部委举办了数十场权威政策解读,相关国际组织发布了权威报告,数百项全球新技术新产

---

① 本节数据主要来自进口博览局官方网站,未标注来源的数据来自网络检索。

品首次发布，170多个非物质文化遗产和"中华老字号"展示交流，有关国家和地区开展了一系列投资旅游环境说明、项目推介等相关活动。进口博览会有力带动了贸易、投资、消费、技术和制度等综合溢出效应。

一、贸易促进效应

一是采购订单持续落地。根据公开报道，第一届进口博览会上海交易团意向成交金额在50亿美元以上，6个月以上的长期意向订单占比为70%，显示进口博览会参展商看好我国中长期制造和消费市场。二是"6天+365天"贸易平台"永不落幕"效应逐渐体现。为推动进口博览会效应实现，上海共认定了"6天+365天"交易服务平台49家。累计引入近800家参展商，2万多种产品，价值90多亿元，进口约752亿元商品，较首届进口博览会召开前增长108%。泰国、俄罗斯、墨西哥、秘鲁、阿根廷等10个国家宣布进驻天猫开设国家旗舰店，与"双11"实现无缝对接，超过100个新品牌入驻天猫国际，首次进入中国市场。虹桥进口商品保税展示交易中心完成基础招商引资，B型保税物流中心完成验收，绿地全球商品贸易港实现26个小时保税延展，这些具有常年展示交易功能的平台为进口商品和服务进入中国市场提供多模式、多渠道的服务，成为承接进口博览会溢出效应的主力军。三是推动进口商品采购渠道多元化。每届进口博览会"一带一路"沿线国家超过1000多家企业参展，贸易企业的采购网络不断拓宽。2019年，我国对欧盟、东盟进出口分别为4.9万亿元、4.4万亿元，分别增长8.0%、14.1%，两者合计占我国进出口总额的29.4%。随着"一带一路"建设扎实推进，我国对"一带一路"沿线国家进出口增长10.8%，高出进出口总体增速7.4个百分点，占进出口总额的29.4%，比上年提升2个百分点[①]。中国与"一带一路"沿线国家贸易发展势头良好，合作潜力不断释放，正在成为拉动中国外贸发展的新动力。四是推动进口商品国内销售通道逐步构建。进口博览会的举办发挥了对全国进口消费的引导作用，为进口贸易企业和平台在全国建立分销渠道奠定了基础。第二届进口博览会延展期间，绿地全球商品贸易港总客流近20万人次，零售总额超过600万元，接待国内外专业采购商310余组，总采购订单金额超过2000万元。截至目前，绿地全球商品贸易港已入驻53个

---

① 数据来自商务部官网。

国家和地区的 137 家客商展销的食品、酒饮、日用品、小家电等 5 万余件商品，进口博览会同款商品 7000 余件，累计成交金额超过 50 亿元。

二、投资促进效应

首届进口博览会共吸引 156 个国家、3 个地区和 13 个国际组织参加，开展投资贸易洽谈活动超过 200 场，有力地促进了经贸合作。

一是外资对我国市场开放的信心增强。自首届进口博览会闭幕以来，我国市场开放的信号不断释放，2019 年，我国吸收外资全球排名第二，在美国之后（与 2018 年排名持平）。全国新设立外商投资企业超过 4.1 万家，累计设立外资企业突破 100 万家；实际使用外资 9415.2 亿元，同比增长 5.8%（折 1381.4 亿美元，同比增长 2.4%），全年利用外资规模创历史新高。二是外资区域集聚效应凸显。进口博览会举办以来，作为举办地的上海，紧抓城市宣介机会，召开城市推介大会，打响"投资上海"品牌。各区分 10 大领域定制了 45 条投资考察参观路线，覆盖了上海大部分的优势产业和特色文化，例如陆家嘴金融，奉贤东方美谷，松江 G60 科创走廊，外高桥、虹桥商务区贸易，洋山、吴淞口航运，张江科创，闵行、嘉定、临港智能制造等，进一步引导了外资优化区域分布。进口博览会举办期间，全球最大的工业及物流地产运营商普洛斯、瑞典医疗器械巨头医科达、国际四大会计师事务所之一德勤等 12 家知名企业的重点项目与上海自贸区陆家嘴管理局签署合作协议；阿斯利康宣布将现有的上海研发平台升级为全球研发中心，并成立 AI 创新中心。此外，不少已落沪的外资项目也表现出增资扩资意向，如花王（上海）化工有限公司拟继续追加 4.3 亿元人民币投资开展二期建设。

三、消费促进效应

一是进口博览会推动上海成为全球新品首发地。作为全球新产品新服务发布地，根据中商数据，2019 年上海共计开出首店 986 家（不含快闪店），各类首店中，海外及中国港台地区新进品牌、中国大陆本土新创业品牌、既有品牌创建的全新副牌或子品牌、原有品牌的新概念店/跨界店或旗舰店、退市后改换门庭重出江湖的品牌新形象店占比分别为 18%、45%、12%、21%、4%；全球首店及亚洲首店、全国首店及大陆首店、华东区域首店、全市首店占比分别为2%、22%、13%、63%①。其中普拉达和芬迪首次在品牌所在地以外举办新品首发时装秀，英国品牌纪娜梵在第二届进口博览会上宣布将全球首发旗舰店落户黄浦区外滩。二是进口博览会推动进口商品消费意向激增。进口博览会结束后恰逢"双11"，来自天猫国际的数据显示，第一届进口博览会上的展品在"双11"之际迅速变成消费者重点目标消费商品，来自美日韩澳新等75个国家和地区的进口商品仅用6小时29分钟，就实现了2017年全天"双11"的交易额。三是进口博览会推动上海离境、免税业务快速发展。在首届进口博览会效应下，全市离境退税业务量较2017年同比增长近50%，2018年业务量增幅达35%。上海浦东机场T1新增免税入境店，浦东新区设立市内免税店，深圳免税集团获得上海吴淞口国际邮轮港口进境免税店经营权，成为国内首家邮轮港进境免税店的经营主体。第一八佰伴、佛罗伦萨小镇离境退税即买即退上线。第二届展会期间，全市离境退税物品销售额达560万元，同比增长16.2%。11月，离境退税开单量同比增长48.4%，退税物品销售情况较2018年增加85%。

四、技术促进效应

一是首届进口博览会期间，来自全球最优质的产品、服务和创意汇聚于此，有力地推动上海创新发展，弥补制造业短板和"瓶颈"，成为上海产业升级的"催化剂"。据《2018年首届进口博览会企业商业展展后报告》，首届进口博览会有101件具有代表性的先进产品、技术或服务为全球首次公开展示，476件为首次在中国展示，包括斯洛伐克的"会飞的汽车"、意大利的AW189型直升机、德国的"金牛座"铣床、美敦力最小的心脏起搏器、桌面级3D打印机等、德国仿人五指机械手、可见光无线通讯技术等。二是进口博览会的持续举办，新技术逐步转化为投资项目落地，加快了产业化进程。平湖中意直升机生产项目是进口博览会的直接成果，该项目也是正阳集团和意大利莱奥纳多直升机公司深化合作的成果，总投资人民币128亿元，投资建设两条意大利莱奥纳多AW系列直升机完工与交付中心、总装生产线、全自动模拟机中心、展示展销中心、研发中心、航材物流中心、维修服务中心等，以及建设一座满足试飞等需要的通航机场，设计产能年产直升机150架，

---

① 数据来源：中商网。

达产后年产值人民币 160 亿元以上，年利税人民币 6 亿元，计划于 2020 年 11 月投产。

五、改革开放促进效应

进口博览会有许多制度创新的安排，充分体现了对标国际最高标准、最好水平，推动建设国际一流营商环境。一是贸易便利化水平有新突破。海关总署等相关部委为进口博览会量身打造了涵盖展前、展中、展后的 25 项政策创新政策，包括延长展品 ATA 单证册有效期至 1 年，展品展后结转进入海关特殊监管区域视为核销，对展品展中销售和现场成交享受 70% 税收优惠、下放限制类入境商品审批权限等一批国内首创政策全面落地。口岸监管部门推出多项展品、人员进出便利措施；全国海关 24 小时不间断视频联网监控值守，第一时间现场解决通关保障问题。开发跨境贸易管理大数据平台，实现货物"靠泊即提"；运用"互联网+"创新口岸智能通关模式，大大提升境外旅客通关效率。二是推动了进口上市制度改革。国外进口医疗器械和医药进口上市，一直是我国市场开放推进难度大的领域，进口博览会推动了该领域改革的重要突破。例如，阿斯利康的肺癌药物奥希替尼仅用不到两个月的时间就通过了中国药监局的审评，创造了史上最快的新药申请（NDA）速度的纪录。默沙东的 9 价宫颈癌疫苗短短 9 天就获得了中国药监局的批准，创造了史上最快的有条件批准上市速度。美敦力公司的经导管植入式无导线起搏系统获批上市，比预期提前一年。扩大进境展览品种类，巴拿马菠萝等农畜产品首次参展并实现对华贸易。创新监管制度，为参展进口婴幼儿配方乳粉企业提供绿色通道，帮助获得产品配方注册证书或产品临时许可证书，并可在相关特殊区域增加 90 天展示时间，更快实现在国内市场的便利供应。三是创新权益保护制度。首次为进口博览会展品提供专利优先审查服务，实现展会期间知识产权零投诉；制定出台《境外仲裁机构在中国（上海）自由贸易试验区临港新片区设立业务机构管理办法》，支持商事法律、贸易仲裁等专业机构落户上海；遴选律师、仲裁员、人民调解员等专业人士成立进口博览会法律服务团；建立国际争议解决中心并实质化运行。

第二章

进口博览会贸易主体集聚效应研究

第一节 贸易性组织和机构

进口博览会是世界上第一个以进口为主题的国家级博览会,是国际贸易发展史上的一大创举,也是我国重大的经贸外交活动,吸引了国际贸易性组织和机构参加。上海加快集聚国际国内贸易性机构,打造上海国际国内贸易性机构集聚区,是上海建设"五个中心"、提升"四大功能"的重要举措,是上海加快建设国际贸易中心、打造全球资源配置中心的切实需要。利用上海特有的贸易资源优势吸引国际国内贸易性机构集群布局,形成贸易性机构集聚效应,并通过贸易性机构的辐射作用带动上海国际国内贸易发展,可以提高上海作为国际贸易中心的知名度、信誉度,对完善上海国际国内贸易平台功能,促进贸易服务质量的提高,优化商务环境,完善贸易基础设施,推进各地贸易融合与互动,加快上海国际贸易中心建设,具有重要意义。

一、贸易性机构的界定和核心功能

(一)贸易性机构的含义

1. 贸易性机构的概念及分类

贸易性机构主要包括两类机构:一是指提供贸易服务与促进功能的组织机构;二是直接进行有形商品(实物商品)和无形商品(劳务、技术)的交换活动的贸易制造商、采购商等产业组织机构。本书所指的贸易性机构主要指前者,即提供贸易服务与促进功能的组织机构。在商品经济已有几百年发展史的西方国家里,各类商协会等贸易性机构是伴随着商品生产与交换的发展而出现并不断强化其职能的。越是商品经济发达、生产社会化程度高的国家,其贸易性机构就越普遍,功能也越完善。目前,国际国内贸易性机构主要包括以下几类机构:

(1) 国际性及地区性贸易机构:如世界贸易组织(WTO)、国际商会(ICC)等国际性贸易组织机构;

(2) 各国国际贸易促进会、商协会;

(3) 海关、工商、法律、仲裁等机构;

(4) 国内商会、行业协会、民间贸易团体等。

2. 贸易性机构集聚

贸易性机构集聚是指各类贸易性机构在空间上向某一区域集中,吸引经济活动向一定地区靠近,产生出一定的经济效果并导致区域经济活动不断扩大的效应。

通过研究国际国内贸易中心城市发展历史可以发现,无论是国际贸易中心城市,还是国内贸易中心城市,无不是通过创造良好条件吸引国际国内商会、行业协会、贸易促进机构、经商代表处等贸易性机构组织入驻,进而集聚各种生产要素和创新要素,提升自己的核心竞争力。美国、新加坡、比利时等众多国家,以及我国香港特别行政区等地区,国际行业协会、商会总部等贸易性机构都已形成集聚之势。在贸易性机构集聚区这一更高层次的"总部经济"区域内,集聚着数千乃至上万家各种行业协会总部机构。目前,香港特别行政区引入的国际行业协会和组织已达1800多个,人口不及上海一个区的比利时首都布鲁塞尔,常驻的各类国际机构甚至多达数千家。

(二) 贸易性机构集聚是更高层次的"总部概念"

贸易性机构集聚是比跨国企业总部体量更大、功能更全、影响更为广泛的"总部概念",具有极大的影响力和号召力。

贸易性机构集聚比跨国企业总部体量更大。贸易性机构比跨国企业总部拥有更多的企业资源。以行业协会为例,每一家国际国内行业协会麾下均汇聚了各自行业的大量龙头企业、大量高级人才和大量可用资源。行业协会在某一地区集聚,就能通过乘数效应,吸引众多骨干企业来投资,设立研发中心、销售中心、管理中心、人才中心甚至企业总部。

作为"总部经济"的新元素,行业协会、商会总部等贸易性机构在各自行业中具有很大的权威性、影响力和号召力，对行业内的企业投资、经营选向等方面有一定的导向和引领作用。吸引各类行业协会、商协会机构等贸易性机构集聚，不仅在促进贸易企业健康发展方面发挥着极其重要的引导作用，在各国的国民经济直至国际间经贸合作等诸多领域，也发挥着不可忽视的作用。国际国内行业协会聚集在一起，便于协会之间的交流，对吸引贸易企业入驻和投资、加强贸易往来、解决贸易争端都能产生积极作用。

（三）贸易性机构的核心功能及效应

贸易性机构集中的区域，国际国内贸易的辐射力比较强，对于一个区域的发展，集聚贸易型机构至少具有以下核心功能及效应。

（1）贸易促进效应。贸易性机构在中心城市聚集有利于中心城市加强国际联络，提升与国际交往的能力与水平，形成比较完整的促进国际经贸、技术、文化交流与合作的网络；贸易性机构通过加强与国内外商协会的联系与合作，及时获取最新信息，为企业寻找、提供贸易机会、投资和其他形式的国际合作，帮助贸易企业开拓国际市场资金的支持渠道，为企业提供法律、仲裁服务；贸易性机构通过加强国际会展力度，促进国际贸易发展。

（2）产业效应。贸易性机构在中心城市聚集必然带动相关服务业，特别是与商贸服务有关的产业的发展，形成为商贸服务的知识型服务业产业链，包括由通信、网络、传媒、咨询等组成的信息服务业，由银行、证券、信托、保险、基金、租赁等组成的金融服务业，由会计、审计、评估、法律服务等中介服务业，由教育培训、会议展览、国际商务、现代物流业等组成的新型服务业等。与此同时，贸易性机构入驻某个区域，所带动的商务写字楼、房地产等城市投资对中心城市的增长贡献也相当可观。

（3）就业乘数效应。国际国内贸易性机构聚集会充分利用所在区域的商贸服务人才资源，带来大量高智力就业岗位。同时，通过产业乘数效应，商务服务产生的就业与生活服务产生的就业往往能带动新的就业。

（4）消费拉动效应。一是贸易性机构的运营商务活动所带来的各种配套消费；二是贸易性机构高级白领的个人生活消费，包括住宅、交通、子女教育、健身、购物等，这种消费对于推动区域经济发展具有重要作用。

（5）社会资本效应。一个区域聚集了大批的贸易性机构，说明这个区域的商贸环境、综合环境比较优越，无形之中提升了这个地区的知名度、美誉度和国际地位，促使这个区域的地产升值。同时，贸易性机构聚集加速服务型人才的培养与聚集，多元文化的融合与互动，加快这个城市的国际化步伐。

(6) 税收供应效应。贸易性机构对于中心城市的税收贡献包括两个方面：一是贸易型企业的税收贡献，要向所在地方上缴一定的税收；二是贸易性机构员工的个人税收贡献，其丰厚的个人收入，通过个人所得税形式为所在区域经济做出贡献。

总而言之，国际国内贸易性机构的聚集，将促进该地区的贸易发展，带来一个贸易中心城市无形资产、综合竞争力的提高，城市开放度大大提高，多元文化加速融合。国际国内贸易性机构数量的多寡，是衡量一个贸易中心城市、一个区域经济发展程度的重要指标。

二、集聚国际国内贸易性机构的意义和经验启示

目前，国际性机构分布列前10位的城市依次是：巴黎、布鲁塞尔、伦敦、罗马、日内瓦、纽约、华盛顿、斯德哥尔摩、维也纳和哥本哈根。瑞士就有近400个国际机构，而没有沙漠的德国争取将联合国防治荒漠化公约（UNCCD）秘书处设在波恩，连印度和泰国都各有10多个国际机构的总部。

（一）从国际经验看，贸易性机构带来的直接和间接效应

国际国内贸易性机构的"落户"有着直接和间接的效应，是单独的招商引资无法比拟的。从直接利益来看，可以解决当地大量的就业问题并具有延伸的经济效益。从间接经济利益来看，这是一城市国际地位的标志和在国际社会中广泛影响力的象征。例如，联合国及其下属的各种机构已经成为纽约市经济发展的一个重要组成部分。日内瓦是瑞士境内国际化程度最高的城市，是全世界交汇之点，是联合国欧洲总部的所在地。每年，数以百计的会议、展览和庆祝活动在这里举行，吸引了各国来客。有200多个国际组织及许多人道主义机构设在日内瓦，如联合国欧洲总部及红十字和红新月国际委员会等。从直接利益来看，首先，据瑞士媒体统计，目前在日内瓦有2万多人受雇于国际组织；其次，国际组织所召开的各类会议等为瑞士带来的延伸经济效益更是不可计量。国际电信联盟"2006年世界电信展"从瑞士搬到中国香港给当地经济造成至少2.5亿瑞士法郎（约合15亿元人民币）的经济损失，并减少了数以千计的短期就业机会。从间接利益来看，设立国际组织机构，有力地树立了瑞士的外交形象，扩大了影响力，从而成为吸引商业投资的重要诱因。

国际性机构入驻为这些城市带来了直接和间接的经济效应和影响，而这

些城市的支持国际性贸易机构发展的政策和措施也是吸引这些机构的重要动力。

(二) 国际贸易性机构发展经验

1. 土地规划及办公场地低成本使用

在1919年召开的巴黎和会上，各国代表决定把风景秀美的花园城市日内瓦定为国际联盟的所在地。瑞士联邦政府在1922年决定把位于莱蒙湖畔的一块风水宝地作为礼物送给劳工组织。1995年世界贸易组织宣告诞生，日内瓦州政府决定将劳工组织的原先办公大楼的使用权免费出让给世界贸易组织使用，期限为99年。联合国总部要设在纽约市一个重要的原因是当时洛克菲勒家族在曼哈顿东面购置了17英亩的土地，并决定把它捐献给联合国作为"国际公地"。这项捐助为当时处于初创阶段的联合国解决了最大的问题。

2. 对国际贸易性机构采用区别一般经营性机构的低税收制度

中国香港的税率在发达经济体中一直保持较低水平，优厚的税收政策，良好的金融环境是中国香港吸引国际贸易性机构的一个重要因素。新加坡在吸引跨国公司营运总部及国际贸易性机构方面也是不遗余力。政府采取的措施包括强力度的税收优惠、加强机场等公共设施建设、强化信息服务平台建设等。国际性机构还享受特许权使用费收入、管理费、利息收入等仅10%的税率，股利更是免税，而一般的公司所得税达24.5%。

3. 信息的开放度及透明度

在美国，纽约市通过全美三大广播网控制着2139家电台和电视台，通过《纽约时报》《华尔街日报》《时代周刊》《新闻周刊》等出版媒体影响全国的舆论界，几乎左右全国的新闻和娱乐。充足的媒介资源，满足了国际组织宣传及发表舆论的作用。有100多个国际传媒机构在中国香港设立办事处，《金融时报》《国际先驱论坛报》《亚洲华尔街日报》和《日本经济新闻》等50多家报纸、800多家期刊在港出版发行，超过12个卫星广播机构，提供140多个频道服务，互联网服务供应商190多个。

4. 健全的法律和制度保障贸易性机构的运行

国际贸易性机构入驻时所关注的焦点问题之一就是一个城市对于此类机构权利保障制度的可获得性和完善程度。对于贸易性机构来说，所在地区的商贸活动能否得到法律法规保障，不仅直接关系其生存和发展，而且直接影响其所服务的贸易企业的运营。因而所在国（地区）的商贸法律法规是否健全成为贸易性机构入驻十分关注的问题。具体的内容包括：较少的外汇管制、便利的人员出入境和货物进出口、优惠的税收政策、高效率的政府服务等。中国香港对大到贸易性机构的组建，小到机构人员日常生活，特别是这些机构中涉及外交豁免人员的特殊需要都制定了完备的法律法规来保障，贸易性机构的一切行为均有法可依，这为国际贸易性机构的建立和发展提供了必要的法律基础和保障。中国香港的法律原则、法治精神和司法独立性、稳健性被国际贸易性机构和国际组织的普遍认可。

5. 人才支撑体系

贸易性机构的核心职能是为贸易企业服务，促进贸易资源的优化配置和整合，必然要求入驻城市拥有大量高素质的复合型国际商务人才供应。大量高素质的人力资源及其培训能力也构成该贸易中心城市集聚贸易性机构的必要条件。1820~1920年，有1130万名移民从世界各地来到纽约，为纽约超越伦敦成为世界最大城市提供了人力资源。1965年以来，每年仍有75000人获准移居纽约，而外国留学生和暂住型职业人士更是源源不绝。大量人才的涌入成为纽约能够为国际组织的入驻提供了人才的保障，而国际组织的存在也成为人才不断涌进纽约的动力。中国香港也是国际人才集聚地，拥有一批优秀的国际化专业人才，解决了国际贸易性机构对于不同类型人才的需求。

6. 提供优良的城市基础设施

贸易性机构的主要职能是为贸易企业服务，因此，贸易性机构集聚的区域一定是贸易中心城市及地区。为减少交易决策和贸易管理过程中的不确定因素，不仅需要掌握大量的国内外经济贸易形势以及商贸行情变化趋势，而且贸易性机构要与贸易企业、商务服务机构等保持良好的沟通，因而对信息通讯、航运等基础设施有很高的要求。便捷的信息获取渠道和良好的沟通手段可以大大提高贸易性机构的运作效率，因而要有国际航空港、高速公路网、星级酒店、国际会议会展中心等城市基础设施作保障，甚至对该城市的生活环境以及子女教育都会提出较高的要求。

（三）本土贸易性机构发展的促进机制

香港和东京在吸引国际性贸易机构的同时，更加注重培育本土的贸易促进机构。第二次世界大战以前，日本政府就对贸易极度重视，在全国范围内，成立了贸易协会中央会、日美贸易联盟等组织。日本贸易的独特发展方式孕育了许多贸易协会的产生，目前，在日本存在的两大本土贸易机构是日本贸易振兴机构该机构和东京都中小企业振兴公社。

香港特别行政区现有200多个工商团体，包括综合性商会、行业商会以及外国商会。香港特别行政区的官方和半官方机构相结合,联合民间工商团体,组成了一个有效率的促进、协助和为对外贸易服务的体系。其本土的半官方机构和工商团体共同承担了大量的贸易拓展、促进工作,包括香港贸易发展局、香港出口信用保险局、香港生产力促进局、香港中华总商会、香港中华厂商联合会、香港总商会、香港工业总会、香港管理专业协会、消费者委员会等。

包括香港和东京在内的国际大都市在促进本土贸易性机构方面的主要措施有:

一是这些国家或地区政府灵活运用世贸组织(WTO)的规则,建立起了符合本国(地区)国情的政府(官方或半官方)对外贸易促进服务系统及相应的贸易促进机构。

二是官方或半官方机构主导,市场化机制运作。美、日、欧等发达国家除了有专门的中央政府一级机构负责提出或制订出口促进政策、参与对外谈判、提供信息及服务支持外,还有分布全国甚至世界各地的中介机构参与具体执行出口促进政策,形成了政府部门与中介机构、中央(联邦)政府与地方政府、政策性业务与商业性业务、国内与国外密切配合的出口促进网络体系。但无论是最早实施政府对外贸易促进的日本,还是美国和欧洲国家,政府对出口的支持促进都是与市场化的运作方式相结合的。政府决策机构的职能主要是在体系的规划、资金的支持和政策的引导等方面,而具体运营和操作则主要交由政府指定的执行机构或半官方机构或民间机构,按市场化的规则办理。

三是稳定的财政支持是政府实施贸易促进的主要资金来源。对外贸易不同于国内贸易,需要的资金多、风险大,为对外贸易提供服务的这些机构相应所需要的资金要求也比较多。日本每年均对本土的贸易促进机构提供数量巨大的财政支持,日本贸易振兴机构、大韩贸易投资振兴公社经费支出基本是由政府提供的。香港贸发局的成立之初经费主要来自政府拨款,在后期的运作中,随着其自身经营收入的增加,政府财政支出逐渐减少,但是仍保持了一定的比重。

四是贸易促进方式极为广泛。现今国际市场竞争日益激烈、信息和网络技术飞速发展,全面、及时、方便、快捷地掌握外贸信息,就意味着拥有更多的资源,意味着经营成本的降低和国际竞争力的提高。提供全方位的信息服务已成为政府促进本土贸易促进机构发展的首要支持服务方式,其他支持方式还有资助贸易代表团出访、办展参展、国际经贸研讨会、调研咨询、培训、贸易指南等。

三、发挥国际进口博览会效应,加快集聚贸易性组织和机构的思路

目前国际国内贸易性机构集聚区在国内中心城市中尚是一个空白,而以加快"五个中心"建设、构建国际中心城市为诉求的上海,正在加快由生产经济向服务经济转型升级,完全具备承担这一重任的天时、地利、人和等综合优势。随着我国经济与国际经贸发展的逐步融合,国际国内贸易性机构加快在中国集聚必将成为一个潮流,作为中国改革开放最前沿的上海应抓住历史机遇,把吸引国际国内贸易性机构入驻作为一个发展方向加以关注和研究,因势利导,适时制订相应规划、出台相应政策,积极争取政策支持。

(一) 虹桥商务区打造"贸易性组织和机构集聚区"优势明显

虹桥商务区具备了打造国际国内贸易性机构集聚区的有利条件。具体看来,虹桥枢纽具有不可复制的独特地理优势。上海虹桥枢纽是上海市区与长三角地区交通衔接的门户,囊括空中、地面和地下多种交通方式的复合式交通集运体系。尤其是从运送对象上看,虹桥枢纽是以人流为主,主要服务于单位价值高的高新技术产业、国际技术贸易和国际服务贸易,这对于吸引国际国内贸易性机构入驻具有重大意义。现代服务业的产业支撑体系。根据相关产业定位,虹桥商务区未来将形成以总部经济为核心,以高端商务商贸和现代物流为重点,以会展、商业等为特色,其他配套服务业协调发展的产业格局,成为现代服务业的集聚区,面向全国的总部经济和高端商务活动的集聚地,将集聚大量的商务会展、金融、贸易等现代服务业企业,形成信息服务产业的规模发展,将为行业协会、商会等贸易性机构提供信息资源财富和商机。

借鉴国际经验,规划建设具有国际水平的基础设施。例如,奥地利政府专门在维也纳多瑙河畔耗资5亿美元,历时6年建成国际中心,它是比联合国总部规模还大的国内外贸易性机构大厦群。可在虹桥商务区贸易性机构集聚区投资建设"上海贸易性机构大厦",包括金融配套服务区包括金融配套服务区、服务式办公区、酒店公寓、认证中心、会议厅、新闻发布中心和信息中心等多项综合性服务功能。做好吸引国内外贸易性机构落户的配套工作。

加强引进国际学校；推进中外合资合作医疗机构建设，探索扩大国外商业保险对医疗机构和医疗服务的覆盖面。

（二）加快上海贸易性机构集聚的发展目标

发挥进口博览会主体集聚效应，以建设上海国际贸易中心为依托，打造上海国际国内贸易性机构集聚区，积极吸引国际国内一流的贸易性机构入驻，带动虹桥商务区作为上海国际贸易中心的重要核心功能区的发展；鼓励各地行业协会、商会在集聚区内设立总部，形成"集群效应"，加强行业协会、商会组织之间以及与企业之间的联系，更好地发挥市场"看不见的手"的作用；在发展模式上先试先行，推动政府职能转换；以商贸服务业为先导，大力发展信息、物流、贸易支援、会展等现代服务业。

（三）虹桥商务区集聚国际国内贸易性机构的对象

在国际性贸易性机构选择上，应当将国际国内一流的贸易性机构作为集聚的对象，尤其要关注那些符合我国价值观念、道德准则和21世纪人类发展理念的国际机构，使这些国际贸易性机构的入驻能够促进上海社会进步、贸易的发展及竞争力的提高。重点吸引对象：一是国际主要的贸易组织、区域性贸易组织；二是各国主要商会协会、贸易促进机构、经商代表处；三是国际展览会组织、投资促进机构；四是境内主要行业协会和民间商协会等。

第二节　跨国公司地区总部[①]

新冠疫情发生以来，国际组织预测，短期全球FDI将会进入下行通道，但长期对全球FDI的影响也是结构性的，投资导向、投资方式、行业结构、区域结构都将面临长期调整。国内新冠疫情得到有效控制后，中国经济开始走上了复工复产的进程，基础产业的防疫保障作用，区位优势对供应链率先恢复的推动作用，以及跨国公司地区总部市场本地化投资的催化作用，不仅是上海外资复工复产的支撑优势，而且是上海外资发展的优势。但是制造业要素供给不足、服务业开放度不够、要素跨境流动不畅和营商环境的进一步优化仍是上海外资发展所需解决的问题，需要着力在投资管理制度、总部经

[①] 本节内容主要来自：张娟，廖璇. 新冠肺炎疫情对全球FDI的冲击及上海外资发展思路[J]. 科学发展，2020（05）.

济能力、产业开放载体、国际合作交流空间和营商环境等方面进一步突破。

一、新冠肺炎疫情冲击下的全球FDI

新冠肺炎疫情发生以来,联合国贸易会议连续两次对全球外国直接投资(FDI)预测进行了修订,根据3月26日最新修订的预测,2020~2021年,全球FDI下行幅度达到30%~40%,并对全球投资规则和模式带来影响[1]。

(一) 投资规则的影响

根据联合国贸发会议最新的投资政策监测(IPM)显示,投资自由化、促进和便利化等规则导向长期没有变化[2]。但是短期而言,疫情之后,多边和双边的贸易投资规则、母国和东道国国内国际投资政策可能会面临调整。疫情中,国与国之间对防护物资的争抢和管制,凸显了区域贸易投资规则的"失灵",在美加墨协定中,原北美自贸协定中的投资争端解决机制被大幅修改。疫情后,以单边机制影响多边机制的趋势将进一步强化。疫情前,美欧日等国家已经通过税收等政策推动本国制造业回归。疫情中,欧美等国家面临的口罩、防护服、呼吸机等物资的短缺,欧美日等发达国家提出了卫生、医疗领域的产业链回归,并通过财政的力量来支持,例如,美国提出如在华企业撤出中国将提供相应政策支持,日本拟出资22亿美元协助日本企业回归本土或分散市场。疫情后,发达国家可能更加趋向于通过税收、财政等政策吸收本国企业回流,疫情后,发展中国家不仅面临着吸收FDI的竞争,而且还面临着国际投资政策工具箱的竞争。疫情中,3M和特朗普之争,显示了跨国公司的全球属性遭到挑战,需要在母国和全球利益之间权衡。疫情后,母国对海外跨国公司的管理将会进一步趋严,这将影响全球跨国公司投资税务、资金等管理规则,国际投资协定将可能从关注保护本国企业在协定国投资利益,转向加强对本国企业在海外投资的管理。

(二) 投资模式的影响

1. 投资导向的影响

全球FDI导向主要分为市场、资源、效率和成本驱动,受疫情扩散影响最大的将是市场导向、效率导向和资源导向的投资,而成本导向型投资可能

---

[1] UNCTAD, Coronavirus could cut global investment by 40%, new estimates show,, March 26, 2020.
[2] UNCTAD, Countries launch investment policies to counter COVID-19, April 3, 2020.

较小。消费需求虽然具有棘轮效应，但是由于疫情引发的经济衰退，需求的延迟和取消很难在疫情后获得报复性反弹，以市场导向为主的全球投资将被延后，预计随着疫情得到控制，生产消费需求的回升将带动此类投资的回暖，但是这需要一定的时间去消化疫情造成的冲击。效率导向型和资源导向型的投资由于依托全球价值链和供应网络，受疫情影响地区嵌入全球价值链的程度和物流影响，跨国公司开始重新审视其供应链和全球组织架构，或将重塑全球价值链和投资格局。新型冠状病毒大流行正在造成全球供应链混乱和延误，企业和消费者无法可靠地接收来自国际供应商的发货，这将使与全球价值链紧密结合的寻求效率的投资受到负面影响，全球价值链投资未来不仅注重效率，安全性的重要性也要提升。

2. 投资方式的影响

一是疫情对新宣布绿地投资推进影响大、长期影响有限。根据世界银行的《营商环境报告》，企业的生命周期从开办、施工、获得电力、获得信贷，到保护少数投资者、纳税、跨境贸易、执行合同和办理破产等，流程复杂烦琐，新设绿地投资过程涉及了前四项。新冠肺炎疫情全球爆发直接影响新宣布的绿地投资项目，疫情防控要求直接拉长开办、施工等进程周期。长期而言，绿地投资项目的孕育期较长，生命周期也甚至可能长达数十年，疫情对现有投资项目和在建投资项目的长期影响可能有限。二是疫情或成为跨国并购催化剂。与绿地项目一样，并购通常是对海外市场的长期承诺，短期的旅行限行会使并购活动也会放缓，根据联合国贸发会议2月的数据显示，跨境收购的完成率大幅下降，从正常的每月400亿～500亿美元降至不足100亿美元。跨境并购是对现有项目的购买，不涉及开办、施工等流程，短期影响要弱于绿地投资。但是，长期来看，疫情冲击影响比较大的行业进入洗牌期，尤其是部分冲击较大的行业和企业业绩会下滑，使原先并购计划提前进入实施阶段，例如，欧洲私募巨头Permira计划重新在英孚中国一季度财报出来后重新评估谈判价格，待恢复元气前以便乘机收购。

（三）投资结构的影响

1. 区域结构影响

一方面投资促进活动趋向于近岸化和本土化。新冠疫情是对社会交往模式的改变，保持适当的空间距离的重要性和安全性重新被认识，这对全球FDI投资促进活动模式带来影响。跨境投资复杂性较高，企业通常需要组建大型的商务谈判团队，除内部团队外，还需要聘请专业的中介机构进行项目的尽职调查，如投行、技术、商务、法律、财税等。为防控疫情需要，多国采取限制人员流动的管控措施，同时企业也尽量减少人员聚集采取远程办公的方式，但给现场的尽职调查以及审计评估工作带来困难，因此投资促进活动趋向于近岸化和本土化。另一方面地区疫情控制效果和效率成为考虑区域投资竞争力的参考因素。疫情对区域投资的竞争力影响将取决于四个方面：一是疫情在区域扩散范围和程度，体现了区域对突发事件的识别能力；二是区域应对疫情措施的实施和成效，体现了区域对突发事件的施策效果；三是区域恢复生产的进度，体现了突发事件下区域经济的弹性；四是区域应对经济下行压力的各类宏观政策及其效应，体现了突发事件冲击后的长期修复能力。

2. 行业结构的影响

疫情对全球FDI行业导向有负向和正向两个方面，从负向来看，旅行限制、保持社交距离是对线下旅游、餐饮、零售、娱乐、教育等服务业的严重冲击，这些领域短时间内不会形成全球FDI大规模流入。从正向来看，数字化和医疗健康相关领域在疫情的作用凸显，具体体现为：电子商务领域，宜家、欧莱雅渗透到中国线上销售，百事以7.05亿美元收购"百草味"线上品牌；数字技术领域，根据《金融时报》外国投资监测机构追踪，2020年3月有一半以上投资是由提供软件和IT服务的公司提供的，以及网络安全也是外国直接投资中流入最热门的子行业，特别是网络安全领域技术领域。新冠肺炎疫情给全球的医疗系统带来了前所未有的压力，保健和生物技术领域的生物技术是目前最热门行业，如比尔·盖茨将斥资数十亿美元致力于全球新冠病毒疫苗研发。

（四）投资收益的影响

根据联合国贸发会议3月调查[①]，作为全球投资趋势的"晴雨表"，全球100大跨国企业已有超过2/3的业务受到冲击，超过40%企业发布了利润预警。根据对营业收入最高的5000家企业进行调研，这些跨国公司的预期收益下调，尤其是在能源、基础材料和消费周期性行业；汽车业、旅游业受到的冲击最大（见表2.1）。

---

① UNCTAD, Impact of the Coronavirus outbreak on global FDI, March 2020.

表 2.1　　　　　　　　前 5000 名的收益修正和资本支出

部门/行业	收益修正的企业数量（家）	平均收益修正（%）	资本支出占比（%）
基础材料	389	-13	8
周期性消费行业	671	-16	16
航空业	45	-42	2
酒店、餐厅 & 休闲	111	-21	2
非周期性消费行业	351	-4	6
能源	243	-13	20
医疗保健	195	0	3
工业	739	-9	14
汽车及汽车配件	142	-44	9
科技	358	-3	11
电信服务	105	1	11
公共事业	175	-5	10
总计	3226	-9	100

注：2020 年 3 月 26 日，5000 家跨国公司收益预期平均下调 30%，其中能源和基础材料行业在叠加油价下跌冲击效应，能源价格下跌 208%，航空公司收益平均下调 116% 和汽车行业收益平均下调 47%。

资料来源：UNCTAD, Impact of the Coronavirus outbreak on global FDI.

较低利润预期将减少收益再投资，进而影响全球直接投资存量，根据联合国贸发会议的测算，平均 -9% 的收益损失可能影响到 52% 的外国直接投资流量。跨国公司开始评估新冠疫情的影响，考虑投资再布局以分散风险，以期最小化疫情蔓延对其业绩的影响，并可能减缓在受疫情影响地区的资本支出，将影响短期全球投资流量方向和结构。

二、从复工复产进程再认识上海集聚跨国公司地区总部发展的优势

（一）从防护物资供给看总部集聚优势

作为国际贸易中心的枢纽主体，上海外资企业数量达到 5 万家，跨国公司总部数量在亚洲城市处于前列。截至 2020 年 4 月 9 日，累计引进跨国公司地区总部 730 家，研发中心 466 家，是中国内地跨国公司地区总部最多的城

市。越来越多的地区总部成为集管理决策、采购销售、研发、资金运作、共享服务等多种职能于一体的"综合性总部",具有全球资源调拨能力。防疫期间,这些跨国公司积极利用全球的采购渠道作用,从全球采购急需的药品、医疗器械和检测设备,不仅用于自身防疫需求,而且及时驰援全国疫情防控。例如,默克公司、杜邦公司、3M、霍尼韦尔等跨国公司通过全球的生产和进口网络向疫情严重地区捐赠最急需的防护服、KN95 口罩。复工期间,跨国公司地区总部企业再次发挥全球采购网络作用,在航空客运停滞的情况下,通过点对点国际包机将在全球各地采购口罩等物资运到上海,为供应链恢复运转提供必需的防疫物资保障,并且通过管理网络分配给全国的分支机构、供应商、客户,支持了全国复工复产的需要。上海主体集聚优势,使在突发事件冲击下,经济社会稳定运行得以保障,是外资持续耕作的基本保障。

(二) 从行业复工进展看跨国公司推动产业集聚优势

根据全国商务系统调研数据,截至 3 月 12 日,除湖北外,全国六成的制造业重点外资企业复产率达到了 70% 以上,四成多的服务业重点外资企业复产率达到了 70% 以上。同期,上海制造业外资平均复产率已经达到 70% 以上,服务业达到 65% 以上。复产率不仅表现为制造业和服务业的差异,而且服务业内部分化也相对明显,金融业、科技研发、信息服务等便于线上办公的行业,产能恢复程度明显好于线下餐饮、零售等聚集性行业,且略优于制造业平均复产情况。行业复工的差异,尤其是服务业内部分化的作用,体现了数字化技术应用的重要价值。远程诊断、远程设备操控、远程设备扫描等数字技术的应用不仅发挥了控制疫情作用,而且起到了疫情对生产和生活冲击的修补作用。在复工复产过程中,数字化的发展使生产制造业更加具有韧性,制造业不再完全依赖密集的操作工人。疫情所释放的数字化战略意义,已经在国家新基建中得以体现。但是数字经济的发展,与制造业和服务业基础产业发展是不能脱离的,无论是特斯拉、上汽大众新能源汽车(MEB)工厂在疫情期间的创新,都是基于传统的制造业支撑,还是数字医疗的突出表现,都与上海拥有完整的医疗医药制造基础有关。因此,完整的产业链、基础的制造体系不仅是数字化的基础,还是吸引全球 FDI 来"补链、延链、强链"的基础。

(三) 从供应链修复进程看区位优势

2 月 10 日以后,上海的企业积极推动复工复产,供应链修复的区域逐渐从本地、长三角区域慢慢扩散至全国、全球。供应链修复的区域差异,体现了区位在突发事件中的优势和价值。一方面，综合性的口岸优势有助于及时实现供应链进口。湖北、武汉是我国重要的汽车零部件、电子元器件供应链基地，疫情发生后，人员流动限制叠加了交通运输的中断，造成汽车、电子等行业供应链的停滞，进口成为缺失供应链的替代选择。在企业供应链库存管理中，海上船舶运输原料、部件是库存的一种方式，也成为国内中断供应的重要补充来源。上海拥有的海港、空港和铁路港综合口岸优势，三类国际运输方式互为补充，疫情突发情况下能够满足企业的时间以及成本要求。尤其是洋山港四期自动化码头集装箱装卸工艺无人化、智能化优势凸显，既避免了工人、码头内集装箱卡车短期不足等问题，也减少了作业人员交叉感染的风险，高效完成了复工复产时期的各项装卸作业任务。另一方面，内联外接的基础设施保障了长三角和全国其他地区的复工复产。上海是长三角地区乃至全国的交通疏运枢纽，可以通过陆路、铁路和水路将物资分拨到腹地。疫情初期，货物公路运输受到严重影响，日均进港集装箱卡车大幅下降。陆运受阻，水运来补。洋山港区发挥"水水转运"和铁路运输优势，通过"陆改水、陆改铁"等方式，帮助货主送箱上门，保障了货物的顺畅流通。2月，洋山港的"水水中转"比例由50%提升至70%。区位优势是FDI战略考量的重要因素，但是随着产业的服务化和贸易的服务化发展，区位的重要性逐渐降低，但是此次疫情再次证明，区位优势在外资选址和经营中的不可取代性。

（四）从跨国公司地区战略变化看超大规模市场优势

国内疫情初期，根据上海美商会、日本贸易促进机构等调研，部分外资企业意欲将受疫情影响的供应链转移出去。但是国际疫情的流行，给了外资重新审视全球投资的视角，3月25日中国美国商会调查显示，40%的企业将按照原计划加大对华投资，比2月提高了17个百分点。一方面，国内疫情期间，部分企业选择将供应链转移出中国，但是随着全球疫情的爆发，转移出中国不能代表着更加安全，而且转移供应链成本是昂贵的。上海在解决外资企业复工复产困难中的服务诚意，也使一批有战略眼光的跨国公司没有止步，反而加快了投资布局步伐，通过更加大幅度的本地化来规避供应链外部风险。另一方面，市场导向型投资更加倾向接近目的地市场。境外消费是服务贸易的重要方式，上海和我国大量的服务贸易逆差来自境外旅游和消费。由于疫情防控带来的人员流动管制，在日本、韩国、欧洲等中国入境消费的主要目的地，服装、化妆品、日用消费品等销售受到影响。跨国品牌商重新考虑本地市场的重要性，包括Costco、伊藤忠等国际连锁巨头拟通过本地化投资加大为本地消费人群的服务，欧莱雅、宜家通过加快在线业务进一步渗透本地消费市场。供应链本地化既是规避供应链风险的重要方式也是服务本地市场的最优方式，中美经贸摩擦使跨国公司更加关注供应链的安全和中国国内市场的重要性，疫情更加凸显该战略考量，跨国公司供应链布局"在中国、为中国""在上海、为全球"的导向将进一步凸显。2020年一季度，上海实到外资46.69亿美元，比2019年同期增长4.5%[①]，新增外资跨国公司地区总部10家、外资研发中心5家，表明外资企业继续看好上海发展前景。

三、跨国公司地区总部发展中存在的问题和瓶颈

（一）制造业发展要素相对供给不足

供应链本地化和生产本地需要基于一定的要素资源，但是随着成本上升、环保等综合因素，制造业外资发展的要素总供给相对不足。一方面，土地要素供给总量受限。工业用地指标有限、工业项目用地审批流程长等影响新设项目以及增资扩产项目落地。另一方面，人力要素成本持续上涨。因劳动力供求变化、社保压力等导致企业用工成本快速上升。此外，人才资源也存在结构性短缺问题。受生活居住成本增加以及城市人口控制等约束，制造业面临高级技术工人短缺，国际专业技术引进力度不够，人工智能、大数据等新兴产业人才也供给不足。

（二）服务业亟须进一步开放

由于服务作为中间投入要素，在全球价值链中主要发挥两个作用：一是推动了制造业价值链的形成，诸如运输、电信、物流、分拨、销售和研发等服务已经成为制造业价值链不可或缺的要素投入；二是创造了服务业价值链，形成了服务出口和增值[②]。但是受到服务业开放领域有限的限制，整体的服务要素累积水平和质量还有待提高。第一，高水平开放力度仍需加大，投资准入管制有待进一步放宽，尤其是金融、电信、医疗、教育、文化、专业等服务业核心领域开放仍有限，限制上海外资规模进一步提升。第二，已开放领域在实质性落地中仍面临诸多限制，负面清单以外领域一些行政法规、部门规章仍存在股比、投资方资质等限制。第三，服务业开放范围有限。目前

---

① 数据来源：http://n.eastday.com.
② 张娟.中国出口增加值的服务要素贡献率提高了吗？[J].世界经济研究，2019（04）：119-133+136.

服务业开放的多数领域仅停留在特定区域、少数企业试点阶段，开放的规模化效应还须加速实现。并且，服务业开放模式较单一。目前上海服务业开放模式主要是商业存在，跨境交付、自然人流动模式较少，即使在自贸试验区内境内外人员资质互认渠道也未打通，对吸引外资服务业和创新企业总部带来制约。

（三）要素跨境流动有待优化

疫情发生以来，供应链的国内运行基本顺畅，但是跨境供应链运行难度较大，尤其是国际疫情使全球港口封港、停工，企业货物在港口滞留，进一步凸显了上海跨境要素流动的问题。一是资金跨境流动不够便利。与国际惯例相比，我国跨境资金配置的便利度与跨国公司的需求相比仍有一定差距，尤其是自由贸易账户仍存在较多限制，沉淀在账户、资金池内的资金投资功能缺失；离岸贸易外汇收付汇困难，在岸账户和离岸账户之间资金往来有严格限制；外籍员工工资薪金对外支付不便，合规成本较高等。货物和相关服务跨境流动不够便利。二是海关通关便利化程度仍有待提高，尤其是国际转口贸易、中转集拼、研发试验用物质等的通关便利度有待提升。对附属于有形货物的服务仍沿用货物监管方式，归类、征税、查验手续较为复杂，难以满足制造业服务化发展需求。数据跨境流动受限。数据流动安全风险监管框架有待完善，虚拟专用网络（VPN）使用受限，对跨国公司增强全球数据资源配置能力、全球业务联络造成一定制约，影响总部经济和数字贸易发展潜力提升。

（四）国际营商环境有待完善

疫情期间，企业积极开展自救，但是现行规定对企业自救行为响应度和及时性不够，凸显了上海吸引外资中的营商环境"短板"。一是新业务推进难度大。例如，"一证多址"需统一只有部分区域实现，绝大多数连锁企业不同门店仍需单独申请食品、酒类等经营许可证，在突发情况下，现行政策对企业自救行为的响应度和及时性不够。二是知识产权保护有待加速。服务要素引进之后，需要关注的是如何实现国外要素的本土化贡献，即把国外服务要素流入为中国产业发展所用。目前上海吸引了大量的跨国公司研发中心的集聚，但是在跨国公司研发体系中的分工地位不高，除了与中国相应的人才知识和技术积累有关外，还与中国知识产权保护现状和研发成果转化的环境有着极高的相关性，外资企业仍面临维权周期长、维权成本高、维权举证难等问题。

四、发挥国际进口博览会效应,推动跨国公司地区总部集聚发展的思路

(一) 发挥进口博览会投资促进效应,加快投资管理体制改革

我国开放型经济体制主要包括创新外商投资管理体制、建立促进"走出去"战略的新体制、构建外贸可持续发展新机制等。上海自贸试验区重点探索的外商投资管理制度、境外投资管理制度、贸易便利化制度和事中事后监管制度等制度创新都取得积极成果,并探索在更大范围内的复制和推广。推动跨国公司地区总部集聚发展,应立足于国家层面的设计要求,推进自贸试验区外商投资负面清单管理模式改革,尤其是要适应新技术推动的新产业发展需求,发挥进口博览会投资促进效应,优化跨国公司地区总部准入和管理机制。一方面推动贸易投资自由化,以适应集成电路、人工智能、生物医药、航空航天等新兴产业发展所需的准入机制,新型国际贸易发展所需要的货物、外汇、自然人和数据跨境流动监管机制等;另一方面构建全面风险的管理体系,加大开放型经济的风险压力测试,从重点领域监管、信用分级管理和边界安全等不同维度实施。

(二) 发挥进口博览会改革开放效应,推动跨国公司地区总部能级提升

上海利用外资 40 多年以来,总部经济发展已经形成健全的基础设施、强劲的资本储备和强有力的政策支持。服务型、数字型跨国公司总部开始崭露头角,跨国公司地区总部业务和职能的多元化已成趋势。新时期,上海要充分发挥"五个中心"主体资源集聚优势,一是从贸易、航运、金融、科创功能层面进行分类施策,紧抓主体特征,制订标准,推动存量企业功能升级,发展成为跨国公司地区总部;二是从点上政策突破到从面上统筹施策,对外汇、人才、贸易便利化、数据跨境流动进行系统安排,打通跨国公司地区总部业务和功能多元化发展诉求;三是对总部政策进行创新,形成"重潜力、重经营、轻资本"要求,推动上海成为创新型企业的成长跃升平台,推动外资创新型企业成为总部经济的重要增量;四是加大金融市场对外开放,为关键供应链提供资本保障。当前新冠疫情全球流行,全球资本市场走弱,外资企业母公司经营业绩下调。建议进一步推动金融市场开放政策落地,提升上海资产管理和金融风险管理功能,为关键供应链提供资本保障。

（三）发挥进口博览会技术促进效应，拓展跨国公司地区总部增量空间

上海对外开放以来，形成了陆家嘴、张江、保税区、临港、金桥、虹桥等特殊经济载体，以及静安、长宁、徐汇、闵行、嘉定等外资重点区域。这些地区产业外资高度集聚、产业链较为完整。随着开放的深入，产业转型、制造业离散和综合要素成本上升等因素使上海制造业外资高速增长的阶段结束，但是服务和数字领域国际直接投资已成主导趋势，要充分发挥进口博览会新服务和技术发布平台作用，依托制造业集聚优势，在张江、临港、金桥、外高桥、虹桥等加快建立开放型产业体系，鼓励和支持外商投资在重点优势产业和生产性服务业等，大力发展医疗健康、在线消费、工业互联网、"5G+"、智能物流等数字经济重点领域新兴产业，打造在线新经济发展高地，为跨国公司地区总部注入新动能。新时期，上海要赋予这些开放型经济区域更多的管理权限，能够在复杂多变的全球投资环境下，快速高效响应。要抢抓自贸试验区临港新片区、虹桥商务区、长三角一体化发展示范区建设的机遇，在电信、科研和技术服务、教育、卫生等重点领域进一步加大对外开放力度，加快推动外商投资人体干细胞与基因诊疗、影视后期制作、形成数据跨境流动体系等开放措施先行先试。

（四）加快服务长三角一体化和"一带一路"，拓展跨国公司地区发展空间

上海对外开放在过去40年主要依赖于自身的空间资源，在新形势下，上海外资高质量发展需要开展跨区域的空间合作。一是全力推进长三角区域门户开放枢纽建设，积极主动参与长三角更高质量一体化发展进程，强化跨国公司地区总部资源要素服务功能、高端高新产业引领功能、重大改革任务试验示范功能。疫情发生以来，供应链的国内运行基本顺畅，但是跨境供应链运行难度较大，尤其是国际疫情使全球港口封港、停工，企业货物在港口滞留。面对全球供应链运行受阻情况，上海要推动国际贸易"单一窗口"和"一网通办"深度融合，提升跨境贸易营商环境水平，推进"通关+物流+收费"功能，实现跨境贸易时间和成本的可视化、可追溯。二是发挥"一带一路"桥头堡作用，推动产业园区"走出去"，积极参与我国境外经贸合作区建设，成为承接跨国公司和本土企业开展境外投资、优化供应链的新载体。支持跨国公司地区总部发挥"上海服务"优势，助力共建"一带一路"，推动资源双向流动的软硬基础设施建设。三是充分发挥和延伸友好城市合作机制，利用上海国际金融中心、上海科技创新中心等建设营造的合作空间，加大与香港、伦敦、纽约、东京等城市互补合作，创造跨国公司地区总部新的合作通道。

第三节 本土跨国公司培育[①]

跨国公司是全球价值链的主导者，是全球投资结构形成的驱动者。随着经济全球化的发展，跨国公司在全球贸易投资规则制定过程中发挥着助推作用。对于母国而言，培育本土跨国公司是一国经济实力的重要象征，跨国公司对外直接投资结构的改善是母国产业结构优化的重要组成部分。跨国公司对外直接投资策略往往是母国政府经济战略构想的具体体现。在当前双循环格局下，发挥进口博览会合作交流平台和学习平台作用，培育本土跨国公司是优化投资结构，推动"一带一路"倡议实施，提升亚洲地区产业链和全球价值链布局的主体保障。

一、培育本土跨国公司的作用

（一）跨国公司是全球价值链的主导者

1. 跨国公司推动了全球价值链分工方式的形成

20世纪50年代以后，跨国公司获得大发展。20世纪后期，受到信息通信技术发展的推动，跨国公司充分利用多边和双边的贸易投资协定，不断扩大市场、降低生产成本、扩大利润，使国际分工从制造扩展到服务工序分工，全球生产和贸易呈现以"贸易—投资—服务网络"为特征的全球价值链分工模式。本质而言，全球价值链是由跨国公司通过国际生产、跨境贸易活动，形成的与其分支机构、合作伙伴和供应商之间的网络关系，跨国公司通过全球价值链实现的贸易占全球贸易的80%[②]（见图2.1）。因此，一国在国际分工中的地位、在全球价值链中的位置、在全球化中的利益，与该国跨国公司的规模和实力紧密相关。

[①] 本节内容受到国家社科基金重点课题《全球价值链视角下的中国对外投资结构优化研究》资助。

[②] OECD – WTO – UNCTAD. Implications of Global Value Chains for Trade, Investment. 2013.6.

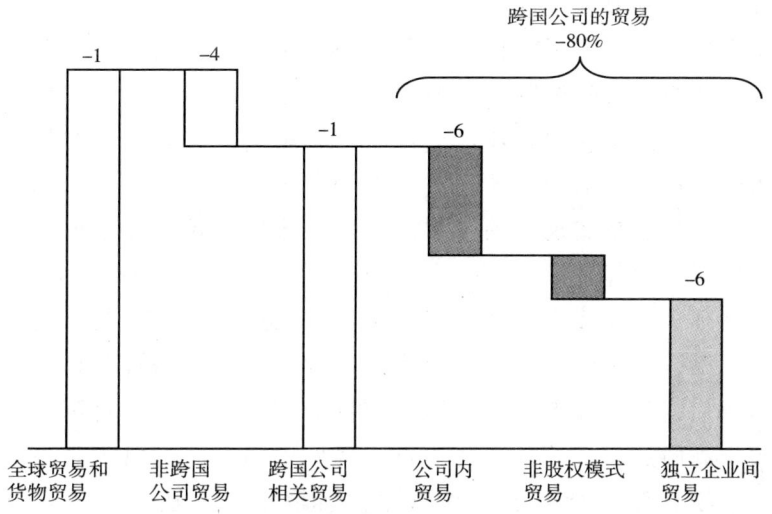

图 2.1　2010 年跨国公司在全球货物和服务贸易中占据比重

资料来源：张娟. 服务业跨国公司的贸易效应 [M]. 北京：经济科学出版社，2017：116.

跨国公司总部作为跨国公司全球投资、生产和贸易的管理者，实质上也是全球价值链的治理者和协调者，而地区总部则发挥着区域价值链治理者和协调者的任务。但是对于服务业跨国公司在其中的作用，目前还未被充分认识。随着服务重要性的提升，制造业跨国公司向服务业转型，或者强化服务功能，全球价值链共分为 5 个阶段，其中 4 个阶段是服务，服务业跨国公司尤其是生产性服务业跨国公司逐渐成为全球价值的主导者（张娟，2015）。

2. 跨国公司对全球价值链的治理

全球价值链贸易的核心是全球价值链治理。所谓的治理是指决定资本、原料和劳动力资源在链条中配置的方式和控制能力，由 Gereffi①（1994）提出。治理模式是指价值链的主导者对其各个环节的协调和控制方式，决定了价值链的运行机制和收益。不同的行业治理模式具有一定的差异性，Gereffi 和 Fernandez – Stark（2011）② 提出了全球价值链的治理模式的理论主要包括四个方面：第一，治理主体，全球价值链的治理主体主要是跨国公司。第

---

① Gereffi. The organization of buyer – driven global commodity chains：how US retailers shape overseas production networks [J]. Contributions in Economics and Economic History，1994：95. p97.

② Gereffi，Fernandez – Stark. Global value chain analysis：a primer [J]. Center on Globalization，Governance & Competitiveness (CGGC)，Duke University，North Carolina，USA，2011. p9.

二,治理动机,主要是生产者驱动和购买者驱动。购买者驱动类型主要体现在大型零售行业,体现零售商和品牌商整合能力,而生产商驱动主要体现在制造业领域,更强调制造业跨国公司利用技术和规模优势协调价值链的能力。第三,治理模式,包括市场型、模块型、关系型、领导型和层级型等五类。市场型由治理主体通过价格调节来实现,模块型由治理主体通过标准化生产流程来实现,关系型由治理主体通过较为复杂的关系管理来实现,领导型由治理主体通过强化管理能力实现对众多的厂商管理来实现,而层级型治理模式需要主导企业具有较高的指控能力,这与市场型正好处于两端。第四,贸易收益,全球价值链的收益主要由治理主体和模式来决定。全球价值链的主导者是发达国家跨国公司,因此,发达国家在全球价值链上占据高附加值环节和价值份额,发展中国家通过融入全球价值链实现了贸易规模扩张,获得了贸易收益,但是相对发达国家,其收益是有限的。

改革开放以来,凭借丰富的劳动力资源、较强的加工制造能力和相对完善的产业配套,我国能够快速融入全球价值链分工体系,成为全球价值链网络的重要节点。我国对跨国公司的集聚能力越来越强,包括跨国公司地区总部和服务业跨国公司,但仅仅是集聚,还难以凸显对全球价值链的治理能力。根据世界投入产出数据库(WIOD)公布的贸易增加值,我国出口增加值在逐渐提高,占世界的比重从5%左右提升到14%左右,逐步接近美国的水平,但是回到增加值的改善的本质,也就是代表价值环节攀升的服务增值的提高。根据 TiVA,在总出口增加值中,美国、日本、德国等制造业大国均呈现服务要素的贡献上升(见表2.2)。我国服务要素贡献率走势与美国、德国、日本、新加坡等发达经济体基本趋同,1995~2011年,中国总出口增加值中服务贡献率基本保持在40.94%~43.4%的区间波动,总体波动上升,但是规模相对较低,而且低于金砖国家中的印度。

表2.2 1995~2011年中国出口贸易增加值中服务要素贡献率及比较 单位:%

年份	中国	德国	美国	日本	新加坡	印度
1995	43.4	48.82	53.47	48.75	60.04	48.5
2000	41.01	51.31	55.63	47.14	57.58	53.62
2005	41.21	51.61	56.91	46.5	65.76	57.2
2008	40.94	51.58	55.71	45.19	70.67	55.19

续表

年份	中国	德国	美国	日本	新加坡	印度
2009	43.00	54.24	58.32	48.1	67.01	57.27
2010	42.14	51.26	56.82	44.1	66.86	56.11
2011	41.85	50.95	55.67	44.36	66.44	57.53

可以得出：第一，经过多年发展，我国在全球价值链中的贸易增加值逐步提高，国内贸易收益在提高，全球价值链地位在改善。由于贸易增加值不能体现是外资企业还是内资企业，因此，还不明确判断贸易收益的改善是否来自本土企业。第二，我国不同行业贸易增加值能力不同，如家具、纺织品等劳动密集型制造业在全球价值链分工中获取增加值的能力较强，且逐年提高。我国纺织、家具等企业较早通过参与跨国公司采购体系进入全球市场，获得了充分的市场竞争。此外，由于我国纺织产业具有较长的历史，劳动力的资源层级较为丰富，除了基础的制造业工人外，近年来我国纺织服装领域研发、打样、设计、营销、渠道建设能力逐渐提高，涌现出雅戈尔、波司登等跨国企业，形成了自己的产业链体系、供应链体系和价值链体系。

美国、日本等发达国家的大部分商品和服务进出口是在跨国公司国际生产网络内完成的，而我国的跨国公司也从小到大、从少到多、从弱到强，已经成为推动中国经济发展不可或缺的关键动力。因此，促进我国企业参与全球价值链分工，非常重要的是培育本土跨国公司，通过构建以中国跨国公司为主的跨境产业链可助力实现国内外产业互联互动互促，推动国内产业升级，增强其对全球价值链分工的影响力、控制力，努力构建我国跨国公司主导的全球价值链。只有本土的跨国公司和生产者服务跨国公司在我国集聚，并且与外资的地区总部和服务机构共同合作，才能实现我国对全球价值链的构筑和治理的目标。

（二）跨国公司是全球投资结构变化的驱动者

国际投资是跨国公司开展国际经济技术合作的基础，而跨国公司是全球投资的主要载体。跨国公司不断增加国际投资的目的是让自己获得更加有利的资源和市场，因此形成当今全球投资的产业结构、区域结构和投资模式。

1. 跨国公司主导下的投资行业结构变动

在跨国公司发展的早期，主要是采掘业和制造业跨国公司到殖民地国家开展经营活动，因此全球投资主要集中在制造业和采掘业。制造业公司为利用殖民地国家的资源及廉价劳动力而开展跨国经营，但是这些殖民地国家的基础设施不能满足这些制造业公司的需求，为了更好地在当地经营，制造业跨国公司带动母国的铁路公司、公用设施公司等服务企业向海外拓展。随着海外经营活动的频繁和加深，制造业跨国公司对销售、金融、专业服务等配套服务的需求日益增多，尤其是银行和金融业公司为了留住原来的顾客，跟随已经从事跨国经营的顾客提供海外服务，因此服务业国际投资慢慢占据重要位置[①]。根据《2018世界投资发展报告》，在商业活动、贸易等行业带动下，服务业投资占全球 FDI 存量的三分之一，而跨国公司的主体也由以制造业为主慢慢转向服务业。

21世纪初，互联网技术和信息技术的兴起带来商业模式翻天覆地的变化，使服务业和制造业跨界融合程度越来越高。互联网跨国公司推动制造业企业的服务化，互联网服务提供商、设备制造商和软件生产商越来越多地参与数字内容的发行。互联网技术和信息技术的发展另一个更为重要的贡献是推动了数字经济的形成，而全球数字经济的发展又由科技类跨国公司推动，例如，ALPHABET（谷歌）领导了数字技术的革命，而亚马逊则引领了数字经济下商业模式的革命。数字经济领域跨国公司的壮大，推动了数字经济产业范畴的扩大和领域的拓展，生产和运营的数字化产业出现：数字化产业依托的主体，如搜索引擎、社交网络等互联网平台；数字化产业的内容，如音乐、视频、书籍等数字内容；支撑数字化产业的其他支撑领域，如大数据领域、数字支付等。数字跨国公司和数字领域的发展，推动了该领域国际投资。在数字化跨国企业对外投资主要包含三个层面：第一，集中于数字经济底层基础构架的数字技术，包括在信息、通讯、互联网、物联网、人工智能等领域的投资；第二，数据资产、数据安全、数据产权等领域的投资；第三，相关配套服务领域的投资，包括人才、创新、研发和大数据中心的投资。

2. 跨国公司主导下的国际生存的结构变动

根据《2020年世界投资发展报告》，从全球100强跨国公司的构成来看，不同行业的国际生存的关键指标是不同的（见表 2.3）。汽车行业的价值链最长，对外增加值比例最高，典型的生产组织结构是由原始设备制造商（OEM）和多层供应商主导的。相比之下，制药行业的价值链较短。每个行业都有其独特的结构特征来驱动其配置，如资源需求、相对资本和技术强度、产品和服务的可交易性等。此外，政策框架包括投资和贸易规则、

---

① 张娟. 服务业跨国公司的贸易效应. 经济科学出版社，2017：48.

知识产权以及社会和环境问题的软标准,对每个行业都有不同的影响。因此,在特定行业中,附加值的地理分布也存在显著差异。例如,以农业为基础产业特点是资本和技术密度低、贸易能力高和便利的政策框架。因此,它是所有指标中地理分布最分散的行业之一。FDI强度指标表明,与该行业在国际贸易中的重要性相比,纺织服装价值链的FDI存量水平非常低。全球纺织业和服装业的很大一部分依赖于外包给劳动力成本较低的地方承包商。这与医药全球价值链形成了鲜明的对比,而医药全球价值链对质量控制的精准性、对知识产权的高度重视和对隐性知识的依赖,与纺织服装行业有着截然相反的要求。因此,在制药全球价值链中,FDI对生产网络的驱动程度明显高于贸易。

表 2.3　　　　100 强跨国公司国际生产程度的关键指标

行业	FDI		贸易		全球价值链		前 100 强	
	存量(10 亿美元)	占比(%)	规模(10 亿美元)	占比(%)	FVA 占比(%)	贸易占比(%)	数量(家)	TNI 平均值(%)
一、初级产业								
基础农业	89	0.5	522	2.3	12	34	0	62
提炼	1963	9.7	1106	4.8	7	48	6	68
二、制造业								
食品、饮料	1213	6.0	979	4.3	22	34	6	83
纺织、服装	39	0.2	730	3.2	25	40	1	78
制药	1178	5.8	585	2.5	26	34	11	67
化学	1607	8.0	2138	9.3	31	56	13	62
汽车	668	3.3	1454	6.3	34	48	12	63
机械设备	460	2.3	1416	6.2	30	48	2	62
电子	592	2.9	2791	12.1	30	50	10	68
三、服务								
批发零售	2788	13.8	1796	7.8	10	38	6	60
运输物流	741	3.7	1059	4.6	17	38	2	69
金融服务			445	1.9	7	34	0	11
商业服务	4119	20.4	3596	15.6	7	34	15	63

资料来源:《2020 年世界投资发展报告》。

3. 跨国公司主导下的区域结构特征

从全球投资的区域来看,跨国公司地区布局的趋势也体现在全球投资的区域布局之中，例如，以加工制造业全球转移的区域轨迹为例，其先从欧美发达国家转移到亚洲一些国家和地区。20世纪80年代前后，亚洲一些国家和地区制造业陆续外迁，这一时期的中国恰好处于劳动年龄人口占比快速攀升的"人口红利期"和改革政策密集落地的"改革红利期"，迅速成为加工制造业的新基地。2008年金融危机以后，随着我国加工制造的成本逐步提高以后，又从我国慢慢转向东南亚国家。

与制造业投资的区域格局不同，服务业跨国公司的发展又使服务业外资呈现新的格局。在过去的几个世纪中，大部分跨国界活动是以国家为单位的，但是20世纪80年代以后，城市成为跨国公司的主要空间组织形式。城市从形成之日开始，便是财富和权力集中的象征，而全球性城市更是国际经济事务的核心。尤其是服务业跨国公司向大城市集中的趋势更加明显（O'Connor，1989；周振华，2008）[①]。20世纪90年代以后，服务业跨国公司的全球化主要依托于全球各大城市向腹地扩散，并以此为节点形成全球生产和服务网络体系。首先，在区位选择上，服务业FDI呈现明显的集聚特征。例如，投资到日本的跨国公司80%集中在东京都区域，投资到美国的跨国公司主要集中在加利福尼亚州、纽约州、得克萨斯州、伊利诺伊州和新泽西州等地区。而在我国的服务业外资，又相对集中在北京和上海等全球城市，而北京和上海的服务业跨国公司集聚也相对错位，例如，上海以商务和贸易领域的跨国公司为主，而北京以金融、科技类跨国公司为主。

数字经济领域跨国公司的发展使数字领域投资呈现独特的特征，数字投资主要受到软硬件基础设施需求限制，如互联网基础设施电力供应成本、ICT技术的可获得性和特定政策偏好。基于以上两个方面的考虑，数字领域投资既呈现大城市集中，又能够在偏远地区集聚的特征，这使发展中国家和不发达地区获得了"弯道超车"的能力。由于目前全球数字领域还没有专门的投资统计，主要分布在信息与通讯、专业科技活动、金融和批发零售业等领域中。

（三）跨国公司是全球贸易投资规则制定的推动者

1. 跨国公司在政治经济中的作用

作为跨国公司理论的创始人之一，美国学者斯蒂芬·海默较早观察到了

[①] O'Connor K. Australian ports, metropolitan areas and trade - related services [J]. The Australian Geographer, 1989, 20 (2): 170. 周振华. 崛起中的全球城市：理论框架及中国模式研究 [M]. 上海：格致出版社, 2008: 50.

跨国公司在当代世界政治经济生活中的作用，其核心思想是跨国公司试图按照内部的分工模式去主导国家之间的分工模式。美国普林斯顿大学的教授罗伯特·吉尔平在其1975年出版的《美国霸权与多国公司：对外直接投资的政治经济学》中①，分析了跨国公司与霸权确立的关系。母国霸权地位的确立是跨国公司开展国际经营的保障，而跨国公司有助于母国霸权的推进。例如，金融家和投资家是19世纪英国霸权的和平基石，美元和跨国公司则是20世纪美国霸权的基础。但是，跨国公司也能够促进东道国经济发展、缩短并威胁到母国霸权。因此，实现母国主权意志和维持稳定友好的国际政治环境，是跨国公司开展国际经营必须实现的两个目标。跨国公司参与国际政治经济是维持自身利益的诉求，20世纪60年代以后，美国社会反商业主义潮流兴起，跨国公司生存的环境发生了巨大的变化，严峻的形势迫使跨国公司急于寻求在政治中的地位，通过直接游说、间接游说、草根游说和政治行动委员会等行动，慢慢渗透到政治活动当中，使政策措施有利于其在本土发展和海外扩张。美国"弱国家、强社会"的政治体系，成为跨国公司影响国际政治经济关系的土壤。此外，以美国跨国公司为代表的经济巨头，逐步参与全球贸易投资规则的制定，服务于其国际经营的目标。

2. 跨国公司成为经贸关系的链接者

自中美建交以来，中美贸易之间已有多次争端。1989年以后，中国在美国战略作用骤然下降，中美外交关系遇冷，并直接影响到两国双边贸易关系，美国对中国在知识产权保护、最惠国待遇、劳改产品出口、市场准入、贸易平衡等问题上进行了强烈的指责和制裁。与此同时，美国跨国公司凭借在创新、科技、战略、管理、人才等方面的优势，在中国的市场上开创了积极的局面。在中美贸易的争端之中，跨国公司既要维护自己的利益，也不能超越美国国家利益。知识产权和市场准入是关系其切身利益的经济问题，跨国公司在这方面支持美国政府主张，但是当双方的分歧扩大时，跨国公司担心它们在中国的投资和商业环境受到了威胁，因此不断创造缓和中美贸易的机会。

中国加入世贸组织（WTO）的20多年以来，经济全球化的内涵已经发生很大的变化。在全球经济总量中，服务业所占比重超过60%，服务贸易已占世界贸易总额的1/4，服务消费占所有消费额的1/2左右，财富500强的跨

---

① 罗伯特·吉尔平. 跨国公司与美国霸权 [M]. 东方出版社，2011.

国公司一半以上在服务领域。服务具有典型的不可贸易、生产和消费的不可分离等特点，服务业跨国公司更加倾向于采用国际投资的形式来开展跨国经营。WTO框架形成于1995年，推动了全球贸易20多年的繁荣，但是20多年来经济社会及技术的重大变化，导致WTO对很多新问题、新现象难以适应，如服务贸易、技术转让、竞争中立等。在新一轮经济全球化进程中，跨国公司尤其是服务和数字领域的跨国公司，在进入中国市场时，觉得遇到重重阻力。在此背景下，便产生了跨太平洋协议（TPP）。

TPP等区域贸易协定是倾向于保护跨国公司的贸易协定。首先，TPP首次引入"投资者与国家间争端解决机制"（ISDS条款）。根据ISDS条款，在TPP的框架内，协议国国家法律必须服从TPP协定，如果东道国的政府决策损害了外国投资者的权益，则投资者可以绕开该国的司法体系，直接向国际商业仲裁机构提交争议，要求投资对象国政府赔偿损失。由此在TPP框架下可以对签约国政府的法律与政策变化所带来的损失要求赔偿，这极大地扩张了跨国公司的福利和利益分配。因此，以跨国公司为主导的美国经济也成为TPP协议中最大的受益者。但是特朗普上台以后，宣布退出TPP，使跨国公司原先的推进计划受阻，美国对中国的指责的主题词，如市场开放、知识产权保护、竞争中立等，无不体现跨国公司的利益诉求。

近年来，我国企业的国际生存形势严峻，海外投资在美欧等发达国家受到的限制越来越大，我国迫切需要培育跨国公司，建立工商界的沟通对话机制，寻求更大的国际生存空间。只有培育本土跨国公司，才能主导全球或者区域价值链网络体系，并且依托于此网络，才能在区域贸易中享有话语权，才能增强在国际贸易投资中的谈判筹码和应对能力。

二、中国本土跨国公司的发展历程和特征

1979年，京和股份有限公司在日本东京开办，我国第一家境外合资企业产生[①]。此后，我国跨国投资逐渐起步，在我国加入世界贸易组织以后，我国跨国主体境外投资的步伐加快，这与国内外经济形势紧密相关。从国内来看，改革开放40多年以来，我国产业的比较优势逐步确立，一方面国内企业寻求更多的市场空间，这体现为以营销网络为主体的贸易企业境外投

---

① 王利华. 中国跨国公司对外直接投资区位选择研究 [D]. 华东师范大学，2010：35-36.

资增多；另一方面，企业能寻找更有利的技术、资源、人才与资本。因而涌现了国家电网、中石化、中石油为代表的国有跨国公司，以联想、海尔、华为、阿里巴巴、腾讯等为代表的民营跨国公司。这些跨国公司的发展，为我国对外投资结构的调整、全球价值链地位的提升，形成了有力的主体支撑。

（一）我国跨国公司主体来源与区域经济发展的格局相关

根据《2018年中国对外直接投资统计公报》，从境外非金融类企业的隶属情况看，地方企业占85.7%，中央企业和单位仅占14.3%。广东、浙江、江苏、上海、北京、山东、福建、辽宁、湖南、天津列地方境外企业数量前10位，合计占境外企业总数的68.2%。广东是中国拥有境外企业数量最多的省份，占境外企业总数的19.1%；其次为浙江，占10.4%；江苏位列第三，占8%。总体而言，长三角地区和珠三角地区是我国跨国公司的主要来源地，与这些地区作为我国改革开放的前沿阵地以及经济资源的禀赋有着极强的相关性。2010年以前，浙江是我国跨国公司的主要来源地，现已经让位于广东，这是近年来广东凭借科技、管理、人才等方面的集聚，加大研发创新投入，推动产业转型和价值链升级决定的。

（二）我国跨国公司境外投资主要以香港平台为主

根据《2018年中国对外直接投资统计公报》，2018年末，我国跨国公司共在全球188个国家或地区设立境外企业4.29万家，遍布全球超过80%的国家或地区。其中，亚洲的境外企业覆盖率与上年持平，为97.9%，欧洲为87.8%，非洲为86.7%，北美洲为75%，拉丁美洲为69.4%，大洋洲为50%。从境外企业的国家或地区分布情况看，我国跨国公司在亚洲设立的境外企业数量近2.4万家，占57%，主要分布在新加坡、日本、越南、韩国、印度尼西亚、老挝、泰国、马来西亚、柬埔寨、阿拉伯联合酋长国、印度、蒙古等国家以及中国香港特别行政区。其中，自2013年我国提出"一带一路"倡议，我国企业加快了国际化进程。截至2018年，我国企业在该区域63个国家设立企业超过1万家，投资规模高达178.9亿美元，建设境外合作区约60个。

我国跨国公司在香港特别行政区设立分支机构近1.24万家，占到境外分支企业总数的三成，是中国设立境外企业数量最多、投资最活跃的地区。这是香港特别行政区作为全球离岸中心，在法律基础、税负成本、融资便利等方面有着很强的优势决定的。一是香港特别行政区使用英美普通法，这样的法律基础和社会的法治精神，让商业和金融交易中的各方能够对自己的权利有更高的自信；二是香港特别行政区的监管体系，金融机构准入、资本要求、披露要求、报告要求、对风险控制指标要求的严格与繁复程度、居民与非居民业务的限制、资金流动的自由程度、与海外其他监管要求乃至会计准则的接轨程度、在岸与离岸市场的相互渗透等与内地相比均具有一定优势，使企业通过香港特别行政区在海外融资等更加便利。因此，香港特别行政区作为离岸金融中心的位置，随着中国企业加大"走出去"步法，香港特别行政区又成为中资企业向境外投资的中转平台。

此外，我国跨国公司在北美洲设立的境外企业超过6200家，占14.5%，主要分布在美国、加拿大。在欧洲设立的境外企业4600多家，占10.7%，主要分布在俄罗斯、德国、英国、荷兰、法国、意大利、西班牙、卢森堡等。在非洲设立的境外企业超过3600家，占8.6%，主要分布在赞比亚、尼日利亚、埃塞俄比亚、肯尼亚、南非、坦桑尼亚、加纳、安哥拉、乌干达等。在拉丁美洲设立的境外企业2500多家，占6%，主要分布在英属维尔京群岛、开曼群岛、巴西、墨西哥、智利、秘鲁、阿根廷、委内瑞拉等。在大洋洲设立的境外企业1400多家，占3.2%。主要分布在澳大利亚、新西兰、巴布亚新几内亚、斐济等。

（三）我国跨国公司境外投资主要以批发零售为主

根据《2018年中国对外直接投资统计公报》，从我国跨国公司境外企业分布的主要行业情况看，批发和零售业、制造业、租赁和商务服务业依然是境外企业最为聚集的行业，累计数量超过2.6万家，占境外企业总数的61.1%。其中批发和零售业超过1.2万家，占中国境外企业总数的28.1%；制造业8500多家，占20.8%；租赁和商务服务业近5600家，占13%；建筑业占7.6%；信息传输/软件和信息技术服务业占5.6%；农林牧渔业占4.4%；科学研究和技术服务业占4.6%；采矿业占3.6%；交通运输/仓储和邮政业占2.8%；居民服务/修理和其他服务业占2.3%；房地产业占2%。从具体行业来看，我国跨国公司投资以批发和零售为主，说明境外投资仍然以开拓市场为主，其次才是降低成本，这与我国对外开放的步骤基本相同（见表2.4）。

表 2.4　　　　　　　2016 年我国境外投资的行业分布

行　业	境外企业数量（家）	比重（%）
批发和零售业	12056	28.1
制造业	8577	20.0
租赁和商务服务业	5592	13.0
建筑业	3261	7.6
信息传输/软件和信息技术服务业	2393	5.6
农林牧渔业	1954	4.6
科学研究和技术服务业	1897	4.4
采矿业	1524	3.6
交通运输/仓储和邮政业	1181	2.8
居民和服务/修理和其他服务业	972	2.3
房地产业	877	2.0
文化/体育和娱乐业	675	1.6
金融业	587	1.4
电力/热力/燃气及水的生产和供应业	546	1.3
住宿和餐饮业	407	0.9
教育	168	0.4
水利环境和公共设施管理	114	0.2
卫生和社会工作	91	0.2
合计	42872	100

资料来源：商务部、国家统计局、国家外汇管理局《2018 年中国对外直接投资统计公报》。

（四）我国跨国公司境外投资方式以开展跨境并购为主

根据《2018 年中国对外直接投资统计公报》，从投资方式上看，跨国并购成为我国企业开展跨国经营的重要手段，2018 年，中国对外投资并购稳步发展，制造、采矿和电力、交通、水利等基础设施领域并购活跃。中国企业共实施对外投资并购项目 433 起（较上年增加 2 起），涉及 63 个国家和地区（较上年增加 7 个），实际交易总额 742.3 亿美元（除上年特大项目因素外，规模基本持平），其中直接投资 310.9 美元，占并购总额的 41.9%，占当年中国对外直接投资总额的 21.7%；境外融资 431.4 亿美元，占并购金额的 58.1%。

我国企业第一次进入全球商业的评价体系是在 1989 年，在这一年的《财富 500 强》上，中国银行首次进入全球 500 强排行榜。1995 年，《财富 500

强》杂志首次将所有产业领域的公司纳入评选范围，有3家中国企业在这一年进入世界500强名单。但是，结合最近发布的财富500强数据来看，虽然目前民营企业已经占据了我国跨国公司境外投资的半数，但是真正财富500强的仍然以国有企业为主，而这些国有企业主要集中在垄断的资源能源和金融领域。上榜最多的行业是银行商业储蓄为51家，我国共有10家，分别是工商银行、建设银行、农业银行、中国银行、交通银行、招商银行、浦发银行、兴业银行、民生银行、光大集团，数量上超过了上榜的8家美国银行。加上保险公司和多元化金融企业，金融业公司上榜数量为19家，占入围公司40%。此外，采矿、原油生产、金属产品、车辆与零部件、房地产等传统行业居多，甚至世界500强房地产行业企业全部来自中国，而与民生相关的医疗健康、食品生产等以及高端半导体行业，却没有一家企业。作为参照，2018年美国大公司中没有房地产、工程建筑和金属冶炼企业，却在IT、生命健康和食品相关等领域存在众多大公司。

纵观我国跨国公司的发展，虽然有部分企业已经活跃在世界舞台，总体而言，海外资产规模和投资扩大，但是总体的跨国经营水平还不够高。通过与财富500强公司，以及《世界投资报告》公布的全球前100强企业数据的对比参照，我国跨国公司的发展还出现了一些"短板"，较为突出的问题是国际化程度较低，例如，百度虽然在我国是互联网巨头，但是并不具备国际化的基础，因此不在跨国公司的考察范围，根据《中国500强企业发展报告》，我国的跨国公司前100强平均跨国指数只有14.54%，而全球100强平均跨国指数为61.23%（见表2.5）。

表 2.5　　　　　　跨国公司100大指标比较情况　　　　　　　　单位:%

	海外资产比例	海外营业收入比例	海外员工比例
2017年中国	16.01	19.54	8.99
2016年发展中经济体	29	44	38
2017年世界	62	65	59

资料来源：卢进勇.2017中国跨国公司发展报告.对外经贸大学出版社，2017.

根据邓宁的国际投资理论，国际投资需要兼顾所有权特定优势、内部化特定优势和区位特定优势，我国跨国公司资产规模较为突出，但是所有权特定优势不显著，在经营上存在一些问题，例如，上榜的企业通过垄断性资源获得规模化优势，在技术、管理和品牌缺乏核心竞争力，市场化程度不高；

行业的影响力有限，全球行业领导者通常在技术管理、品牌打造和管理方面具有一定的优势，但是我国跨国公司在行业普遍影响力较小，相对新兴领域企业布局不多，尤其是在关于民生和创新的领域。

三、进口博览会对培育本土跨国公司的效应

（一）拓展更多的采购空间

进口博览会是国家商务部和上海市政府主办，分国家贸易投资综合展和企业商业展，国家展约有80个国家参加，企业展有130余个国家和地区、3000多家企业确认参加博览会。企业馆包括消费电子及家电展区、服装服饰及日用消费品展区、汽车展区、智能及高端装备展区、食品及农产品展区、医疗器械及医药保健展区六大板块。一方面，食品、农产品、医药器械、家居等与民生息息相关，高品质进口商品的入境将优化商贸类本土企业采购范围，有助于进一步提升本土企业采购的规模能级，增加消费供给，充分适应个性化、多样化消费需求；另一方面，智能设备与生产相关的先进装备设施和技术引进，能够缓解国内资源的约束，补足高端装备制造业发展的"短板"，推动本土制造业完善产业配套、形成产业核心竞争力。

（二）拓展更多的学习空间

进口博览会吸引全球"万商云集"，全球优质商品和服务在上海集聚，将会吸引国内外贸易主体在上海汇集，也带来大量保税仓储、会展物流、检测认证、展示销售、商务咨询、供应链服务、专业金融等专业服务商的集聚，更带来新型贸易方式、管理理念、技术手段和服务模式的集聚。对于本土企业而言，这是与全球优质企业交流的机遇，本土企业不仅要去看高精尖产品，还要去思考为什么进口商品的品质比较好，通过这些观察、思考和实践，推动本土企业在内涵上升级，包括不断支撑产品升级、技术升级，以及商业模式创新升级和管理水平升级。

（三）扩展更多的制度空间

在开放条件下，企业能够学习到国际化的经验。同样，在开放条件下，政府能够构建更为有效的政策环境，推动企业发展壮大。在国际市场上，我国企业与其他国家企业之间还存在活力差异和成长压力，这在一定程度上与我国的制度设计有关。我国还有巨大的空间，通过体制改革、制度创新，让企业拥有一个更加宽松的环境，这也是让我国的企业未来更多、更强走向国

际竞争性市场的必要条件。

通过举办进口博览会，充分体现我国构建"人类命运共同体"的大国担当，是我国坚定不移推进新一轮高水平对外开放的政策。我国以更加自信、更为积极的姿态向全球扩大市场开放，在更大范围、更宽领域、更深层次上发展开放型经济。举国家之力举办的进口博览会，由国务院领导牵头，涉及国家十多个部委共同研究贸易便利化制度创新，这些制度供给和创新对赋予本土企业更多的市场机会和更加有利的政策供给起到极为重要的推动作用。随着进口博览会的日益临近，本土企业在经济社会中的重要性也日渐凸显，本土企业要抓住舆论、制度和机制的突破空间，寻求更为稳健的发展之路。

（四）拓展更多的市场空间

我国在改革开放40多年过程中，还未形成统一的大市场，这使我国要素和服务市场的分割性还比较明显，企业通过在各地成立分支机构来分散市场化风险，更使我国市场分割的问题凸显。新时期，长三角区域正向以更高质量的一体化发展、推进世界级城市群建设的征程加速前进。新时期，长三角正向以更高质量的一体化发展、推进世界级城市群建设的征程加速前进。进口博览会举办地大虹桥，是上海联通长三角的重要门户和枢纽。进口博览会将推动长三角区域协同合作机遇，进口交易商品和交易市场的建设将推动整个长三角区域市场一体化建设，解决存在已久的市场分割问题，为本土企业带来了更多广阔的市场空间。长三角区域一体化市场还有进一步的波及效应，其对珠江三角洲、京津冀等区域市场发挥示范效应，进一步推动区域市场的一体化，最终推动我国整体市场的一体化发展，本土企业生产和经营的成本会进一步降低，这将使企业能够获得更多的时间认真钻研企业发展的路径，而减少外部不经济的干扰。

四、培育我国本土跨国公司的政策措施

跨国公司的发展，决定着我国在全球价值链中的地位，并成为优化对外投资的主体。我国跨国公司的来源，主要是国有企业，其次为民营企业。一方面，随着我国经济进入新常态，为了拓展更加广阔的国际市场空间，民营企业通过海外投资，为自身发展搭建了更加宽广的平台，在当前的贸易投资形势下，由于民营企业在实施海外投资过程中具有更高的市场化程度，更加容易获得东道国政府审批部门的信赖，能够减少投资壁垒的束缚和跨国经营

的阻力。因此,我国既要从提升企业在全球价值链中地位的视角出发,重点培育一批大型民营跨国公司成长,使其成为具有全球竞争力的跨国公司,也要支持国有大企业成为中国企业"走出去"的支柱,提升其在全球价值链中的产业控制力和辐射力。为此,政策措施应包含两个层面:一方面要满足不同性质跨国公司培育的一般要求;另一方面要出台针对性的政策措施,适应民营和国有主体成长为跨国公司的不同诉求。

(一) 基于全球价值链设定定量指标

根据跨国公司的定义,我国跨国公司培育对象的基本要求是:开展对外直接投资,在两个及以上的国家或地区设立境外分支机构,并有实际生产、销售等其他经营行为。

除此上述基本要求以外,还要满足其他经营条件如海外资产、销售、雇员等指标要求,才能作为培育对象。联合国贸易发展会议将三个指标进行综合,形成了一个综合指标来体现跨国公司国际经营情况,即跨国经营指数的要求TNI,该指数由三个分指标进行非加权平均值,即国外资产比率(国外资产/总资产)、国外销售比率(国外销售额/总销售额)和国外雇员率(国外雇员/总雇员人数)。联合国贸易发展会议根据TNI,每年对全球100大的跨国公司国际生产排名,随着跨国公司国际化经营动机带来经营模式的变化,TNI指数中细分指标的变动趋势在分化,例如,国外资产比率提高,国外雇员率下降,制造业、服务业以及初级部门的TNI指数也在分化,但TNI总体的趋势是能够反映跨国公司全球经营水平的。1990年全球前100强跨国公司TNI平均值是50%,过去十年全球前100强跨国公司TNI平均值是65%,而发展中经济体前100强跨国公司TNI平均值是38%,根据这个目标值,我国TNI指数设定在40%左右,每年选取前100位企业作为培育对象。

(二) 从全球价值链的视角推动国有企业改革和提高民营企业资源配置力度

1. 基于全球价值链提升设定行业目标

跨国公司的培育要与我国境外投资结构的优化目标一致,因此要选择特定行业和特定主体,根据这个标准,培育跨国公司重点选择以下三种类型行业。

一是具有较强商业经营能力、已经在海外有一定投资经营基础的企业,以国有企业为主。结合我国建设开放型经济强国和经济发展新常态的内在要求,选择那些具有国际竞争力的国有骨干企业,首先,拥有全球资源整合能力，包括人才、技术、管理、金融等要素和生产资源，并且拥有明确的国际目标，而且拥有完整的全球运作的架构，以国内总部为核心，具有完整的产业链配套和供应链体系，能够抵御国际化运营的风险。其次，服务于国内经济发展，能够引导和推动我国对外投资结构调整与转型升级，为国内富余产能寻找国际新市场、发展新空间。最后，在东道国合规经营，能够参与国际产业规则制定。这类企业主要集中在能源资源、金融、电信、工程桥梁、高铁等行业和领域。

二是具有国际经营基础且在细分领域是隐形冠军的企业，以民营企业为主。这些企业早期作为跨国公司的供应商，熟悉国际贸易投资规则，通过融入跨国公司的供应链网络，逐步形成自身的国际生产和营销网络。具有一定的国际视野，能够捕捉生产技术、商业模式的变化，能够做出适应性的调整和创新，在跨国公司供应链和价值链中具有不可替代性。这类企业主要集中在我国行业开放度程度较高、竞争充分的领域，如纺织服装、电子、机电设备家具等行业。

三是具有引进一批市场前景好、成长爆发性强，技术、模式和管理理念先进的创新型企业。按照有创新组织、有计划方案、有开放项目、有跨界互动、有成效评估等基本要求，将符合这些要求的创新型企业纳入培育范围。这类企业主要分布在我国数字产业，如电子商务、大数据、在线教育、健康、社交等领域，虽然目前这些行业没有完全开放，但是这些创新型企业模仿全球前沿技术和商业模式，利用我国巨大的市场空间，已经获得先发优势。

2. 推动国有企业成为商业化、股权多元化、治理法治化的全球市场主体

以培育一批国际一流跨国公司为目标，把国企改革发展置于全球经济环境中，以培育一批国际一流跨国公司为重要目标，增强其商业性、国际性和合规性的特征：

第一，要明晰培育主体的商业性。培育的跨国公司应该处于完全竞争领域的商业性国企，要彻底实现市场化，以收益为单一目标。国有企业的一个重要使命是承担国家资源能源安全和命脉产业的发展，但是这样的目标要与商业性目标分割，保持国有企业市场主体特征。

第二，要去除行政化管理模式。跨国公司开展国际经营，需要灵活的管理架构，有效的反应机制。由于国有企业的体制问题，不单是母公司的决策过程缓慢、效率低，而且层层传递到境外分支机构，未来商业性国有企业应该推动行政管理模式，借鉴跨国公司的组织构架，增强海外事业部的决策权

力，通过地区总部管理海外机构，积极引进包括外资在内的战略投资者，推动企业整体经营机制的转变。

第三，审查机制，尤其对来自我国的海外并购加强了审查，这既是我国境外投资的阻力，更是推动我国国有企业合规经营的动力。我国国有企业尤其要加强合规经营，包括遵守东道国的法律法规和道德规范，遵守企业内部规章包括企业的商业定位准则，遵守职业操守和道德规范，尤其是避免各种形式的商业腐败，并且加强在东道国的社会责任。

3. 扩大对民营企业资源配置力度

相比于国有企业和外资企业，民营企业尤其是成长型的民营企业，海外投资项目获得政策性银行和商业银行融资支持的难度较大，在贷款审批、额度、利率、优惠政策等方面都不如国有企业方便和优惠，此外海外投资的领域还存在限制。

一是完善民营企业"走出去"的信用担保制度，进而提高企业的投融资能力，协助海外投资民营企业获取长期优惠贷款，为其外国银行借款提供必要的担保，落实"外保内贷"的融资模式，鼓励商业银行以民营企业境外资产、股权、矿业开采权、土地等作抵押，由境外银行出具保函，为境外企业在国内取得贷款提供担保。

二是鼓励民营企业更多地参与海外重大项目和基础设施项目的投资建设，开放能源资源进口资格，让民营企业拥有与国有企业同等的投资机会。对于批发零售、纺织服务、机电设备等具有竞争力领域的境外投资，要简化境外投资的审批手续，进一步下放境外投资的审核权限，减少审批环节，缩短审批周期，对一些重大项目争取"一事一议"。

（三）围绕全球价值链的资源优化配置建立境外投资的专业平台

根据全球投资布局，可以发现，大量的外国直接投资主要以区域为中心进行集散，例如，根据伦敦市政府发布的《2016年伦敦经济发展指数》，伦敦是欧洲吸引外资最多的城市，约为欧洲吸引外资规模的30%左右、英国的50%。按照《2017年世界投资报告》发布的数据进行测算，2016年伦敦吸收外资约为1269亿美元。同期，新加坡吸收外资规模为500亿美元，中国香港为1080亿美元，两者占亚洲外资规模的比重分别约为10%和20%，成为该区域吸引外资的主要目的地。20世纪80年代之后，城市作为全球经济单元的重要性日益提升，成为跨国公司总部和地区总部集聚地以及全球贸易投资的主要目的地，主要是因为这些全球城市具有优势的金融服务、专业服务、创新支持和风险预警服务。

目前在全球城市网络排名中，北京和上海比国内其他城市在全球影响力最高。因此，我国要以重要的门户城市为基地。例如，北京作为国有跨国公司的培育基地，上海作为苏浙沪民营企业国际化跃升基地，深圳作为创新型跨国公司培育基地等，这些城市作为跨国公司培育的基本，需要构筑包括海外融资、专业服务和风险预警等基础服务平台，以及创新服务等提升性平台。

1. 推进跨境资本流动政策突破

境外投资、跨国经营，初始点就是资本的跨境流动，因此对跨境资金调配的效率具有较高的要求，但是目前我国外汇监管政策波动大、程序烦琐，难点就是因为我国资本项目可兑换的限制。并且，企业国际化经营难做大、难做强，很重要的原因是受困于资金不足，融资渠道单一，融资成本过高。特别是对于中小企业，如遇到投资大、周期长、见效慢的境外项目，要通过银行贷款融资成本较高且审核要求较严，很难在项目要求的既定时间内完成融资要求。

首先，海外投融资平台建设的首要任务是推动跨境资本流动政策突破，并打通人民币和外汇通道、经常项目和资本项目通道以及境内境外资金通道。研究人民币在"一带一路"国家中的流出和回流机制等，加大境外人民币对内投资，推动 QDII、QFII 和境外融资业务。为支持"走出去"，境外中资企业、合资合作企业等可在统一授信框架下在金融机构的分账核算单元开立账户，根据自身商务谈判约定的条件办理与投资及境外项目工程类相关的定金和预付款等的跨境结算、在当地开展的商务、贸易、投资活动所需的国际及跨境结算汇兑、担保、融资、流动性以及风险管理等业务。金融机构可根据自身服务提供能力为境外企业提供分账核算单元跨境金融服务，办理当地、跨境以及国际商贸投资活动相关所需的结算汇兑和投资融资等业务。

其次，牵头组织协调国家开发银行、进出口银行、中国出口信用保险等，建立推进政、银、企融资对接工作机制，帮助企业利用"丝路基金""亚洲基础设施投资银行"等融资途径承接"一带一路"项目，并就重点项目与金融信保等机构多次召开项目融资对接会，为"走出去"企业提供个性化融资需求对接服务。

最后，近年来随着我国创新创业的驱动，全球各地的投资机构、风险资本等进入国内，也发挥着资金池业务，目前这些投资机构主要锁定创新模式、业态和企业，因而也要积极推动这些资金和资本进入境外投融资平台。此外，积极推动金融技术方面与英美法系国际化标准接轨，扩大金融市场准入，提高上海国际金融中心建设，集聚更优的国际资本，为民营企业提供更多的融资来源。

2. 构建海外投资的专业服务平台

香港特别行政区成为海外资本进入我国国内市场、我国企业海外投资的平台，除了金融中心的作用外，更为重要的是大量专业服务的集聚。企业到国外投资需要中介机构提供信息咨询、风险评估、融通资金、商业保险、财税法律等多方面服务。生产性服务是全球价值链的投入要素，是全球价值运作的润滑剂，如果生产性服务不能有效投入，会导致境外投资项目效率减退。目前，我国服务外包已经占到全球市场的30%以上①，但大量是以服务境外公司为主，对我国国内企业没有起到支撑作用，对这些企业而言，也丧失了跟随我国制造业开展境外经营的机遇。

一是鼓励和支持搭建一批有规模、有实力的国内服务平台和机构，为企业"走出去"提供有效、有力的信息查询、事务办理与业务咨询等综合服务。着力构建国际化、专业化、市场化的"走出去"公共服务体系，打造以服务企业为核心的"走出去"生态圈，为企业提供信息服务、调查服务、投资促进、人才培训、法律等服务，支持企业稳妥高效的"走出去"。在信息服务方面，持续运营"走出去"信息服务平台上，要侧重加强为企业提供国际国内专业服务机构编制的国别和行业领域对外投资指南，以及境外安全风险防范指南和跨国经营行为指引等。并且还要鼓励有偿的信息服务体系，境外投资的目的地广泛，企业凭借自身的能力，获取的信息有局限性和不充分性，公共专业平台可以提供有偿信息服务，可以发包给平台上集聚的专业服务企业。

二是进一步推动服务业开放措施的落地。扩大专业服务业开放，推动投资咨询、法律服务、会计审计、人力资源等领域国际知名机构落地，并且落实好为企业选聘人才、上市融资、开展国际经营等提供专业化、国际化服务，推动上海成为专业服务高地。

3. 建立事中事后监管体制建设和风险防控平台

根据中国出口信用保险公司发布的《"一带一路"65个国家风险状况分析》，"一带一路"沿线84%的国家都存在投资风险，而随着美国、德国相继

---

① http://www.cbdio.com/BigData/2015-09/28/content_3893491.htm.

加大了对我国境外投资的审查，我国企业境外投资风险进一步增强，因此迫切需要从政府公共服务方面提供相应的支撑。

一是引导合理有序对外投资。按照国务院办公厅转发《关于进一步引导和规范境外投资方向指导意见的通知》中的要求，对鼓励开展、限制开展和禁止开展的各类境外投资项目，进行分类管理和指导、服务，规范"走出去"市场秩序，有效促进我国对外投资持续健康发展。

二是加强对外投资监管和风险防范。进一步完善跨部门境外突发事件应急处置机制建设，编制防范境外安全风险防范指南，实施境外安全风险防范培训计划，在安全风险突出的区域，通过政府间合作机制等强化点对点服务，探索市场化、专业化保险方案。通过随机抽检和现场巡查等方式，加强对企业境外安全风险防范和突发事件应急处置的检查和指导。

三是规范企业海外经营行为。引导我国对外投资合作企业进一步加强企业社会责任意识，鼓励企业在境外积极参与当地公益事业；注重资源节约，做好环境保护工作；开展属地化经营，实现共同发展等，支持和引导企业在海外做"受欢迎的企业"。

四是培育面向企业境外投资和跨国经营的社会化服务机构，鼓励服务机构"走出去"设立境外服务站点，加强信息、法律、维权等境外服务。充分发挥海外侨商组织和其他华人华侨组织的作用，统筹利用贸促机构境外办事处、境外商会及国际商事调解仲裁机构等组织和网络，为我国民营企业对外投资合作提供便利服务。

4. 建设创新服务平台

随着全球经济进入互联网数字新经济时代，创新型企业不断涌现，这些企业发端于开放的环境之中，并具有国际背景，因此要及时准确地把握这些企业的发展趋势，尤其是信息技术和生命健康等领域，并加以集聚和培育。

首先，强化制度供给能力。主动适应产业跨界融合、业态模式创新等经济社会发展新需求，完善新技术、新产业、新业态、新模式加快发展和有效监管的政策体系，推动上海、深圳等城市成为创新型企业发展壮大的热土。

其次，吸引集聚更多创新型企业发展。推进下一代互联网示范城市、数字商务等国家级试点，推动互联网、大数据、人工智能与经济贸易的深度融合，培育和集聚一批市场前景好、成长爆发性强，技术、模式和管理理念先进的创新型企业和大宗商品、中高端消费、生活服务等领域的独角兽企业。

最后，支持各类孵化器建设，为创新创业活动提供"一站式服务"。提高金融支持和专业服务水平，进一步发挥创业投资引导基金、天使投资引导基金、股权投资基金等作用，引导社会资本、国际资本投向初创期、种子期、成长期的创新型企业。

（四）以自由贸易投资网络建设推动中国企业对外投资的全球价值链布局

1. 推动亚太自由贸易区网络建设

由于世贸组织（WTO）框架下的多边贸易谈判进程缓慢，美欧等发达国家正在加速自由贸易协定（Free Trade Agreement，FTA）网络的建设，并且，以包含第一代（WTO+）和第二代（WTO-X）谈判议题为核心内容的深层FTA，正在成为大国重构国际经贸规则的新手段。与此同时，加快实施自由贸易区战略成为我国新一轮对外开放的重要内容，党的十八大和十九大均提出要积极推进自由贸易区建设，国务院《关于加快实施自由贸易区战略的若干意见》更是明确指出，将中国与"一带一路"沿线国家的FTA构建作为其面向全球的高标准FTA网络体系的重要组成部分。

近年来，随着全球化的二次松绑和离岸外包的盛行，促进了全球范围内FTA的快速增长，并形成了复杂的FTA网络。由于参与国经济政治基础差异较大，从而在FTA规则领域的广度、深度和法律约束力上存在明显的差异（规则异质性）。从国际分工角度看，越是复杂的产品生产和贸易越需要"贸易、投资、服务一体化"的高标准国际经贸新规则（WTO，2011）。

因此，建议基于FTA网络层面，根据参与国FTA规则标准的相对高低，以亚洲地区为重点，加快构建周边自由贸易网络，为我国跨国公司产业链、价值链和供应链布局提供制度层面的保障。例如，与条件成熟的发达国家和地区，建立双边、多边自由贸易区，实施高标准的贸易投资政策、规则。与经济发展水平较低的国家，通过承诺过渡期、产业项下贸易自由化以及"早期收获计划"、框架协议等多种合作形式，先达成浅层次一体化协议，如实施基础设施和产能项下的自由贸易政策。在经济不发达地区以境外园区合作建设推动产业结构优化推动形成以原油、木材等资源能源，纺织、服装、皮革、机电等劳动密集型产业为主的境外园区。

2. 完善与欧洲诸国双边的自由贸易投资协定

与美国相比，欧洲国家具有不同的特点，我国企业在过去一段时间内的重视程度不足。欧洲市场相对较为分散，欧盟所形成的统一市场在经济危机后受到较大冲击，面临的结构性调整与内部壁垒有所增强。与此同时，英国脱欧给欧洲经济和产业布局造成较大影响，也在一定程度上影响着我国企业对欧投资决策。作为工业革命的发源地，欧洲许多国家具有独特而成熟的产业实力。我国不仅有巨大且持续升级的消费市场，而且具备完整的工业体系和强大的整合能力。事实上，中国与欧盟几乎所有成员国都签署了双边投资协定（BIT）。为适应环境的发展，欧盟统一代表所有成员国与中国自2013年启动了新的BIT谈判，力争为双向投资提供更为开放、可预期、公平和透明的投资环境和保障。2018年7月举行的第20次中欧领导人会晤期间，双方就中欧BIT交换了清单出价，标志着谈判进入新阶段。

与"一带一路"沿线国家不同，欧洲国家具有较高的经济发展水平，尤其是拥有优越的地理位置，还在文化上有着相对的包容性。建议：第一，加快推进中欧投资协定谈判进程，准入前国民待遇、负面清单作为谈判的基本原则，为双方的企业提供投资的宽松环境；第二，开展中欧双边自贸协定谈判，在投资协定谈判已有成果基础上，减少重复谈判，提高企业在当地经营的效率和成果；第三，维护WTO等多边贸易体制和规则，推动WTO改革在均衡和公平上取得实质性进展；第四，在贸易投资基础上，把相互之间的贸易投资便利化合作放在重要位置，改善营商环境，努力提高货物通关、货币兑换以及跨境贸易投资结算和人员往来的便利性。

3. 加快境外经贸合作区建设

境外经贸合作区是我国推动南南合作的载体，是我国、发展中国家以及转轨经济体合作的载体，也是推动发展中国家工业化的一个助推器。境外经贸合作区的建设能够带来东道国的工业化进程、城镇化进程。随着"一带一路"倡议的提出，境外经贸合作区作为推进"一带一路"产能合作的平台，更是我国境外投资企业构筑产业价值链的平台。未来，要加快境外经贸合作区建设，推动我国企业境外投资的能级提升。

一是加强双方政府的政策联动。政策沟通是"一带一路"建设的前提和保障，同样也是境外经贸合作区建设的前提和保障。在坚持境外经贸合作区建设以市场为导向、以效益为中心、以企业为主体的原则下，政府发挥与东道国政府进行有效的政策沟通、平等协商的作用，为企业境外投资提供稳定的东道国合作环境，保障企业的海外利益。

二是加强我国市场和东道国市场的联动，甚至是东道国市场和国际市场的联动。苏州工业园作为我国境外合作区建设的参考样本，具有极强的市场导向性，是新加坡的市场和中国市场共振联动的结果。我国应积极借鉴新加坡经验，积极推动我国生产资料、服务通过境外经贸园区拓展海外市场，同时配套境外经贸园区的发展为最终产品出口提供国内市场的支撑。

三是加强区域产业的联动。我国已经深度融入了世界经济体系，并且是全球化坚定的推动者、捍卫者，因此要进一步加强推动区域产业联动，通过产业上下游配套、服务配套，以及建立双向贸易合作渠道，让中国的产业链条和国际的产业体系更深度地融为一体，推动发展中国家融入全球化，成为我国企业国际化的舞台。

四是加强区内企业的产业协同。境外经贸合作区是一种产业的空间集聚，是通过产业链的密切合作，形成上下游企业的相互配套，实现区域内产生更高的效率和更高的效益。

第三章

进口博览会贸易内容促进效应研究

第一节 进口贸易[①]

进口博览会是世界上第一个以进口为主题的国家级博览会,它是我国推动新一轮高水平开放的标志性工程,是深化"一带一路"国际合作的重要平台,也是建设开放型世界经济、构建人类命运共同体的重要举措。上海作为举办地城市,要紧紧围绕进口博览会平台,积极发挥城市作为全球经济单元作用,推动经贸规则顶层设计、产业基础构筑、贸易促进平台打造和跨境通道建设,持续扩大我国进口。

一、举办国际进口博览会对我国持续扩大进口的重要意义

2017年5月14日,习近平主席在"一带一路"国际合作高峰论坛开幕式上的演讲提出,"中国将积极同'一带一路'建设参与国发展互利共赢的经贸伙伴关系⋯⋯中国将从2018年起举办中国国际进口博览会。"同日,《推进"一带一路"贸易畅通合作倡议》在北京发布,倡议提出"中国将从2018年起举办中国国际进口博览会,为有关国家客商来华参展参会提供支持,并愿与感兴趣的国家和地区商建自由贸易区。"进口博览会的举办,对

---

① 本节内容主要来自:张娟,沈玉良. 发挥国际进口博览会效应,持续扩大我国进口 [J]. 国际贸易,2018 (10):45 – 51。

我国持续扩大进口具有重要意义。

1. 有助于深化贸易投资合作

进口博览会由我国主办、全球各国参与，是推动全球包容互惠发展的公共产品，构建人类命运共同体的中国方案，充分体现了我国支持多边贸易体制、发展自由贸易的一贯立场。进口博览会同期还将举办虹桥国际经济论坛，全球共商共议，共谋发展，共解难题，打造一个包容开放、交流合作的经贸新平台。届时若干国际贸易投资新倡议、宣言和规则可能在上海诞生，这将有助于深化和完善"一带一路"贸易规则制定和合作倡议的推进。

2. 有助于建设进口大市场

进口博览会常态化的举办机制，将推动我国未来5年进口10万亿美元商品和服务，这将需要专业有效的促进平台和流通渠道，推动进口商品进入我国的生产和消费领域，才能真正发挥增加市场供给、丰富市场选择的作用。上海建设有专业的进口商品展示交易平台，是全国进口服装、汽车、医疗器械、化妆品、加工食品、肉类、食用水生动物的最大口岸。上海背靠的长三角地区，是全球重要的先进制造业基地、要素交易市场和消费市场，消化吸收了全国约为1/3的进口商品。上海大虹桥地区是长三角一体化发展的核心功能承载区，进口博览会在此举办，将加快推动长三角区域市场一体化形成，为参展商及优质商品进入中国市场提供全方位、多渠道、多模式的市场促进服务，助推我国成为全球商品和服务的大市场。

3. 有助于形成进口贸易通道

推动我国与"一带一路"沿线国家贸易畅通，还必须依赖于一定的硬件和软件基础设施，为进口贸易提供顺畅的通道支持。首先，进口博览会的举办，将带来大量人员、物资等入境，这将有助于推动我国与参展国家、上海以及周边城市与参展国有关城市之间的口岸连通性。其次，进口博览会举办吸引来自130多个国家和地区的2800多家企业参展和交易，将会增加人民币的计价、结算和支付需求，加快人民币跨境通道建设。

4. 有助于完善进口贸易便利化机制

举国家之力举办的进口博览会，由国务院领导牵头，涉及国家十多个部委共同研究贸易便利化制度创新，将有助于形成更优的贸易便利化机制。作为进口博览会举办地上海，一直以来是我国贸易监管制度创新的前沿阵地，受益于上海自贸试验区先行先试的探索，为满足进口贸易内容和方式不断创新的要求，上海先后推出了国际贸易"单一窗口"建设，与重要的贸易伙伴国家实现口岸信息互换和服务共享。上海在贸易监管制度方面的积极探索，有助于形成进口博览会贸易便利化机制，更加有助于为我国持续扩大进口提供更加有效的贸易便利化机制保障。

二、我国进口贸易的现状特征和影响因素

（一）商品进口规模地位不断提升

2001年加入世贸组织（WTO）后，中国在更加开放的世界舞台上深度参与国际分工，进口贸易进入快速增长通道。2001年，进口额为2435.5亿美元，2017年增长到18409.8亿美元，短短几年内增长近7.6倍，进口年均增长率高达14.2%。同时，我国进口贸易在全球的地位也在不断提升，2001年中国商品进口占世界商品进口总额的比重为3.8%，在世界商品进口国中排名第6位，2017年，进口占全球的比重达到10.2%，仅次于美国。2001～2017年进口贸易的年均复合增长率达到16.4%，大大超过同期全球进口贸易的年均复合增长率，进口依存度从2001年的18.38%上升为2017年的15.05%（见表3.1）。

表3.1　　　　2001～2017年我国进口贸易发展趋势　　　　单位：亿美元,%

年份	进口额	进口依存度	进口增速	占全球比重	位次
2001	2435.5	18.38	8.2	3.8	6
2002	2951.7	20.4	21.2	5.7	4
2003	4127.6	25.15	39.9	5.3	3
2004	5612.3	29.05	36	5.9	3
2005	6601.2	33.95	19.4	6.14	3
2006	7914.6	29.17	20	6.4	3
2007	9559.5	27.35	20.8	6.7	3
2008	11326	25.05	18.5	6.9	3
2009	10059	20.16	-11.2	7.9	2
2010	13948	23.21	38.7	8	2
2011	17434.9	23.02	25.0	10.8	2
2012	18184.1	21.24	4.3	10.7	2
2013	19499.9	20.30	7.2	6.0	2
2014	19602.9	18.69	0.5	8.1	2

续表

年份	进口额	进口依存度	进口增速	占全球比重	位次
2015	16820.7	15.18	-14.1	9.0	2
2016	15874.8	14.19	-5.5	10.1	2
2017	18409.8	15.05	15.9	10.2	2

资料来源：根据中经网统计数据库和 WTO 数据库计算得出。

（二）进口商品结构以工业制成品为主导

按照国际贸易标准分类（SITC），工业制成品在我国进口商品中始终占据主导地位，保持在 65% ~ 83.3% 的水平，而初级产品进口所占比重在 16.7% ~ 34.4%。从 2004 年开始，随着初级产品进口急剧增加，初级产品占进口的比重从 2001 年的 18.8% 上升为 2017 年的 31.35%，2014 年甚至高达 34.92%，而同期工业制成品进口占比从 2001 年的 81.2% 下降至 2017 年的 68.65%（见表 3.2）。从具体的商品结构来看，初级产品主要是食品和燃料。其中，食品在农产品进口贸易中的比重呈现迅速上升趋势，2017 年食品进口占总比约为 6%。随着人均收入水平不断提高，人们对高质量的进口食品的需求日趋旺盛，预计食品在农产品进口贸易中的比重还会提高。燃料进口规模也不断扩大，2017 年占比在 10% 以上。在工业制成品中，我国作为加工贸易大国的带动作用明显，自动数据处理设备、汽车零件等中间产品进口稳定增长，体现为资本、技术密集型的机电产品和高新技术产品成为进口主导产品。我国进口商品结构的变化，体现我国从促进中低端产业进口替代到保障资源原材料进口的发展战略。

表 3.2　　2001~2017 年初级产品和工业制成品进口情况　　单位：亿美元,%

年份	初级产品			工业制成品		
	进口额	增长速度	比重	进口额	增长速度	比重
2001	457.3	-2.13	18.80	1978.10	10.9	81.2
2002	492.71	7.71	16.70	2458.99	24.3	83.3
2003	727.63	47.68	17.60	3399.96	38.3	82.4
2004	1172.67	62.4	20.90	4441.20	30.6	79.1
2005	1477.14	26	22.40	5124.10	15.4	77.6
2006	1871.29	26.7	23.60	6043.32	18	76.4
2007	2427.8	29.7	25.40	7130.42	18	74.6
2008	3627.76	49.3	32.00	7702.00	8	68

续表

年份	初级产品			工业制成品		
	进口额	增长速度	比重	进口额	增长速度	比重
2009	2898.02	-20	28.80	7161.00	-7	71.2
2010	4325.56	33	31.01	9622.72	25.58	68.99
2011	6042.69	39.70	34.66	11392.15	18.39	65.34
2012	6349.34	5.07	34.92	11834.71	3.88	65.08
2013	6580.81	3.65	33.75	12919.09	9.16	66.25
2014	6469.40	-1.69	33.02	13122.95	1.58	66.98
2015	4720.57	-27.03	28.11	12075.07	-7.99	71.89
2016	4410.55	-6.57	27.78	11468.71	-5.02	72.22
2017	5770.60	30.84	31.35	12639.20	10.21	68.65

资料来源：中经网数据库。

（三）进口或原地结构较为集中

2017年，我国前六大进口市场依次是欧盟、东盟、美国、韩国、中国台湾、日本（见表3.3）。如果按照区域来划分，亚洲进口占比约为56%，欧洲占比约为18%，美洲占比约为9%。我国进口贸易的来源结构在一定程度上体现了全球经济一体化趋势下世界三大生产中心的格局，以及国际贸易分工的现状，亚洲作为我国最大的进口来源地，也说明了我国在亚洲区域价值链中的重要地位。按照国家来分，我国的进口市场结构也与我国自由贸易区网络有关，从东盟、澳大利亚等地区的进口额占我国进口的比重也逐年上升。

表3.3　2011~2017年中国进口货源地10大地区增速及比重　　单位:%

地区	2011年		2012年		2013年		2014年		2015年		2016年		2017年	
	增速	比重	增速	比重	增速	比重	增速	比重	增速	比重	增速	比重	增速	比重
欧盟	25.4	12.1	0.4	11.7	3.7	11.3	10.7	12.5	-14.5	12.4	-0.4	13.1	17.7	13.3
美国	19.6	7	8.8	7.3	14.8	7.8	4.2	8.1	-6.5	8.8	-9.1	8.5	14.5	8.4
东盟	24.6	11.1	1.5	10.8	1.9	10.23	4.4	10.6	-6.5	11.6	0.9	12.4	20.1	12.8
日本	10.1	11.2	-8.6	9.8	-8.7	8.3	0.4	8.3	-12.2	8.5	1.8	9.2	13.7	9
韩国	17.6	9.3	3.7	9.3	8.5	9.4	3.9	9.7	-8.2	10.4	-9	10	11.7	9.6
印度	12.1	1.3	-19.6	1	-9.4	0.9	-3.5	0.8	-18.2	0.8	-12.1	0.7	38.9	0.9
中国台湾	7.9	7.2	5.8	7.3	18.5	8	-2.8	7.8	-5.7	8.5	-2.8	8.8	11.9	8.4
俄罗斯	55.6	2.3	9.2	2.4	-10.3	2	4.9	2.1	-20	2	-3.1	2	27.7	2.2
澳大利亚	35.3	4.7	2.3	4.7	16.8	5.1	-1.2	5	-24.6	4.4	-3.9	4.5	33.7	5.2
沙特阿拉伯	50.7	2.8	10.8	3	-2.6	2.7	-9.2	2.5	-38.1	1.8	-21.3	1.5	34.4	1.7

资料来源：《国际贸易》2012~2018年各期。

（四）进口贸易方式呈现阶段性特征

改革开放 40 多年以来，我国进口贸易方式的变化呈现阶段性的特征，体现了我国产业发展的阶段性特征。1993 年以前，一般贸易的进口占领绝对的地位，占比高达 90% 以上，此后随着我国实施"两头在外"的贸易发展战略和产业开放战略，全球加工制造业往我国转移，大量外资的涌入，使加工制造也开始腾飞，推动加工贸易进口占比快速提高，到 1999 年达到峰值。亚洲金融危机以后，一方面，加工制造业外资为了降低生产成本，逐步将生产制造转移到成本更低的东南亚以及非洲地球；另一方面，我国产业配套不断完善，国内零部件企业生产能力逐渐满足产业巨头发展需求，加工贸易进口逐步走低，2017 年占比为 25.59%，相较 2001 年占比 45.31% 下降了 19.72%，降幅较大。同时，受益于我国改革开放对人民福利的提升，国内市场对进口商品最终需求快速增长，2017 年相较 2001 年一般贸易方式进口规模扩大了 9.54 倍，超过一半以上的进口商品是以一般进口贸易方式进口（见表 3.4）。

表 3.4　　　　　不同贸易方式的历年进口额　　　　单位：亿美元，%

年份	一般贸易		加工贸易	
	进口额	比重	进口额	比重
1981	203.66	92.5	15.04	6.83
1993	380.50	36.6	363.70	35.0
1994	355.20	30.8	475.70	41.2
1997	391.29	27.4	701.95	49.3
1998	436.79	31.1	686.0	48.9
1999	670.40	40.5	735.8	44.4
2000	1000.79	44.46	925.58	41.12
2001	1134.6	46.7	939.7	38.6
2002	1291.2	43.7	1222.2	41.4
2003	1876.5	45.5	1629.4	39.5
2004	2481.5	44.2	2217	39.5
2005	2796.3	42.4	2740.1	41.5
2006	3330.7	42.1	3214.7	40.6
2007	4286.5	44.8	3683.9	38.5
2008	5727	50.5	3784	33.4
2009	5339	53.1	3223	32.1

续表

年份	一般贸易		加工贸易	
	进口额	比重	进口额	比重
2010	7680	55.1	4174	30
2011	10075	57.79	4698	26.95
2012	10218	56.21	4812	26.47
2013	11099	56.91	4970	25.48
2014	11096	56.60	5244	26.75
2015	9203	54.86	4459	26.58
2016	8942	56.61	3948	24.99
2017	10856	58.83	4322	23.42

资料来源：根据中经网数据库计算而得。

（五）进口贸易经营主体多元化

我国加入世贸组织后，随着外贸经营权的放宽，特别是2004年新修订的《中华人民共和国对外贸易法》的颁布，从事进出口业务的私营企业数量大幅度增加，外贸领域形成国有企业、外资企业和私营企业共同竞争的局面。2001~2017年，外资企业进口额几乎占我国进口总额的一半，成为我国进口的主导力量。但2006年后，外资企业进口占比逐年下降，2017年已经降至50%以下，为46.8%，私营企业的进口增速强劲，所占比重也由2001年的2.54%提高到2017年的27.23%，显示其发展的巨大潜力（见表3.5）。

表3.5　2001~2017年按企业性质分类的进口额、比重及增速　单位：亿美元,%

年份	国有企业			外商投资企业			私营企业		
	进口额	所占比重	同比增加	进口额	所占比重	同比增加	进口额	所占比重	同比增加
2001	1035.5	42.52	—	1258.6	51.66	—	80	2.54	—
2002	1144.9	38.79	24.45	1602.7	54.3	27.34	95.6	3.24	19.5
2003	1424.8	34.52	23.84	2319.1	56.19	44.7	245.7	5.95	157.01
2004	1764.5	31.44	11.76	3245.7	57.83	39.96	419.6	7.48	70.86
2005	1972	29.88	14.22	3875.1	58.71	19.39	539.8	8.18	28.59
2006	2252.4	28.46	19.75	4726.2	59.71	21.96	728.4	9.2	34.94
2007	2697.2	28.21	31.17	5594.1	58.52	18.36	728.4	7.62	0
2008	3538	31.24	−18.46	6200	54.74	10.83	1246	11	71.06
2009	2885	28.68	34.35	5452	54.2	−12.06	1404.6	13.96	12.73

续表

年份	国有企业			外商投资企业			私营企业		
	进口额	所占比重	同比增加	进口额	所占比重	同比增加	进口额	所占比重	同比增加
2010	3876	27.79	10.56	7380	52.91	35.36	2693	19.31	56.7
2011	4934	28.3	27.1	8648	49.6	17.1	3852	22.1	42.9
2012	4594.3	27.3	0.3	8712.5	47.9	0.8	4511.5	24.8	17.2
2013	4989.9	25.6	0.6	8748.2	44.9	0.4	5764.8	29.6	27.8
2014	4910.5	25.05	-1.9	9093.1	46.39	3.9	4475.3	22.83	2.6
2015	4078.4	24.25	-16.9	8298.9	49.34	-8.7	4116.1	24.47	-8
2016	3608.2	22.73	-11.4	7704.5	48.54	-7	4179.4	26.33	1.7
2017	4374.4	23.76	21.1	8615.8	46.80	11.8	5013.5	27.23	20

资料来源：由海关总署统计数据整理计算得到。

（六）进口终端市场以东部地区为主

我国进口区域来源分布中，仍然大部分集中在东部地区，占比约为82%，中部和西部地区占比分别为9.4%和8%，这与我国区域开放、区域产业基础和消费能力具有极强的关联性。东部地区进口贸易占全国的比重高于出口贸易（见表3.6），其中，广东省是制造业大省，因此，既是出口大省又是进口大省，进口占比在20%左右，进出口贸易较平衡。北京进口占比要高于出口占比，以2017年为例，北京的进口占我国总进口比重为14.4%，而出口占全国总出口的比重为2.6%，主要得益于从"一带一路"沿线国家和地区进口矿物燃料进口品，但是2017年降幅在70%以上，让位上海。上海是我国最大的进口口岸城市，因此其规模地位相对稳定在前三的位置，总体波动不大。与2001年相比，中、西部地区进口占比分别从2001年的5%、3%上升到2017年的9.4%和8%，这得益于中国产业从东部向中西部转移的推进，以及"一带一路"国际合作的推进。

表3.6　　　　　中国主要进口省市进口比重　　　　　单位：亿美元,%

地区	2011年	2012年	2013年	2014年	2015年	2016年	2017年
广东	21.9	22.5	23.3	22.0	22.6	22.5	20.8
北京	19.0	19.2	18.8	18.0	15.8	14.5	14.4
江苏	13.0	12.1	11.4	11.3	12.3	12.0	12.4
上海	13.1	12.6	12.2	13.1	15.1	15.8	15.3

续表

地区	2011 年	2012 年	2013 年	2014 年	2015 年	2016 年	2017 年
山东	6.3	6.4	6.8	6.7	5.8	6.1	6.3
浙江	5.3	4.8	4.5	4.2	4.2	4.3	4.9
天津	3.4	3.7	4.1	4.1	3.8	3.7	3.8
辽宁	2.6	2.5	2.6	2.8	2.7	2.7	3.0
进口占总额比重	84.5	83.9	83.5	82.3	82.2	81.6	80.9
出口占总额比重	81.7	79.5	78.3	76.4	77.2	78.4	77.8

资料来源：根据中经网数据库计算而得。

三、推动进口贸易持续扩大需要重点关注的问题

进口博览会的举办，是推动我国进口贸易持续扩大的重大契机，为了实现进口对增加有效供给、实现技术溢出效应、倒逼产业升级、提升消费福利、推动外汇储备有效利用等，服务于国民经济的优质提升，还需要处理好以下几个关系。

（一）处理好扩大进口与国际收支平衡的关系

保持国际收支平衡是国家宏观调控的目标之一，美国进口的扩大，使货物贸易长期逆差，但是通过服务贸易顺差，保持了经常项目平衡。20 世纪 70～80 年代美日贸易战后，日本虽然扩大了进口，但是从 1981 年至今，长期保持了贸易的持续盈余。因此，我国在不断扩大进口的同时，仍然要保持出口贸易的增长，增强进口出口的互动关系，同时加快服务业发展，提高服务业国际竞争力，减少服务贸易逆差，实现国际收支失衡，保持宏观经济的稳健运行。

（二）处理好消费品进口结构和工业品进口结构的关系

在美日等发达国家进口贸易结构中，进口仍然以服务生产环节的需求为主，原材料和中间制成品进口约占一半以上。我国在不断扩大消费品进口、满足人民群众高品质生活要求的同时，仍然要以生产领域的中间品和成品进口为主，推动我国制造业的转型升级。

（三）处理好扩大进口和产业安全的关系

高品质消费品、高端装备、尖端技术和各类现代专业服务等是我国产业发展中一直比较薄弱的环节，扩大进口在一定程度上会冲击这些产业的发展

和就业。为了避免扩大进口对产业竞争力的"破坏性"作用,要将进口的压力转化为创新的动力,鼓励建立自主创新体系,加快提高引进设备、技术和服务的消化吸收能力。

(四)处理好扩大进口和完善贸易制度的关系

扩大进口,需要依托系统性进口贸易制度。首先,加强海空铁陆等通道建设;尤其是推动"一带一路"沿线国家贸易通道建设;其次,完善贸易监管制度,提高进口贸易便利化水平,破解进口中存在的照类多、审批部门多、主体限制、通关成本高等问题;再次,完善进口税收制度,推动关税、消费税和增值税结构性改革,降低国际价差;最后,形成进口贸易促进体系。大量的进口,必须依赖一定的通道进行集散分拨,因此要建设专业的进口交易市场和平台,推动进口商业业态的创新。

四、发挥国际进口博览会效应,推动我国进口贸易持续扩大的政策措施

(一)深化合作机制,完善顶层设计

充分发挥进口博览会作为国际经贸合作对话平台作用,一方面要从国家层面加强进口贸易合作的顶层设计;另一方面建立城市层面的合作沟通机制,依托上海作为举办地城市优势,深化友好城市合作机制,强化贸易沟通功能。

1. 加强贸易合作机制的顶层设计

虹桥国际经济论坛作为进口博览会推动新一轮高水平互利开放的公共平台,以及国际官产学界共商全球经贸重大前沿问题的高端对话平台,要汇聚顶尖研究力量,筹建联动全球国际经贸智库的虹桥研究院,聚焦贸易领域合作和区域合作方面重要命题的研究,成为每年进口博览会高峰论坛的主要议题,推动沟通对话成果落地,使虹桥国际经贸论坛成为新时代国际经贸规则的发声地、策源地。从领域合作议题来看,可围绕绿色可持续发展、数字贸易、贸易投资互动、自然人员流动等重点领域达成一定的合作框架。从区域合作议题来看,以东盟为突破口,推动《区域全面经济伙伴关系协定》谈判实施,筑牢亚洲区域价值链。以进口博览会举办为契机,根据经济发展水平的差异,加快与不同的国家分步推进自由贸易协定,与条件成熟的发达国家和地区,共同制订高标准的贸易投资规则,与经济发展水平较低的国家先达成浅层次一体化协议。

2. 推动城市成为贸易合作的新通道

20世纪80年代之后,城市作为全球经济单元的重要性日益提升,是全球贸易投资活动主要载体。进口博览会举办期间,无论是参展国展商,还是国内采购团,多数以城市或者区域为单位开展经贸合作。建议发挥城市外交的作用,加强国内省区市与国外贸易城市、港口城市、物流城市、金融城市等建立合作伙伴关系,打造国际经贸新形势下贸易投资合作的新通道。上海可以积极发挥示范带头作用,推进友好城市合作进展,加强在贸易、物流、投资、金融、数据等领域合作,建设会计、法律、咨询等领域构筑专业化贸易服务网络,建立电子口岸合作机制。

(二) 深化双向投资,为进口贸易夯实产业基础

充分发挥进口博览会投资沟通平台作用,增强双向投资力度,以投资夯实贸易的产业基础,并通过优化产业投资结构,推动资源能源、制造中间品和最终消费品共同组成的货物进口贸易格局,以及劳动、资本和知识共同构成的服务进口贸易格局。

1. 发挥境外投资对进口的推动作用

一方面优化境外投资结构,推动形成区域贸易投资网络。鼓励境外投资企业并购国外优质科技研发类企业,加快先进技术设备及关键零部件的进口。鼓励商贸类企业境外投资,实现国内外市场协同发展,推动消费品进口。加快推进境外能源资源农业投资合作,建立长期、稳定、多元化的海外战略资源供应基地,支持境外能源资源回运。推动"一带一路"境外合作区建设,鼓励企业建立区域价值链网络,形成以母公司为核心的贸易投资网络体系,扩大中间制成品进口。另一方面以制造业境外投资带动服务出口。通过制造业境外投资带动铁路公司、公用设施公司等服务企业向海外拓展,扩大商贸服务、金融服务、专业服务等服务进出口。

2. 推动国际贸易主体的集聚

抓住进口博览会契机,汇集全球贸易和投资资源。鼓励跨国公司、全球各类大型知名采购商、高端装备和技术转移企业(含代理企业)以及运用先进技术手段和现代组织经营模式的新型贸易企业落地,从事贸易及相关配套服务,共同形成新的贸易网络。引进重量级与贸易和投资有关的国际组织机构,如积极争取联合国贸易和发展会议、世界贸易组织、世界贸易中心协会等国际组织设立亚太中心或亚太区域办事处,鼓励国外各类贸易促进机构、商协会组织、中介机构、贸易配套机构以及各类专业性服务机构新的汇聚,

提升我国贸易服务能力，提高服务贸易国际竞争力。

（三）深化贸易促进，为扩大进口提供市场通道支撑

进口博览会的举办，为参展国产品进入国内市场提供了重要的窗口，但是还需要进一步强化对进口商品和服务的推广，建设"6天+365天"进口交易市场和平台，推进进口商品和技术的创新转化，鼓励企业开展进口商业业态创新，发挥进口对我国生产效率提升和消费供给创新的作用。

1. 推动进口商品交易市场建设

一是推动我国进口大宗商品市场建设。应对全球经贸形势的复杂化，完善我国进口大宗交易市场建设，通过金融创新，形成定价机制，平抑生产要素市场价格波动。发挥上海作为大宗商品进口口岸作用，扩大资源、原材料、农产品进口规模，增加与我国各类大宗商品交易市场的联动关系，充分发挥进口信用保险的风险保障作用，鼓励对重点行业大宗商品进口提供专业的投融资配套服务。二是建立专业领域的进口商品交易市场。借鉴义乌小商品交易市场发展经验，根据进口商品特征，以及我国生产和消费所需，建立智能及高端装备（如机场设施、高铁装备等）、生物医药、医疗器械及医药保健技术产品、集成电路、智能消费电子及家电、新技术汽车、服装服饰及日用消费品、优质特色食品及农产品等进口交易市场，为参展国和企业提供进入国内市场的通道，并且推动形成进口大交易市场。

2. 促进先进技术设备进口的吸收创新

加强与进口博览会80个参展国家的科技合作，强化知识产权保护执行力度，吸引全球企业在上海发布最新产品，以市场力量打破发达国家在高技术领域的进口封锁。积极顺应跨国公司在当地建立开放式创新生态系统的趋势，向参展外资科技企业开放国内科技创新研究合作项目，鼓励国内企业积极融入跨国公司开放式创新生态系统。降低进口技术设备的税收和成本，简化转让手续，鼓励大中型企业加快对先进技术设备引进、消化吸收和再创新。研究普惠性研发奖励政策，减少中小创新型企业成本，并且重点强调减少政策实施成本。

3. 推动进口商业业态创新

进口博览会举办以后，继续加大对进口商业业态创新的支持，一方面是推动进口保税展示交易贸易监管制度的创新突破，包括推动更多具有市场渠道和零售业经营经验的企业成为保税展示交易的试点主体，制订保税展示交易的海关监管原则、税收征收的原则、标准和方法，以及税收担保机制。另一方面是大力发展进口跨境电子商务，集聚具有资源优势的跨境电商企业主体、跨境金融、跨境物流及其他相关服务企业，建立风险监测和商品追溯体系等，保障进口消费的安全。

（四）深入推进进口贸易通道建设

要借助进口博览会的举办，完善设施联通，一方面是推动"四位一体"的贸易通道体系，优化与贸易合作伙伴之间的空中、海上、陆上、网上的基础通道；另一方面是推动我国进口贸易体制的改革，形成有效有序的制度通道。

1. 推动海空陆网跨境通道建设

不断提升国内国际海港、空港和铁路口岸连通性，提升流通基础设施承载力。发挥上海作为全球最大口岸贸易城市作用，加强国内重点口岸城市集疏运体系和航运服务体系建设，推进航空和水运口岸复合型枢纽建设，提高与"一带一路"节点城市之间的连通性。完善重点经贸合作区、物流园区和基地网络，加强海空港枢纽物流设施和多式联运能力建设，建设联接国内外的现代物流大通道。以进口博览会举办为突破口，重点加强网络通道建设，加快5G网络建设，实施贸易数据协同、简化和标准化，推动数字网络连通。

2. 推动进口贸易制度通道建设

制订进口商品定价机制，探索以销售价格为完税价格，只征收关关税、增值税、消费税等进口环节税。复制推广进口博览会通关制度，积极推动进口博览会允许展会展品提前备案、以担保方式放行展品、延长ATA单证册项下货物暂时进境有效期、展品展后进入保税监管场所或特殊监管区域视同离境予以核销等监管制度创新延伸至其他重点展会和展览场所。建成国际先进水平的国际贸易"单一窗口"，实现货物从抵港到提离的跟踪查询和全程可视。增加技术贸易、服务贸易、会展等服务贸易功能模块。推动金融创新，建立进口贸易人民币支付、跨境结算和投融资机制。

第二节 技术贸易

技术贸易是国家（地区）间开展技术进出口、实现技术互补的重要行为，是技术创新跨境传播、扩散、转移和利用的重要方式。中华人民共和国成立以来，为了解决重要设备和技术的短缺问题，我国通过进口成套设备和零部件、技术许可、技术服务、合作生产等方式,实现了我国技术贸易的发展,推动了我国产业基础的打造,培养了专业技术人员。近年来,互联网、大数据、智能制造、新能源和新材料等领域成为全球技术创新的核心,而全球技术的保护和竞争又成为全球经贸领域的新特征,进一步凸显我国加快技术贸易发展。

一、我国技术贸易发展的历史回顾和特征分析

(一) 我国技术贸易发展的历史阶段

1. 1950~1978年:我国技术贸易的探索起步阶段

这一阶段,中华人民共和国刚刚成立,迫切需要通过技术贸易来推动工业发展。由于主要资本主义国家对于我国实行政治封锁和技术禁运,我国技术贸易基本处在探索和起步阶段,其中又可以分为三个阶段:第一阶段(1950~1959年)。为了突破资本主义国家的封锁,我国主要从苏联与部分东欧社会主义国家进口技术成套设备、生产线和少量单项技术,引进项目约为450项,金额为37亿美元。这些技术进口不仅帮助中国填补了煤炭、机械、电力、汽车、能源等部门技术缺失,而且培训了一批技术干部和人才,为我国工业的发展奠定了基础。第二阶段(1960~1969年)。中苏关系破裂后,我国技术贸易合作对象转向日本和部分西欧国家,主要进口石油、化工、电子、精密机械、纺织机械等领域关键性技术和成套设备。这一时期内技术贸易合同数为84项,合同总金额约14.5亿美元。第三阶段(1970~1978年)。我国先后从日本、德国、英国、法国、荷兰、美国等发达国家引进化肥、化纤、轧钢发电、石油化工等新技术、新设备。共签订项目合同310项,总金额约68.2亿美元。然而,这一阶段存在"跃进"情况,技术引进存在缺乏论证、项目重复、步伐过快等问题,超出了此阶段我国外汇储备和产业发展阶段承受范围。[①]

2. 1979~2000年:我国技术贸易的快速发展阶段

这段时期,我国实行改革开放的战略举措,包括建设工业园区、向外资开放制造业,基础设施建设的推进和制造业的大发展,对成套设备和技术的

---

① 本部分数据主要来自对外经济贸易大学技术贸易课题组. 中国技术贸易50年 [J]. 国际贸易问题,1999 (10):11-18.

需求加大。随着我国的对外开放深入，越来越多的国家成为我国经贸合作伙伴，我国技术进口开始蓬勃发展，共引进技术超过30000项，合同总金额约1200亿美元。技术引进国由上一阶段的10多个国家扩大到包括日本、加拿大、德国、美国、俄罗斯、英国等在内的50多个国家，涉及行业有能源、机械电子、电力、交通运输、农业、计算机等。自1995年以来，我国加大基础工业和高新技术项目的比重，引进技术的含量不断提高，并且技术服务等软技术的比重也在提高。技术引进除了央企和国企外，还有外资和民企，并且跨国公司内部的技术转移也开始出现，除了指令性计划外，由企业自主确定、自筹资金的技术引进项目在不断增加。这一阶段的我国技术出口开始起步，1980年我国技术出口国仅有美国、德国和巴基斯坦3个，20世纪末，技术出口已面向120余个国家和地区[①]，技术含量逐步提高，由小型成套设备向大型成套设备发展，涉及机械、电力、建材、轻工、船舶、电子、工程设计等，显示了前五十年中成套设备技术进口溢出效应。

3. 2001~2017年：我国技术贸易向深度和宽度拓展的阶段

这一阶段，我国对外开放不再以单方面开放为主，而是通过加入世贸组织（WTO）这样的国际性组织，能够更深度地参与国际经济技术合作，主要工业发达国家对中国原先实行的技术出口管制也有一定放开，我国先进技术和设备引进速度加快，这不仅有力地促进了我国制造业发展，而且对中国自主研发能力的提高也有很大促进作用。我国实现技术贸易额从2006年的225.8亿美元上升到2013年的最高点931.15亿美元，此后回落到2017年的557亿美元。技术贸易引进国由50多个国家或地区上升至130多个，主要是美国、日本、德国、韩国等。技术进口涉及交通运输、通信设备、化学原料、计算机服务、电气机械、通用设备等领域，技术出口主要集中在计算机服务、通信设备、计算机及其他电子设备制造、软件、医药、电力等。2004年，我国首次实现高新技术货物贸易顺差，其后顺差逐年增大，2014年我国高技术产品贸易顺差达到最高值1091.23亿美元，此后降至2017年的841亿美元（见表3.7）。技术贸易从"硬技术"转向"软技术"转变，技术咨询与技术服务出口占据我国技术总出口半壁江山，专有技术和专利技术的许可和转让也呈现较快的发展速度。技术贸易的主体也由原来的国有指令，变成以外资

---

① 百度文库. 我国国际技术贸易的特点及趋势［DB］. https://wenku.baidu.com/view/09c6022fe2bd960590c67729.html.

自主行为为主,占我国技术贸易出口比重的70%以上。

表3.7　　　　　　　　　　高技术产品进出口贸易　　　　　　　　单位:亿美元

年份	出口贸易额	进口贸易额	进出口贸易总额	贸易顺差额
1985	5.21	47.34	52.55	-42.13
1990	26.86	69.67	96.53	-42.81
1995	100.91	218.27	319.18	-117.36
2000	370.43	525.07	895.50	-154.64
2001	464.50	641.10	1105.60	-174.60
2002	678.60	828.40	1507.00	-149.80
2003	1103.20	1193.00	2296.20	-89.80
2004	1655.40	1614.30	3269.70	41.10
2005	2182.53	1977.13	4159.66	205.40
2006	2814.51	2472.99	5287.50	341.52
2007	3478.19	2869.84	6348.03	608.35
2008	4156.06	3418.20	7574.25	737.86
2009	3769.31	3098.53	6867.84	670.78
2010	4923.79	4126.55	9050.34	797.24
2011	5488.30	4632.25	10120.54	856.05
2012	6011.75	5068.65	11080.40	943.10
2013	6603.30	5581.90	12185.20	1021.40
2014	6605	5514	12119	1091
2015	6525	5439	11964	1086
2016	6042	5237	11279	805
2017	6708	5867	12575	841

资料来源:1985~2013年出口贸易额、进口贸易额和进出口贸易额摘自历年《高新技术产业统计年鉴》,2014~2017年数据摘自《中国高技术产业发展状况分析》,贸易顺差额根据前述数据计算所得。

4. 2018年至今:我国技术贸易发展进入数字技术时代

自2018年以来,美国主动寻求中美技术"脱钩"的意图日益显著,全球技术合作环境也日益恶化,我国通过技术进口、境外投资等方式参与国际技术合作的空间越来越小,我国技术贸易发展面临着越来越激烈的竞争环境。与此同时,以互联网、大数据、云计算等为主导的数字技术创新速度越来快、模式越来越新,我国企业的自主创新能力越来越强,需要进一步寻求国际市场空间。据商务部统计,2019年一季度,全国共登记技术进出口合同3557份,合同总金额157.3亿美元。其中,进口合同1673份,金额74.5亿美元;出口合同1884份,金额82.7亿美元,我国对"一带一路"沿线国家技术出口合同金额29.9亿美元,同比增长135.3%[①]。

(二)我国技术贸易发展的特征分析

1. 技术贸易的发展基于对外开放的不断深入

一国实现科技创新的途径有两个:原始封闭式创新,以及通过技术贸易融入全球科技创新体系实现自主创新。在经济全球化背景下,后者成为各国实现科技创新的主要路径,并依赖于国际和国内市场的开放。第一个阶段,前期受到国际技术封锁,我国技术引进来源渠道极为有限,后期受到国内发展环境的约束,我国技术贸易规模提升的速度和引进转化效率都不高。改革开放以后,国际环境的改善,经济全球化的加速,尤其是我国推动市场、主体、资金等开放,推动了我国技术贸易获得快速发展。一是实施"以市场换技术"战略,通过开放国内市场,吸引外商投资,依靠外资企业的技术转移,获取外国先进技术。现在中国的技术出口大多以技术服务形式呈现,信息技术、通信技术占了多数,这与我国企业十几年来承接欧美发达国家企业的服务外包有关。二是释放主体积极性。外贸企业从接受单一指令和指导到自行委托开展技术贸易,技术贸易的主体也呈现多层次性,包括政府、事业单位(科研机构、高等院校、医院等)、企业(内资企业、外国企业、外商投资企业等)、个人专家等,市场活跃度提高和竞争性加强,技术贸易开展效率改善。三是放宽技术进口的资金来源。技术引进的资金来源从政府贷款、专项外汇放宽到企业自筹、商业贷款、国际组织贷款、补偿贸易、中外合作等方式,企业获取外汇的途径拓宽、自主性增强。四是鼓励企业"走出去"获得技术资源。上海自贸试验区成立以后,实施境外投资备案制度,释放了企业境外投资的积极性,"一带一路"倡议的实施,为企业拓展了技术来源、人力和市场资源。以华为为例,其在全世界拥有14个科研院、所、室,36个联合创新中心,遍布国外16个城市,包括德国、比利时、法国、芬兰、意大利、爱尔兰、瑞典和英国等。华为"走出去"有利于紧跟世界最前沿的技

[①] 商务部服贸司负责人介绍2019年一季度服务贸易发展情况。http://www.gov.cn/xinwen/2019-05/10/content_5390206.htm.

术发展趋势，就近利用国外人才优势，建立覆盖全球的技术引进、吸收和创新网络。

2. 技术贸易的发展和产业自主创新相辅相成

根据国际技术转移理论，技术差距是技术引进国开展技术贸易最核心和最根本的原因。技术引进国通过发展技术贸易获取产业发展所需要的装备、零部件等技术资源，发展本土产业和实现自主创新，从而缩小技术差距。不少研究提出，我国技术贸易发展重引进、轻消化，大量外汇换回的技术没有有效利用。本书认为，自主创新需要基于一定时间的产业发展、人才积累和知识储备，因此技术贸易发展和自主创新能力的实现有一定时间差，当产业发展步伐和国际技术差距在不断缩小时，技术贸易和自主创新逐渐同步的效应才能显现，两者相辅相成，我国技术贸易发展和产业发展的轨迹也说明了这一点。

前期，苏联和东欧的重工业技术的引进，填补了我国基础设施不足，发展了钢铁、煤炭、玻璃等原材料工业，为我国后期工业发展和出口打下坚实的基础。引进的铁路、核技术和航天技术，不仅奠定了我国高精尖产业发展基础，而且推动了相关产业发展，实现了当时"用尖端带动一般；又用一般推动尖端"航空工业技术引进的战略目标。在这些领域，技术贸易实施的主体主要是国有企业、军工企业、高校和科研院所，经过数十年吸收、消化和创新，这些产业和企业成为全球行业的"领头羊"。

改革开放尤其是我国加入世贸组织以后，我国开放制造业和国内市场，吸引了美国和日本等西方的外资企业开展投资，通过直接投资和国际贸易实现了纺织服装、家居家具、电子电器、装备制造等产业技术引进，外资企业也成为技术贸易的实施主体。国有企业通过合资合作，民营企业通过融入跨国公司的供应链和价值链实现技术的溢出效应。我国纺织服装、家居家具、电子电气等制造业的快速发展，对全球创新技术的需要不断加大，由此又推动了高新技术产品进口发展。根据海关及科技部统计，过去35年间，高技术产品进口额由1985年的47.34亿美元上升到2017年的5867亿美元，增长约124倍。而我国企业技术消化能力的提升，也基本在加入世贸组织以后，2004～2017年，规模以上工业企业技术消化吸收经费支出从61.21亿元上升至118.54亿元，增加1.93倍，2011年达到历史高点，全年支出约202亿元，之后投入略有减少，但在2015年后开始逐年上升（见图3.1）。

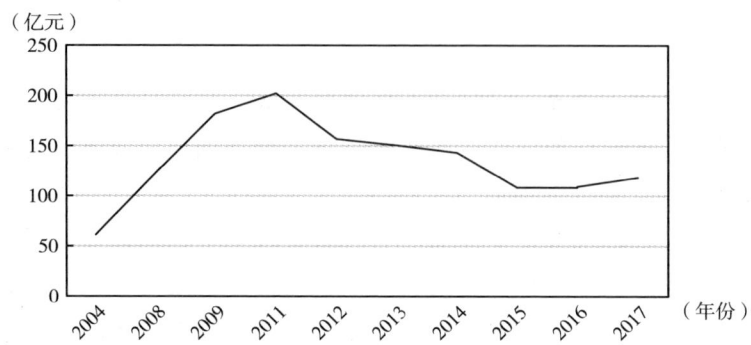

图 3.1　规模以上工业企业引进技术消化吸收经费支出

资料来源：根据中国国家统计局数据计算整理。

21世纪开始，跨国公司主导的全球技术转移趋势日益增强，我国制造业发展也带来了科技创新人才等资源要素的积淀，我国人力资源优势凸显，吸引了越来越多的跨国公司将部分研发活动放在我国。以上海、江苏等地区为主，准确把握这一机遇，相继出台一系列政策，以鼓励外资企业设立研发机构。这一系列政策导向大大推动了跨国公司研发机构向我国东部地区集聚。同时，跨国公司研发中心从研发本土化向研发全球化发展，并且出现"反向创新"的潮流，由国内研发中心将适应我国市场的创新产品再销往母国及其他发达国家市场，带动了我国技术出口，进一步驱动了国内企业自主创新。

3. 技术贸易的发展依赖人才的跨境流动

技术贸易的内容包括软技术和硬技术。硬技术是指高技术产品、成套设备、生产线等；软技术是指软件、专利技术、咨询服务等。其中，人才是技术贸易最重要的依托，包括硬技术研发和软技术实施都主要由人执行。虽然根据海关统计，目前我国高技术产品进出口中，技术服务和技术许可等软技术进出口总额占比不到10%，计算机与通信技术、电子技术等在内的硬技术进出口总额占比高达90%以上。但是体现为自然人流动的技术贸易，以及隐含在硬技术贸易中的技术增值部分也没有被剥离出来，因此软技术贸易比重要远远高于10%。在我国技术贸易发展历程中，人才跨境流动对技术贸易发展的支撑作用主要体现在三个方面。

一是苏联等国家专家的指导性溢出效应。例如，长春第一汽车制造厂依靠苏联专家所带来的设备和零件而建，专家还通过讲授技术课程、现场指导、翻译讲解文献等各种方式培养出大批管理和技术人才，1953~1956年，186

名苏联专家为两万名职工讲解授课1500多次,带教技术干部和骨干470名。此外,上海柴油机厂、沈阳第二机床厂、中国纺织机器厂、中苏造船公司等工厂建设发展都与引进苏联专业有密切关系。苏联专家还推动了我国高校学科建设,1951年中国人民大学和哈尔滨工业大学被确定为全国高等教育学习苏联的两所院所。以哈尔滨工业大学为例,1950~1960年,学校共聘请了70多位苏联专家,帮助学校拟订初步的建设计划,改造和新建11个科研室。专家们根据苏联相同专业的教学计划为范本,结合中国的具体情况,帮助学校制订相应的教学计划并按照新大纲为中国学生讲课①。

二是留学归国人员技术转移效应。海外归国人员特别是有海外工作经验的人员,一般都具有较高学历,熟悉国内外环境,掌握行业领先的创新技术,拥有跨国公司管理经验,具有较高的创业创新成功率。20世纪50年代末期,我国曾派团访问过奥地利、芬兰、比利时、荷兰等欧洲国家,开阔了国内技术人员的眼界。同时期,有多名海外科学家归国主要由美国回来,如钱学森、李四光、华罗庚等,他们了解国外科技发展的最新动向和我国技术发现的现实,将两者有效结合,加速了我国自主创新进程。现在,深圳已经成为我国自主创新的高地,但是深圳的技术积累过程中留学归国人员发挥了重要作用。深圳制订"孔雀计划"吸引了大批海归人才,纳入"孔雀计划"的海外高层次人才,并且对留学生团队创业提供前期补贴,重点是互联网、生物、新能源、新材料、新一代信息技术等战略性新兴产业,海洋、航空航天、生命健康等未来产业,以及先进制造和涉及民生改善的科技、金融、文化、现代物流等深圳市重点扶持和发展的产业。对世界一流创业团队给予专项资助,包括迅雷、朗科、益心达、光启、华大基因、天骄、茁壮等均是深圳海归人才创业的典型企业。

三是跟随企业"走出去"人才双向交流效应。近年来,随着我国成套设备出口规模的提升,境外工程承包和劳务合作项目的增加,以及直接投资的加速,越来越多的人才也"走出去",将技术带出国门。通过境外项目运作,技术人员更加懂得契合国际需求,技术研发更加符合国际标准和具有更强的市场适应能力。同时,中国的企业通过承包外国企业的外包业务,学习外国的应用技术,培养、锻炼了一支人才队伍。我国对外合作年末在外人数由

---

① 沈志华. 对在华苏联专家问题的历史考察:作用和影响——根据中俄双方的档案文献和口述史料 [J]. 中共党史研究, 2002 (2): 38 – 44.

1999年的38万人上升至2017年的97万人,增加约2.6倍,成为我国技术输出的主力(见表3.8)。

表3.8　　　　　中国对外合作年末在外人数　　　　　单位:人

年份	对外承包工程年末在外人数	对外劳务合作年末在外人数	年末在外总人数
1999	55300	326500	381800
2000	55600	369300	424900
2001	60000	414700	474700
2002	78500	410400	488900
2003	94000	429700	523700
2004	114700	419400	534100
2005	144800	418700	563500
2006	198598	475200	673798
2007	236002	505100	741102
2008	271613	467110	738723
2009	326861	450277	777138
2010	376510	470095	846605
2011	324000	488409	812409
2012	344618	505563	850181
2013	370144	483000	853144
2014	408851	596900	1005751
2015	408565	618000	1026565
2016	372880	595976	968856
2017	376827	602000	978827

资料来源:中国国家统计局年度数据,年末在外总人数由对外承包工程年末人数和对外劳务合作年末在外人数相加而得。

4. 技术贸易的发展需要合作伙伴的多元化

我国技术发展初期,受到外在环境限制,中国技术引进国家仅限于苏联与部分东欧社会主义国家。但是,中苏断交后,我国基础设施和工业现代化进程差点被中断。因此,我国技术贸易引进重视来源国的多元化。随着与越来越多的国家建交,以及改革开放的持续发展,技术来源国从第一阶段的如日本、英国、法国、荷兰等国,在2000年左右逐步扩大到加拿大、德国、美国、俄罗斯等在内的50多个国家。我国企业也加大了对除美国外的其他外交稳定国家的技术投资,避免了将"鸡蛋装在一个篮子里",发掘了北欧的一些国家市场如芬兰、丹麦、荷兰、爱尔兰等,将这些技术出口意愿强烈的市场作为重点技术进口来源地。2015 年,瑞士与荷兰首次进入技术引进国别前十位国家(地区),且均实现技术引进金额正增长。2017 年,我国技术来源国和地区进一步增加到 130 个,总引进合同项数 7361 份,合同金额总计 328.27 亿美元。在加强地方和这些国家的技术贸易合作的同时,我国依托京津冀发展战略、长三角一体化等,布局新的技术合作和技术贸易合作的载体等,引进全球顶尖的创新技术。根据《2017 年我国高技术产品贸易状况分析》,我国高技术产品进口排前 5 位的贸易伙伴分别是中国台湾、韩国、日本、美国和马来西亚,所占比重分别为 19.4%、17.8%、9.1%、8.2% 和 5.4%,也体现出中国企业在技术引进国别多样性上的成果(见表 3.9)。

表 3.9　　　　中国技术引进来源地按合同金额划分前十位
国家(地区)(2017 年)

国家/地区	合同数(项)	合同金额(亿美元)	金额占比(%)
总计	7361	328.27	100
美国	1236	107.98	32.89
日本	1902	63.67	19.40
德国	947	42.27	12.88
韩国	522	19.08	5.87
瑞典	79	11.73	3.57
中国台湾	354	9.81	2.99
瑞士	94	9.66	2.94
中国香港	458	7.88	2.40
法国	164	5.95	1.81
荷兰	125	5.89	1.79

资料来源:2018 年中国科技统计年鉴。

但是,在我国技术贸易引进国中美国、欧盟和日本总计占我国当年技术引进总额的 75.28%,其中,美国为我国技术引进最大来源地,技术进口占到总额的近三分之一,也反映出我国对美国高新技术的依赖,这使中美贸易争端背景下的我国技术引进难度凸显。

5. 技术贸易的管理制度和促进政策不断完善

中华人民共和国成立之初,我国技术贸易管理制度和促进政策开始起步,但是与货物贸易相反，技术贸易政策制度体系从进口到出口不断完善。一是以法律法规保障技术贸易发展。1985年，我国颁布《中华人民共和国技术引进合同管理条例》，1987年出台《合理化建议和技术改进奖励条例实施细则》，鼓舞了各类主体开展技术贸易。二是重视技术贸易的分类管理工作。为了适应新形势下技术创新发展需要，深入实施创新驱动发展战略，进一步做好技术进出口管理和促进工作，2008年出台了《中国禁止进口限制进口技术目录》和《中国禁止出口限制出口技术目录》，禁止目录的制定，能够将资源用于重点行业发展，发挥政策的导向作用。三是技术贸易主体权益从特惠转向普惠。从1985年10月1日起，凡与国外签订的各类技术引进合同都必须按原对外经济贸易部《技术引进合同审批办法》的规定，由对外签约公司报经贸部或经贸部授权机关批准后方能生效。后期逐步取消主体限制，至2019年，国务院已经废止了关于保护本土产业的条款。四是制订技术贸易管理办法。2001年《中华人民共和国技术进出口管理条例》的出台，规范了技术进出口管理，维护技术进出口秩序，促进国民经济和社会发展。五是不断完善技术贸易促进措施。2001年起地方逐渐使用电子化的数据录入系统取代技术合同填表申报，提高了技术贸易管理成效。为促进技术进口的转化，我国还建立了一系列的技术促进平台和载体。例如，1987年诞生了第一个科技企业孵化器——武汉东湖创业服务中心，2000年认定了一批国家级大学科技园，以及一批技术交易中心，2011年还专门成立技术贸易促进中心——上海国际技术进出口促进中心，主要致力于技术贸易的展示、合作、促进等工作。

二、我国技术贸易发展的新形势

(一) 全球技术创新的趋势

1. 新兴技术运用进程加快

基因、纳米材料、人工智能、区块链等是全球新兴的技术，短期内，一些技术已经得到普遍应用。一是大数据和人工智能技术多领域应用。由于计算机硬件的不断改进，半导体、制药、采矿和建筑业等行业开始引入并广泛运用大数据和人工智能。二是区块链技术率先在金融领域应用，包括加密货币、汇款、银行间转账和证券交易等业务。三是基因编辑革新了当今的医学疗法，纳米材料和生物电池成为清洁能源难题的解决方案。从中长期来看，目前处于示范阶段的一些技术可能会产生重大影响，例如物联网、区块链、人工智能的融合催生越来越多的新行业，又如新一代的生物精炼厂可以将废弃物转化新的产品和能源，能够减少温室气体的排放。

2. 数字化推动技术贸易创新发展

一是数字技术加快了科学创新速度。数字技术的发展使研究领域数据不断增多并汇集为大数据，这些大数据推动了客户群的分类，不仅有助于创造满足客户需求的创新产品，而且使创新产品进一步细分化和个性化。大数据还有助于简化和优化生产流程，缩短产品周期，改变市场竞争速度，提高科学创新的速度和生产力。二是由于数据共享、开放式创新等平台的涌现和发展，创新变得更具协作性，技术在全球扩散和转移的速度加快。三是数字化还改变了技术贸易跨境交易和传输方式。与货物和服务一样，数字的发展使技术可以通过互联网平台进行跨境传输，例如，原先以 CD 为载体进行跨境贸易的技术和服务，可以通过互联网进行更加便利的跨境传输。

3. 跨国公司开放式创新推动了全球技术合作

21 世纪初，企业开放式创新需求的出现，跨国公司创新中心在美国和欧洲产生和兴起。随着全球经济逐步进入数字时代，以合作、共享、开放、协同为特征的开放式创新开始在跨国公司涌现，强生、英特尔、联合利华、普华永道、罗氏、诺华、微软等跨国公司纷纷以创新中心、加速器、孵化器等不同形式创设开放式创新平台。一是开放式创新旨在与外界的交流和协作中，整合社会资源，发现新的思想、提高创新速度和效率，催生新的科学技术，培育新的产业和市场。例如，在医药、机器人等制造领域研发成本高、临床投入时间长、可使用成品种少，完全依赖自身研发来实现创新转化，具有非常高的财务成本和时间成本。开放式创新可以降低研发成本和风险、提高内外部创新成果转化的效率。二是开放式创新还使创新过程本身可以变得更具包容性，以前代表性不足的个人和社会团体现在可以更容易地参与创新，特别是年轻的创新者和独立的发明家，可以基于跨国公司开放式创新而将独创性的思想转化为实践。

4. 全球技术贸易增速走低

自 2012 年以来，全球技术贸易进出口总额总体呈增长态势，由 9251 亿美元上升至 11098 亿美元，年均增长率约为 2%，但是低于服务贸易增速 2 个百分点。过去 7 年间，全球技术贸易在 2014 年达到最高值，为 11506 亿美元，技术贸易占服务贸易比重稳定在 10% 左右。但是，根据世贸组织（WTO）数据，2018 年全球技术贸易进出口总额达到 11098 亿美元，同比下降约2%，占全球服务贸易进出口总额的9.9%，其中技术进口5233亿美元，同比下降7.8%，占全球服务贸易进口总额的9.5%，技术出口5865亿美元，同比增长4%，占比10.1%（见表3.10）。

表3.10　　　　　　　　　全球技术贸易历年数据　　　　　　　　单位：百万美元

年份	进口额	出口额	进出口总额
2012	446263	478824	925087
2013	480727	521570	1002297
2014	578824	571751	1150575
2015	543482	531300	1074782
2016	539094	542409	1081503
2017	567869	563964	1131833
2018	523302	523302	1109807

资料来源：根据WTO公布数据整理。

（二）全球技术贸易管理趋势

1. 提高技术创新政策实施效率

自金融危机以来，各国政府直接支持研发创新的财政支出所占的比例有所下降，美国从2009年的14.1%降至2016年的6.8%，欧盟从2010年的7.3%降至2015年的6.3%，政府通过其他方式对企业的研发创新投入进行间接补偿，其中研发税收优惠被认为是成本低、效率高、操作易的方式。而数字化技术的发展又进一步提高了科技创新政策的施政效果，政府可以根据在研究和创新过程中留下的"数字痕迹"监测政策实施效果，同时还可以根据指标情况优化政策，提高税收政策实施的精准性。

2. 数字技术创新管理变得谨慎

数字技术的前景，鼓舞了各国加大政策支持力度，鼓励数字技术创新。美国最先提出发展数字贸易，前期通过加强基础设施建设、鼓励数字技术创新，培育了亚马逊、谷歌、脸书等全球领导者，为美国从国外带来规模庞大的跨境数据流，使美国在数字贸易中受益众多，巩固了美国作为数字经济的绝对领航者。美国数字贸易政策的重心即推动全球数字市场的开放，抵制不合理的数据自由流通障碍，保护前沿技术，减少美国公司市场准入障碍，并通过贸易手段支持美国网络安全创新，使这些在全球已经占据主导地位的数字公司巨头获得更大的贸易利益，美国在数字贸易领域形成话语权。就数字贸易发展的核心而言,研究的数据变得越来越密集,大数据不再是实验物理学和天文学的特权。加强数据获取的预期益处,即新的科学突破、更少的重复和更好的研究结果的再现性、提高对科学的信任和更多的创新。但开放数据的挑战也同时存在,包括侵犯隐私和安全、恶意使用等,因此在数据开放政策的选择上,各国也倾向于从完全开放转向有选择性开放,尤其是全球经贸形势严峻的时期,各国通过数据本地化要求和区域协定来实现数据开放的风险防控。

3. 全球技术合作环境日益恶化

受到美国对中国实施技术管制的影响,全球技术合作环境日益恶化,主要表现为:一是美法数字税博弈显示数字等新兴技术竞争加剧。在数字科技浪潮席卷全球化背景下,美国数字领域巨头成为全球资本的汇集地,并攫取了巨额利润,各国日益感到数字技术领域不公平,美国和法国在数字领域开展科技税博弈,以实现各自利益最大化。二是日韩信息通信领域技术贸易争端恶化全球技术合作环境。中美贸易摩擦以来,日本不仅扮演了跟随者的角色,限制华为在日本市场的发展,而且从2019年7月4日起修订对韩国进口管理的政策,限制韩国公司购买用于制造半导体、屏幕和存储芯片的基本化学材料,不惜破坏全球半导体产业供应链体系,对韩国三星、SK海力士等公司实行目标遏制。三是欧盟出台外资法案加强技术投资审查力度。欧盟理事会于2019年3月5日通过了《欧盟外资审查框架法案》,限制第三国投资行为削弱欧盟技术优势,并于2020年10月11日实施。全球技术主要来自美、日、欧盟等发达地区和国家,这些国家对技术的管制将使我国引进技术挑战越来越大、难度越来越高。

三、依托进口博览会平台推动我国技术贸易发展展望和建议

(一) 我国技术贸易发展展望的基本认识

1. 美国主动寻求中美技术"脱钩"

在公开透明、公平竞争的商业环境下,技术转让是国际上发达国家和发展中国家通用的跨境技术交易方式。改革开放以来,部分外资企业采取合资合作方式进入中国市场,并向合资方进行了技术转让。中美贸易摩擦以来,美国认为我国强制美资企业技术转让,借"301调查"对我国实施技术引进限制逐步升级,主动推动中美技术"脱钩"。一是不断升级技术出口限制产

业范围。2018年8月,美国参议院通过《出口改革管制法案》,发挥生物技术、人工智能和机器学习、定位导航和定时、微处理器等14个领域发布以中国为主的国家出口限制令。2019年5月14日,将此范围扩展到16个产业,对"中国制造2025"战略实施精准打击。二是精准实施主体准入和经营合作限制。美国加大利用外商投资审查等政策工具,限制我国企业通过并购、合资、合作等形式获取技术,还采取出口管制主体名单限制技术输出,包括华为、中兴、大疆、海康威视等企业,以及航天、军事、民用等领域科研院所。三是逐步扩大对自然人移动方式获取技术的限制。美国通过收紧留学、交流访问等签证,限制本国企业、高校国际人才交流和我国对美人才招募。从美国对我国技术围堵的路径来看,即便双边谈判取消加征关税,美国加速中美技术"脱钩"的主观意愿仍不会改变,我国通过外资外贸方式参与国际技术合作的道路将愈加困难。

2. 重点产业关键领域"卡脖子"技术难题需要加快突破

中美贸易摩擦以来,我国在重点产业关键领域"卡脖子"技术凸显。一是重点产业发展零部件和技术自美进口受限。美国是我国技术进口的第二大来源地,自中美贸易摩擦后,集成电路、人工智能、生物医药、航空航天等产业领域的关键零部件和原材料进口受到影响,寻求新的合作伙伴是当务之急。二是技术创新转化效果受限。全球技术贸易争端使企业对国际间技术合作的前景产生不良预期,影响包括技术交易和创新转化效果,跨国公司和高校之间的合作,以及高校科研所需的高端科研仪器获取、科学数据交换和应用软件使用等都存在受阻风险,突破技术贸易管制迫在眉睫。

3. 人才和市场资源是支撑我国技术贸易发展的最大优势

一方面,数字技术驱动的创新已经成为各国发展的重要推力,拥有高等教育基础的人才是数字创新时代的人力资源基础。国际上通常认为,高等教育毛入学率在15%以下时属于精英教育阶段,15%~50%是大众化阶段,50%以上是普及化阶段。2019年,我国高等教育毛入学率将达到50%,进入高等教育普及化阶段,大学毕业生累计约为1亿人,保证了以数字为核心的技术和产业发展所需人才供给。另一方面,根据微观经济理论,高新技术和创新产业发展需要巨大的人力、物力和财力投入,只有大市场和规模经济,企业才能收回投资、实现利润。中国人口众多,有购买力的人口比重在不断扩大,对于世界上追逐技术进步和创新的企业而言,任何一个小众产品都有可能在中国市场获得规模经济,这是绝大多数国家所不具备的市场条件。美国企业也依然需要中国这个大市场，缺少了中国市场，企业研发就没有足够的市场收回投资。

（二）我国技术贸易发展的相关建议

1. 发挥进口博览会作为开放包容共享的平台作用

根据《2018年首届进口博览会企业商业展展后报告》，首届进口博览会有101件具有代表性的先进产品、技术或服务为全球首次公开展示，476件为首次在中国展示。第二届进口博览会已有来自150多个国家和地区的3392家企业参展，签约的世界500强和行业龙头企业已超过250多家，以及更多的首发新产品、新技术和新伙伴，已经成为全球新技术展示的重要平台。建议要强化进口博览会作为开放包容共享的技术贸易合作平台作用，对接进口博览会专业技术领域突出的参展国家和城市。一是广泛关注进口博览会参展国家和参展城市，例如，除了德国、以色列等国家外，还加强与捷克在航天、电子、汽车，荷兰在半导体、医疗器械，奥地利在机械零部件，法国在航天航空等合作。仍然要保持与美国在地方、高校、企业之间的科技交流，增强互信和保持合作。二是选择资源基础好、发展潜力大的平台载体，实现各类进口智能制造装备的集中展示和实物演示，提供零部件仓储分拨、检验检测、技术培训等专业服务，为全球技术提供交易促进平台。

2. 抓住数字技术契机推动开放式创新

数字技术已经成为农业、制造业和服务业技术提升的核心动力，而数字技术具有开放性、交互性和共享性，容易实现溢出效应。一是稳定推动数字领域开放，放开目前市场化程度已经较高的旅行服务、职业教育、大宗商品交易和零售等交易数据跨境传输。在风险可控的前提下，放开学术、研发等领域数据跨境流入的管制。允许部分有条件的境内外企业在特殊区域内可以通过专用光缆直接提供跨境数字贸易增值服务。支持正在建设社会和技术基础设施的机构（如研究数据联盟），以实现跨国家和学科边界的数据共享。二是推动开放式创新，发挥我国市场规模优势和人才资源优势，支持跨国公司在我国开展开放式创新，吸引境外数字领域创新型企业集聚。反向助推我国在数字领域已经具有技术优势的本土企业，在境外"走出去"开展开放式创新，尤其是形成对"一带一路"沿线国家技术溢出效应。

3. 创新技术资源跨境流动管理制度

一是简化技术贸易相关的物品进出境管理。产品制造过程的智能化，使以科技研发、设计为代表的服务嵌入产品的生产环节，在提升产品自身价值和竞争力的同时，也使技术"物化"到产品中，3D打印、物联网、人工智能、大数据等数字技术的兴起，更加速了技术服务和制造的融合。借鉴以美国为主的发达国家主要聚焦简化附属货物进出境的服务监管方式，重点通过货物状态分类监管、暂时保税进口制度等来实现研发创新相关的设备、试剂、耗材的进出境监管。二是推动华裔科学家和留学人员回流。营造有利于创新创业的社会环境，鼓励美国华裔科学家和留学生回归。对于往来世界各地的"海鸟"型留学人员，给予更多的包容和理解，提供延长签证时间、多次往返等便利，推动其将全球的科技创新思想和资源回国交流。

4. 提高知识产权保护和治理机制

一方面，技术贸易的核心问题在于专利转让和技术许可期间及以后知识产权归属，在合规的框架下，帮助市场主体开辟合法、有效的技术引进路径，推动更多的企业参考华为的技术发展路径，通过开放的路径、全球合作方式促进自身技术进步，尤其是加强知识产权保护侵权执法效率。另一方面，加大对外商投资企业反映较多的商标混淆、假冒专利等违法行为的惩治力度，加强涉外展会、交易会等活动中商标权、专利权保护，及时处置展会、交易会期间的侵权假冒行为。加强与海关、公安等部门的执法协作，加大进出口贸易中知识产权执法力度，严厉查处侵权商品制售源头，大力惩治内外勾结、跨境制售侵权商品违法行为。推动建立知识产权快速维权、协同保护机制，通过完善委托调解机制、推行知识产权案件巡回审判等方式，不断健全和完善知识产权纠纷多元解决机制。

第三节 数字贸易

互联网和计算机技术的发展成为人类的第五次科技革命，国际分工形式和格局出现新变化。互联网经济是经济全球化深入发展的强大动力，企业凭借网络平台，利用电子商务，跨越时间、空间的束缚，使交易范围逐渐扩大、交易成本不断减少，推动了国际分工继续深化，并导致贸易内容、贸易方式和贸易规则的深刻变化。经过十多年的发展，我国互联网发展规模逐步扩大，与互联网相关的国际贸易总量与日俱增，不仅表现在货物贸易领域，服务贸易领域的改变也更为深刻。因此，本章在分析互联网对全球国际贸易的影响下，研究互联网的发展对我国国际货物和服务贸易产生影响，并探讨未来发展的建议。

一、数字技术对国际分工和规则的影响

自英国工业革命以来，人类五次进入技术革命，1800~1850年，蒸汽机和棉花阶段；1850~1900年，钢铁和铁路阶段；1900~1950年，电器工程和化工阶段；1950~1990年，石化和汽车阶段。这四次技术革命使铁路和蒸汽轮船货物运输成本降低，货物生产和消费可以从地理上被分开来，规模经济和比较优势使国家从国际贸易中获利，国际分工的专业化规模和水平不断提高。20世纪末开始，互联网和计算机技术发展迅速，国际分工形式和格局出现新变化。

（一）垂直分离化分工[①]

互联网条件下，贸易方式的变革和贸易经营主体的变化，使国际分工形式发生改变，从原来的垂直一体化（vertically integration）转向垂直分离化（vertically disintegration）分工。

所谓垂直一体化，是指具有投入产出关系的相邻几个生产环节或企业合为一体的过程。所谓垂直分离化，是一个与垂直一体化相反的过程，指将某些生产环节，主要是制造环节，从原来的一体化体系中分离出来的过程，使贸易和生产活动呈现"模块化"（fragmentation）和"切片"（slicing up），在网络经济条件下，国际分工垂直分离化的原因有[②]以下几种。

第一，数字技术的进步和交易效率的提高。在网络化背景下，国际贸易活动通过采用EDI、E-mail、电子公告牌、电子转账、安全认证等方式，将公司、海关、银行、保险、中间商等集成在电子信息交换平台上，将一些交易流程通过电子程序进行有效控制，提高了交易效率、减少了交易环节，为国际间更深入的分工和垂直分离创造了条件。

专题3.1 区块链和国际贸易

一、区块链在国际贸易领域中的运用

区块链是一种分散的分布式账本，链上数据使用加密技术几乎不可被更

[①] 韩耀，曹杰，庄尚文. 网络经济下国际分工的演化及其经济机理研究[J]. 国际贸易问题，2005（10）：24-28.
[②] 孙唯. 互联网对我国对外贸易流量的影响及区域差异[D]. 华中科技大学，2011.

改。智能合约是区块链特有的重要功能，交易的认证可以通过共识协议来实现，相互之间没有特定信任的参与者进行协作。区块链的参与者可以随时访问分类账户，确保了链上信息即时传递。区块链技术在国际贸易领域中的应用刚刚开始，积极促进了贸易无纸化、全球价值链创新等进程。

（一）推动国际贸易无纸化进程

一是贸易融资无纸化。区块链技术使传统信用证开立流程数字化、自动化和效率化，签发时间缩短到4小时，受到商业银行和监管机构的欢迎。2016年，汇丰银行联合新加坡信息通信发展局构建区块链应用程序以简化信用证交易流程。2017年，新加坡金融管理局与IBM合作开发基于区块链的全球贸易连通网络，将中国香港和新加坡之间的贸易融资数字化。二是跨境贸易监管无纸化。区块链能够帮助加强各跨境贸易监管机构间合作，真正实现"一次申报"。例如，出口商借助IBM区块链技术，只需要使用手机提交一份装箱单，链上各方都可以在许可分类账中进行查看与审核。

（二）推动全球价值链服务的创新

一是在运输物流方面，区块链能够保证链上各方安全、实时共享所有运输信息，确保数据未被篡改，同时允许各方保留对敏感信息的控制，有助于优化运输工具的装载能力，加强公司之间的合作，降低行政和协调成本，提高价格、所有权和运输状态的透明度，简化智能合同索赔与支付流程。2018年，马士基与IBM合作开发区块链航运解决方案TradeLens。二是在金融服务方面，区块链的发展，推动了数字货币支付服务、跨境支付平台、跨境支付解决方案等金融服务模式的创新。银行等传统金融机构也在尝试使用区块链技术提高信息的实时处理能力。2017年，高盛联合摩根大通等金融机构搭建基于区块链技术的"分布式账本"平台，用于记录、管理和同步金融协议。维萨（Visa）与韩国新韩银行等联合推出基于区块链的B2B支付服务平台，打通直接支付渠道。三是在保险服务方面，区块链能够自动验证保单持有人身份真实性和合约有效性，确保事故链接单一索赔，减少保险欺诈行为。智能合约连接跨国保险中的主保单和本地保单，以便实时向各国保险公司传递保单数据和文件、保险范围和保费支付情况。2017年，美国国际集团（AIG）、IBM和渣打银行宣布试点使用基于区块链的跨国智能合约保险政策。四是在电子商务方面，区块链构建"点对点"的市场，用户直接销售和购买商品，减少了平台及中间成本，还能跟踪交易记录、实现自动支付转账，提供了安全和透明的电子商务交易环境。

(三) 推动形成"全球知识产权链"

区块链技术能以更有效的方式打击假冒产品和侵权行为，一是明晰知识产权所有者。区块链为知识产权所有者提供安全的所有权证明，方便申请版权、商标和专利，以及识别侵权行为。二是支持知识产权的全球溯源技术。例如，时尚品牌 BABYGHOST 与唯链公司（VeChain）合作在服装标签上添加记录产品信息的二维码，扫描二维码即可访问产品历史记录，验证产品真伪。三是提供开源后知识产权的保护机制。区块链能够弱化知识产权的地域性限制，版税自动支付破解了开源与创意共享许可的困境。目前全球还未形成统一的知识产权保护规则，区块链为全球知识产权信息共享带来的机遇以及其潜在的法律影响，值得监管机构和立法者关注。

(四) 推动中小企业参与全球价值链

区块链链接交易记录使评估中小企业与个人的信誉变得更加便捷，中小企业加强了与海关、消费者互动，能够更加便捷获得金融资助，增加出口规模。2018 年，柬埔寨推出 BloCRice 区块链项目，用于增强柬埔寨稻米种植者的价格谈判和寻找购买者的能力。

二、区块链在国际贸易领域运用中的瓶颈

(一) 技术不够成熟

区块链能否促进贸易协作进程将在很大程度上取决于进出口双方国家边境监管的技术衔接设置，但是目前区块链在技术层面的互操作性问题仍未解决，不同平台使用不同的技术接口和算法，如何在进出口国监管机构之间建立互通的"电子桥梁"成为研究的热点。

(二) 缺乏国际监管协调机制

区块链技术的全球常态化应用，不仅仅需要统一的数据收集和交换标准，而且需要全球统一的管理框架和法律法规支持信息共享。但是，各国政府并不愿意通过电子手段与其他政府共享数据，跨境贸易单一窗口的集成数量有限，且主要是信息交换功能，还不能处理数据。

(三) 发达和不发达经济体存在数字鸿沟

发达经济体与欠发达经济体之间的数字鸿沟仍然存在，尤其是可访问性和带宽容量方面差异仍然很大。欧洲国家互联网用户占总人口比重约为 80%，而非洲国家互联网用户比例不足 20%。发展中国家，尤其是最不发达国家，不仅互联网用户少，而且访问设备功能较弱、网速较慢。如果不解决"数字鸿沟"问题，不发达国家的小企业和生产者，并不会从区块链技术带来的机遇中受益，反而会更加落后①。

第二，产品生命周期缩短和大规模投资的风险加大。随着数字技术的出现，产品生命周期缩短，企业如果不能对市场快速做出反应，就会面临被淘汰的危险。垂直一体化的生产方式跟踪不了市场的频繁波动，加强了市场需求的不确定性，增加了大规模投资的风险。为了分散风险和快速做出反应，垂直分离和水平分离现象迅速涌现。

第三，实行跨国分工的网络效应。市场容量决定分工，且由分工网络的规模决定。因此，分工网络的大小对厂商分工起决定作用。在网络效应中，每个人的网络决策会影响本人的生产力，以及他人的产品市场、他人的生产力。在网络经济条件下，国际贸易分工同时受供给方规模经济和需求方规模经济支配。需求方规模经济来自网络的正反馈效应，其作用非常强大，使基于需求方规模经济的分工网络得到进一步强化。

（二）数字企业的出现

数字企业打破了传统企业组织机构的层次和界限，使公司经营向柔性化、弹性化的方向发展。虚拟组织的出现，使中小企业集聚起来，产生了聚集经济。中小企业利用虚拟组织，将各地的合作者联结在一起，使商品信息大量集中。虚拟组织把不同企业综合成单一的靠电子手段联系的经营实体，企业成员间的信息传送、业务往来模式由信息网络提供技术支持，中间成本不断降低，从而实现外部规模经济，中小企业的规模经济通过横向或纵向聚集实现。随着这些数字企业国际化活动的扩张，产生了跨国公司。这些跨国公司可在世界范围内对生产进行指挥协调，淡化了公司活动的地域边界，使资源配置达到最佳状态。

亚马逊成立于1995年，是网络上最早开始经营电子商务的公司之一，一开始只经营网络的书籍销售业务，并进一步扩大网络平台的业务范围，现在则扩及了范围相当广的其他新产品，包括DVD、音乐光碟、电脑、软件、电视游戏、电子产品、衣服、家具等。这个电子商务平台的交易形成一定规模后，就可享受聚集经济的好处。这样，国际贸易双方由于获取信息、交易洽谈等成本大幅下降，贸易更易达成。这种外部经济由企业在局部空间的聚集规模带来，属于聚集经济。目前，亚马逊遍及美国、英国、德国、法国、日

---

① 资料来源：Emmanuelle Ganne. Can Blockchain revolutionize international trade? WTO Publications，2018.

本、加拿大、中国、意大利、西班牙和印度等十多个国家。除了日本和中国市场外，亚马逊在其他国家都很快成为当地最大的电商网站。亚马逊在海外市场采取的方式与美国主站类似，先是以书籍作为切入口，迅速扩大规模，然后根据实际情况进行品类扩张。所有的国际站点采取亚马逊已有的网站技术，在运营风格上也大致与美国主站保持一致。

数字企业的出现则加快了原来传统制造业企业和服务业企业的融合化过程，使服务业和制造业跨界融合程度越来越高，产业之间的边界越来越模糊。第一，数字企业推动制造业企业的服务化，互联网服务提供商、设备制造商和软件生产商之间的融合度越来越高，如特斯拉就是互联网技术和传统汽车制造业融合的典型。第二，互联网企业和其他服务业跨国公司之间业务的相互渗透，带来新的商业模式，尤其是在互联网、电信、媒体、娱乐产业之间和零售业之间的跨行业合作，形成新的商业伙伴关系。例如，亚马逊和苹果分别凭借 Kindle 和 iPad 成为在线新闻领域有影响的商业模式。

（三）数字对国际贸易内容和方式的影响

随着互联网对国际分工的影响，国际贸易开始进入信息化、网络化的时代，从而带来国际贸易内容的改变，不仅使传统货物贸易的交易方式发生变化，服务贸易也获得前所未有的发展，由此带来国际贸易方式的根本性变革，成为当前国际贸易变化的新特点。美国国际贸易委员会将与此有关的贸易内容和方式定义为数字贸易，即"通过有线和无线数字网络传输产品或服务"。但是由于该定义将通过互联网订购的货物和服务排除在外，使其过于狭窄[①]，UNITC（2013）将数字贸易的内容拓宽至后者。根据这样的定义，本书将其分为两类：一类是基于互联网交易和传输的货物贸易，也就是国内通常所称的跨境电子商务；另一类是基于互联网交易和传输的服务贸易。

1. 基于互联网交易和传输的货物贸易

目前为货物提供跨境交易平台的数字企业主要是亚马逊、阿里巴巴、易贝等公司为典型代表，也就是通常所言的跨境电子商务。与传统的货物贸易相比，跨境电子商务具有两个方面的优势。其直接优势主要体现在：交易虚拟化。交易双方与交易中介的商务活动，基本都在互联网上完成。因此，交易可以不受时空限制，全天候进行；交易成本低。由于信息流在商务活动中起主导作用，买卖双方直接在网上交易，不仅中间环节大大减少，而且对商铺、

---

① UNITC: Digital Trade in the U. S. and Global Economies (2013).

库存、人员的需求都大幅度下降，有的甚至可以降低为零，如零库存生产、零库存销售等；交易效率高。电子商务改变了交易流程，使用电子单证代替传统的纸面单证，减少单证的重复录入，简化业务流程，提升了工作效率。单证工作由 EDI 处理，让原本从事这些工作的人数相应减少，节省了人员费用。

电子商务的间接优势则体现在：增加商业机会。随着互联网应用的广泛和深入，电子商务平台让个人和中小企业参与国际贸易的门槛变低，有了与大企业同样的发展空间；改变商业模式，通过信息的主导性作用和多向交流，电子商务催生出企业间的在线推广、信息中介模式、在线销售服务模式、消费者之间的网上"拍买""拍卖"模式等一系列新的商业模式。

跨境电子商务的方式主要分为跨境贸易 B2B 和跨境贸易 B2C 两种模式。目前，欧美发达国家的跨境贸易基本上都实现了线上交易，因此全球关于跨境贸易 B2B 模式的交易额没有进行专门的数据统计。但是，在跨境贸易 B2C 方面，国际咨询公司对此进行了专门统计，据权威跨境电商咨询公司 yStats.com 的报告显示，全球跨境贸易 B2C 的年交易额达到 3000 亿美元，且年均增长率是线下交易的两倍；其中美国和英国的跨境贸易 B2C 交易额分列全球前两位，年度交易额分别为 218.2 亿美元和 128.1 亿美元；而且这两个国家的跨境贸易 B2C 都呈顺差状态，即跨境贸易 B2C 出口额大于进口额。

2. 基于互联网交易和传输的服务贸易

最早对通过互联网进行跨境传输和交易的服务进行描述的是世界贸易组织，这些跨境传输的服务产品由传统或核心版权产业创造，通过数字编码并在互联网上进行电子传输，且独立于物理载体媒体，并分类如下：电影和图片；声音和音乐；软件；视频，电脑和娱乐游戏。此后，在美国与智利在 2003 年达成的自贸区协定，第 15 章第 6 条做了明确的定义，指计算机程序、文本、视频、图像、录音和其他经数字化编码并以电子方式传输的产品，无论缔约一方根据其国内法律将此类产品视为商品还是服务。此后，美国国际贸易委员会对基于互联网交易和传输的服务内容明确如表 3.11 所示。

表 3.11　　　　　　基于互联网交易和传输的服务贸易

描述类型	描述
数字内容	音乐（在线） 游戏（在线） 视频（在线） 订阅（在线）

续表

描述类型	描述
社交网站	社交网络 用户反馈网络
搜索引擎	普通搜索引擎 专业搜索引擎
其他数字服务	软件服务；通过云计算的数据服务；通过互联网、邮件；金融服务（在线）；专业服务（在线）；健康服务（在线）；教育、培训服务（在线）；其他服务（在线）

资料来源：United States International Trade Commission（2014）Digital Trade in the U.S. and Global Economies, Part 1。

3. 与数字贸易相关的产业基础

基于互联网交易和传输的产品涉及的产业门类，美国国际贸易委员会对数字贸易涉及的产业门类进行了归类，具体如表3.12所示。

表3.12　基于互联网交易和传输的产品涉及的产业门类

产业	涵盖部门
内容产业	出版业，包括报纸、期刊、书籍、姓名地址录、邮件列表以及其他出版商；电影和录音，包括视频和音乐的制作以及分销；除互联网之外的广播；新闻集团
数字通信	软件出版；数据处理、托管以及相关服务；互联网出版和广播以及网络搜索门户
金融和保险（"金融"）	主要从事和/或促进金融或保险事务的机构
制造业	化工产品、印刷品、工业机械、金属加工机械、引擎、计算机和电子产品、动力、分销、特种变压器、继电器和工业控制、运输设备和医药设备及用具
零售业	汽车和零部件零售、家具、电子产品和家用电器、无店铺的服装零售
经筛选的其他服务（"其他服务"）	会计、建筑设计服务、工程服务、平面造型设计、计算机编程、计算机系统设计、市场咨询服务、媒体购买机构、旅行安排和预订服务、快递服务
批发贸易	汽车和零部件分销、计算机、电气设备、通过B2B电子市场进行的服装销售

美国国际贸易委员会对互联网对这些产业的影响进行了跟踪调研，本书据此归纳总结了相关产业贸易发展趋势总结如下：

第一，对零售业的影响。互联网技术正在快速改变零售模式，境外消费者可以更多地使用电脑、手机和平板电脑来在线搜索和跨境购买产品及服务，而零售商可以通过互联网技术来提升后端运营的效率，也推动金融支付业务的发展。这些改变催生了市场营销、分销批发、销售、客户服务和支付，带来了跨境电子商务的高速发展。据估算，全球每年大约有 8 万亿美元规模的销售是通过数字渠道来实现的，其中大部分是 B2B 交易。

第二，对全球物流运输的影响。由于互联网技术的发展，全球运输管理系统通过供应链来优化贸易流。物流环节的改善，提高了全球运输的效率，使每天有数以百万计的包裹被运到全球各处。

第三，对金融服务的影响。互联网技术为使公司产品和服务信息，为跨境客户接入账户更为便捷，使跨境支付和结算的能力提高，催生了专业跨境支付业务。

第四，对专业服务的影响。专业服务产品，诸如律师服务业、咨询报告、工程和工业设计，可以方便地进行数字化，并通过互联网传输，因此改变了专业服务的生产方式，提升了效率，降低了成本，并提升交付的速度和范围，这部分业务在国际贸易中的份额不断提高。

第五，对健康服务的影响。互联网和云计算被广泛用于健康服务领域，随着语言服务的完善，跨境的医疗、诊断、数据共享、电子处方以及医学录写。互联网改变了健康服务的支付方式，通过效率的提高，解决了碎片化和低效信息传递，健康服务也成为国际贸易发展势头迅猛的行业。

第六，对教育服务的影响。互联网的出现，支持了跨境的在线课程和学习，国际交易的融合也越来越高。

4. 数字贸易的统计分类

数字对国际贸易的影响越来越大，国际组织和发达国家都希望对其进行定量评估，但是因为现在没有统一的标准，相关的国际组织、国家和机构对此的评价标准也不一致。以美国为例，其评估标准也比较多样化。美国商务部经济分析局用基于 ICT 的服务进出口来衡量互联网国际贸易的规模，麦肯锡用互联网搜索技术的年收入来衡量，波士顿咨询公司用信息经济占美国 GDP 来评估，美国商务部调查局使用电子商务数据，也就是在线销售额来衡量。综上所述，目前没有单独的统计分类对互联网贸易进行估算，只能从相关统计中进行估算，包括：（1）跨境电子商务，主要统计基于互联网交易和传输的货物贸易；（2）计算机信息服务，即 ICT 的服务，主要统计基于互联网交易和传输的服务贸易。

（四）数字对国际贸易规则的影响

鉴于世界互联网基础设施和 IT 技术的快速发展，以及互联网用户的迅速增加，人们已经意识到电子商务的巨大潜力和其可能的经济增长、就业和创新带来的重要影响。但是，在全球相关的贸易投资协定中，并没有专门的电子商务条款，目前世贸组织（WTO）相关协议中，只是在 1998 年日内瓦第二届部长级会议上各成员发布了《全球电子商务宣言》，并在此基础上建立了电子商务工作计划，一致同意不对电子商务征收关税。此后，这一电子商务工作计划一致没有获得实质性进展。反而是有些多边的 PTA 和双边的 FTA 对电子商务进行了专门的规定。而电子商务相关协议的主要推动者是美国，其原因如下：

首先，开放互联网使用户更易获取思想、产品及娱乐——无论是通过在智能手机上下载数百万应用，还是通过将数百万歌曲、电影、游戏或书籍下载或传输至数字设备上，或是通过全球数字消费者及企业每天都在使用的普遍且不可缺少的服务。美国在 IT 研究、互联网产业及娱乐行业中的领军地位使开放互联网成为用户向全球输出思想、数字产品及服务的巨大重要资产。其次，美国是世界上最具创新性的公司的所在地，特别是对于中小企业而言，互联网是在全球寻求客户源及进行产品销售的独一无二的有力途径。随着时间的推移，数字化将使美国最大限度地利用其在创新及技术上的经济优势，使数以万计的小企业参与到贸易中来，并推动卫生保健、艺术、研究试验室等领域非传统出口商的涌现。尤其是"云"技术的出现，使这些企业不必在其从事商业活动的每个国家都建立服务器和数据存储设备，这就是降低了中小企业从事电子商务，特别是跨境电子商务的门槛，美国中小企业将会获得更加多的生存空间。最后，互联网仍是新兴产物，国家在调控互联网环境时存在有损其自由度和开放性的风险。这将会严重损害美国的利益及亚太地区的创新，并对全球未来发展及技术进步造成难以估量的损失。这是确保此类技术对新创新保持开放性的原因所在，为此 TPP 主要解决如下问题：

第一，跨境数据流动障碍。所有电子商务都存在数据流动，限制跨境数据流动也是电子商务未来发展中面临最严峻的阻碍。阻碍跨境数据流动不仅影响科技公司，还会影响制造业、农业、小企业等各个经济领域，这些领域均有赖于数字技术实现创新和效率，推动经济增长。第二，强制要求公司数据存储本地化。这类政策已在一些国家实施，许多其他政府也已提出相关要求。禁止使用所有"云"服务——从商业软件,到在线音乐、电子邮件及旅游服务将有损互联网架构。这类政策也会影响公司(尤其是中小型企业)使用互联网作为其货物和服务的全球交付平台的能力。这是由于中小企业需要从其所有服务市场的消费者中获取信息,但中小企业通常难以承担在其服务的每个目标市场建立数据中心的费用。如果要求数据本地化则对特殊跨境服务的承诺变得毫无意义,此外,即使公司想要投资外国市场,也仍希望使用其在本国或其他地方已经建立的数据处理设施。

基于上述电子商务发展中存在的问题,TPP中关于电子商务的相关约定主要包括以下内容:继续强调对电子商务不得征收关税,其中包括缔约方个人或企业间以电子商务方式传输的内容,但是不阻止各缔约方对电子传输的内容征收内部税费;首次作出承诺,解决数据存储本地化以及禁止数据信息跨境流动两大问题。这两大问题对开放互联网的形成构成严峻威胁。这些承诺将有助于保障数据贸易的关键投入不受政府任意干预,并减少互联网"割据化"的威胁;确保消费者得以进入开放的互联网,同时要求制订在线消费者保护法,保障实施隐私及其他消费者保护措施;鼓励TPP成员开展消费者保护(包括隐私及网络安全)方面的合作;首次强调消费者保护的必要性,采取措施禁止垃圾商业电子信息,确保隐私保护有效实施以使消费者在使用互联网时建立信心及信任;强制要求缔约方不得要求使用当地计算机或在当地计算机设备(即计算机服务器和存储设备)并以此作为在当地开展商业存在的条件。禁止强制要求在进入TPP市场时与政府或商业竞争对手共享软件源代码。

在2020年财富500强排名中,上榜的数字企业共有7家,均花落中美两国,包括中国的京东、阿里巴巴、腾讯、小米集团,以及美国的亚马逊、Alphabet、Facebook。其中阿里巴巴的排名提升幅度最大,上升50位至第132名;腾讯排名第197,上升40位。鉴于欧洲大陆在发展企业与美国和中国科技巨头相竞争方面所面临的挑战,2020年2月4日,法国、德国、波兰和意大利致信欧盟委员会执行副主席维斯塔格(Vestager),呼吁采取激进的竞争政策,并提出了两个首要目标:(1)减轻来自拥有"国家支持和补贴"的外国竞争对手(例如中国)的竞争;(2)控制在数字经济中出现依靠数据积累和无与伦比的网络效应形成的大型市场参与者和过大的市场力量(例如大型美国和中国科技公司)。这四个欧洲国家政府主张制定政策,用于处理"对竞争至关重要的数字平台",并且表示这些公司应当在欧洲受到"专门审查",同时应加强监管框架①。

二、数字贸易发展趋势

数字贸易是以现代信息网络为载体,通过现代数字技术的有效运用,实现实体货物、数字产品与服务、数字化信息高效交换的新型贸易活动,是传统贸易在数字经济时代的创新和拓展。数字贸易在全球范围加快发展,数据流动正深刻改变世界经济面貌,有力地促进经济全球化进入新时代,也推动全球城市发展进入了新时代。

一是重视数字贸易发展日益成为世界各国的共识。作为当今世界数字贸易发展的引领者,2007~2017年,美国数字贸易以年均28%的出口量递增。其中,仅2017年美国数字服务出口额便高达3851亿美元,占美国服务贸易出口总额的54.2%,并新增了约240万个就业岗位。欧盟、日本、澳大利亚等发达国家将数字贸易作为推动本国经济发展的新引擎,用以刺激国家经济的再次飞跃。

二是数字贸易涉及领域日渐多元,内涵不断丰富。目前全球数字贸易市场主要细分为云服务、数字内容、数字服务的行业应用、电子商务、基础设施和通信服务五大领域。其中,2016年全球云服务市场规模达到893亿美元,年均增长率达到34%;数字内容市场规模为895亿美元,内容产业的数字化程度超过50%;在数字服务方面,2017年仅大数据和商业分析服务的市场规模就达到1510亿美元;在电子商务方面,2017年全球电子商务市场达到27.7万亿美元的规模;在基础设施和通信服务方面,2016年,全球"智慧家居""智慧城市"市场规模分别为209亿美元和368亿美元。

三是全球数字贸易集聚的中心城市正加快形成。目前全球数字贸易网络布局相对均衡,美德英法四国处于数字贸易网络中心。麦肯锡研究报告认为,包括纽约、伦敦、东京、洛杉矶、旧金山、新加坡、香港和迪拜在内的全球八大城市已成为真正的"全球数字城市",它们在商品、服务、金融、人员、数据5个方面的全球流动中,至少在4个方面表现出超强优势,近年来,上海因货物贸易的优势,也正快速由边缘趋向数字中心城市迈进(见表3.13)。

---

① SCCWTO. 欧盟制定新的数字规则确保"技术主权" https://mp.weixin.qq.com/s/A8uPTQEe-TDH133hIZC7J1w.

表 3.13　　　　　　　　　全球流量经济枢纽城市排名

排名	港口枢纽 货物流	空港枢纽 货物、服务、人员流	金融枢纽 资金流	移民枢纽 人员流	信息枢纽 数据和通信流
1	上海	亚特兰大	伦敦	纽约	法兰克福
2	新加坡	北京	纽约	洛杉矶	伦敦
3	深圳	伦敦	香港	伦敦	阿姆斯特丹
4	香港	东京	新加坡	香港	巴黎
5	宁波	洛杉矶	东京	多伦多	纽约
6	釜山	迪拜	首尔	巴黎	洛杉矶
7	广州	芝加哥	苏黎世	迈阿密	迈阿密
8	青岛	巴黎	多伦多	悉尼	斯德哥尔摩
9	迪拜	达拉斯/沃斯堡	旧金山	芝加哥	旧金山
10	天津	香港	华盛顿特区	新加坡	新加坡
11	鹿特丹	法兰克福	芝加哥	旧金山	香港
12	巴生港	雅加达	波士顿	墨尔本	东京
13	高雄	伊斯坦布尔	日内瓦	莫斯科	莫斯科
14	大连	阿姆斯特丹	法兰克福	休斯敦	米兰
15	汉堡	广州	悉尼	迪拜	维也纳
16	安特卫普	新加坡	迪拜	利雅得	华盛顿特区
17	厦门	丹佛	蒙特利尔	华盛顿特区	汉堡
18	丹戎帕拉帕斯（印度尼西亚）	纽约	温哥华	达拉斯	北京
19	洛杉矶	上海	卢森堡	吉达	马赛
20	长滩	吉隆坡	大阪	—	哥本哈根
21	林查班（泰国）	旧金山	上海	—	布鲁塞尔
22	丹戎不碌	曼谷	卡塔尔	—	华沙
23	胡志明市	仁川	深圳	—	上海
24	不来梅	夏洛特	釜山	—	圣保罗
25	纽约	拉斯维加斯	特拉维夫	—	马德里

资料来源：引自麦肯锡《数据时代的全球流量》，2016年。

三、以进口博览会为契机,加快数字贸易发展的相关建议

数字贸易塑造了世界贸易新形态,进口博览会正在成为世界经济包容性增长和可持续发展的新引擎,也应当且能够发展为一个集货物贸易、服务贸易、技术贸易、文化贸易等为一体的全球数字贸易平台,实现数字品牌展示、数字产品交易、数字贸易服务等多种功能,拓展出全球贸易新形态、全球数字贸易平台新格局。数字化赋能贸易,将深度重构交易的标的、方式、规则和地位。以进口博览会为契机,依托大数据、区块链、人工智能等科学技术,实现全球数字贸易间互联互通,形成全球数据贸易中心数据库,对数字贸易业务进行分析、挖掘和支持,完成合同交易的自动化。

(一)推进基于互联网交易和传输的跨境货物贸易发展

2018年,为充分发挥进口博览会溢出效应,成立由阿里巴巴、网易考拉、小红书、洋码头等知名电子商务组成的跨境进口电子商务联盟,并成立包含8家跨境电子商务平台的"6天+365天"常年展示交易平台,为境外优质商品和服务进入中国市场,提供全方位、多渠道、多模式的服务。未来要充分发挥进口博览会,进一步推动我国以货物贸易为主的跨境电子商务发展。

1. 加快建设跨境电子商务公共服务平台,推进行业高质量发展

紧密对接企业,加快系统切换,保障监管政策有效落地。开发专门对接"金关二期"的服务系统,联通国际贸易"单一窗口",将企业在平台申报进口信息直接导入金关二期,减少企业操作流程。新增风险防控、统计监测、可视化展示、数据电子签名加签等功能模块,便利海关、税务、商务等部门监管管理。开发跨境电子商务资金结算风险监测系统,实现跨境电子商务资金结算申报及明细数据的统计、分析、线上抽查、预警等功能,初步建立跨境资金结算风险监测系统,满足监管部门对跨境电子商务模式外汇资金结算要求。探索建立全口径跨境电子商务统计体系,以市跨境电子商务公共服务平台为通路的跨境电子商务进出口数据基础上,新增以邮件、快件为通路的跨境电子商务进出口数据和跨境电子商务B2B进出口数据。

2. 推进跨境电子商务园区建设,促进线下线上协同发展

根据各区域贸易和产业发展特点,形成协同推进、良性竞争、错位发展格局。通过自贸试验区开展跨境电子商务业务,提升保税业务水平,不属于

依法需要检疫的进出境货物，对法律、法规等有明确规定的，涉及我国缔结或者参加的国际条约、协定的，与涉及安全准入管理的进出境货物，海关给予放行，为跨境电子商务等国际贸易发展提供自由化、便利化的政策和制度。充分发挥自贸试验区制度创新高地优势，优化完善配套服务，聚焦生鲜、日化等产品品类，集聚相关产业链企业，进口规模发展迅速。

3. 支持跨境电子商务载体建设，培育完整产业链

支持跨境电子商务物流、平台或贸易企业自建或租用"海外仓"，集聚大型海外仓企业，提供贸易代理、国际物流管理、国内外仓储管理、金融、IT等多项增值服务。完善口岸物流服务通道，支持物流信息化创新，支持国际快递巨头和国内物流企业开展跨境电子商务业务。

4. 完善跨境电子商务监管制度，促进多种模式协同发展

对网购保税进口货物叠加自贸试验区"先进区、后报关"等创新，节省企业通关时间和成本。进一步优化跨境电子商务监管模式，完善"十检十放"，根据进出口货物产地的质量管理水平、生产经营企业的诚信程度、具体商品的风险等级的不同，构建监管力度从严到松、放行速度由慢到快的多层次、分梯度的跨境电子商务检验检疫监管体系。创新外汇监管服务，简化小微跨境电子商务企业货物贸易收支手续，符合条件的小微跨境电子商务企业可免于办理"贸易外汇收支企业名录"登记，拓宽跨境电子商务跨境支付结算渠道。

（二）推进基于互联网交易和传输的服务贸易发展

在个人数据使用方面，存在商业机构之间滥用个人数据（个人隐私保护）的倾向。同时，互联网使用和安全审查制度不完善。由于我国没有形成完备的个人数据，因而前端环节数据采集和预处理等方面的服务缺乏，严重影响了我国基于互联网交易和传输的服务贸易的进一步发展。要建立数字国内规则体系，就是要形成包括个人数据使用规则、互联网安全使用规则、数据管理规则和电子交易的相关规则。

1. 整合和完善国内个人数字规则

国内数字规则包括个人数据的基本元素，个人数据采集、使用管理规则以及相对应的个人数据法规。第一，建立完整的个人数据体系。可以参照发达国家特别是欧盟建立个人数据的经验，在原有公安部等政府机构建立的个人数据库以及金融系统建立起来个人数据库的基础上，整合资源，形成背景、身份、内容、资产数据、人际关系、电子档案、健康数据、政府记录、沟通

和活动等十大领域的数据，在建立相应个人数据库框架的基础上，形成为政府机构和商业机构服务的个人数据库权限机制和制度保障机制。第二，建立相应的个人数据的管理机构或者协调机构。全球六十多个国家已有了针对收集、使用和披露个人信息活动的法律以及相对应的机构。对个人信息的搜集或是建立包含个人信息的数据库需要公示，这些活动要在政府部门或者一个独立的数据保护机构（Data Protection Advisor，DPA）处登记。拥有数据库的机构必须保护个人信息不被丢失、误用、未经授权访问、信息披露、变更和破坏，并形成详细的技术和组织的安全措施。第三，完善个人隐私保护方面的相关法律。在个人隐私保护选择上，可以借鉴欧盟的《个人数据保护指令》，形成个人数据报告的基本构架。

2. 规范互联网安全审查

通过与主要国家在互联网国家安全方面的沟通，建立互联网安全审查机制，这是国家安全审查的主要内容之一。国家网络安全战略需要考虑以下五个方面：（1）网络安全的治理框架，定义一个国家的风险管理系统和综合方法；（2）实现网络安全治理的机制、技术能力和制度设计；（3）明确网络安全的政策和监管措施；（4）识别关键信息基础设施（CIIs）包括关键资产、服务和相互依赖关系；（5）为了保护关键信息基础设施制定或完善保护措施、应对和修复计划。

3. 明确数据管理规则

数据管制包括数据的当地成分要求、使用本地服务器和政府优先采购当地数据公司。数据管制在某种程度中是必要的，主要涉及个人隐私保护和国家信息安全，但这不等于不进行跨境的数据流动。这需要建立适合我国特点的数据管理规则。（1）明确哪些数据是政府机构使用的，哪些是商业机构使用的，这样可以确定跨境数据流动的权限；（2）确定个人数据的身份，明确哪些身份的个人数据可以在国内流动，但不可以跨境流动；（3）数据处理设备，也可以列出一个清单，什么情况下只能使用当地的服务器；（4）当涉及国家安全时政府采购优先使用本地数据公司是必要的。

4. 基于互联网交易和传输的服务贸易规则的负面清单制度

通过对我国世贸组织方面的承诺及我国与各国签署的自贸区协定梳理，对涉及基于互联网交易和传输的服务贸易的承诺（以跨境交付的形式表现），结合2014年国务院颁布的自贸试验区负面清单，提出基于互联网交易和传输的服务贸易规则的负面清单。其主要做以下三个方面的工作：一是服务部门分类，这些基于互联网交易和传输的服务贸易归类在电信服务部门，还是其他服务部门，对负面清单的制定是非常重要的基础工作；二是明确下一步开放的基于互联网交易和传输的服务贸易领域，将其列出负面清单，这个负面清单必须建立在国际通行规则的基础上；三是数据管制领域的负面清单，包括个人数据采集和使用方面的负面清单、跨境数据传输方面的负面清单、服务器使用的负面清单以及政府优先使用数据公司的负面清单等。与建立基于互联网交易和传输的服务贸易负面清单相关的法律调整和政府机构改革。要对每一项数字贸易所涉及的现有服务业法律、法规和行政规章制度进行梳理和分析，先进行国务院行政规章制度方面的调整，然后通过全国人大修改相应的法律法规。

5. 开展基于互联网交易和传输的服务贸易的统计

互联网时代，服务流和资金流分离的情况变得更加广泛，如中国企业开发的 App 在苹果手机上进行全球发售，外国人购买该 App 的交易属于服务贸易，但在国家外汇管理局的国际收支阶段中这笔收入可能在中国企业和苹果在中国设立的子公司之间，因此该交易无法纳入服务贸易的统计，这种服务流和资金流分离的情况会越来越频繁，尤其在基于互联网交易和传输的服务贸易领域。目前除了计算机和信息服务纳入服务贸易的统计之外，与互联网相关的金融、专业、健康、教育服务贸易都没有相关的统计，因此难以去探究基于互联网交易和传输的服务贸易的真实规模和发展情况。因此，建议逐步探索和完善建立这样的统计制度。要建立这样的统计制度，必须探索和获取重点企业的相关信息，建立抽样统计制度，在此基础上对总体规模进行估算，数据的保送和存储可以通过商务部服务贸易统计直报系统来完成。

第四节 钻石（宝玉石）贸易

钻石和宝石精品馆"成为进口博览会一大亮点和最具人气展馆之一，展览面积近 2 万平方米，约有 30 个国家 200 家展商参展，助推我国钻石（宝玉石）贸易发展。

一、钻石贸易

2003年1月1日，中国成为"金伯利进程"成员国，浦东出入境检验检疫局即成为全国首批"金伯利进程"指定机构之一，并进驻上海钻石交易所，负责全国一般贸易项下及上海地区加工贸易项下毛坯钻石进出口（境）监管。近年来，上海毛坯钻石贸易批次下降明显，从2010年的403批次下降至近年的100多批次，这与我国整个钻石加工制造业需求量减少、钻石珠宝设计资源集聚不足以及培育钻石发展有关，也凸显了我国钻石贸易升级的现状。

1. 发挥上海钻石交易中心的集聚辐射作用

一是积极参与"金伯利进程"事务。上海钻石交易所作为我国唯一的国家级钻石交易平台，可积极争取获得国家质检总局授权派员参与"金伯利进程"国际核查访问事务，在履行"金伯利进程"国际义务的同时增加国际影响力，利用国际网络资源的优势，学习国际同行业管理经验，推动钻石产业国际合作。二是为我国实施金伯利进程国际证书制度聚集人才。国家质检总局曾多次支持有关部委主办的非洲政府官员管理研修班，指派业务骨干讲授金伯利进程国际证书制度的相关课程。因而可充分发挥上海具备"金伯利进程"专业人才的优势，培养一批既懂金伯利进程国际证书制度又熟悉钻石贸易的复合型人才，增强上海地区的专业人才储备。

2. 推动钻石贸易纳入金砖国家合作框架

除我国外，金砖国家基本是钻石资源大国，目前我国与这些国家在钻石产业方面的合作潜力还有待进一步深入挖掘。我国应积极推动在"金砖五国"政府间商务谈判中加入毛坯钻石合作条款。上海钻石交易所可借鉴香港交易所发起的金砖地区交易所联盟（包括巴西、俄罗斯、印度、中国香港和南非的7家证券交易所）的模式和经验，建议上海牵头成立金砖国家钻石交易所联盟，在钻石进货、加工、销售等各环节降低贸易投资壁垒，化解利益分歧与冲突，释放金砖国家合作潜力，在全球钻石贸易格局中寻求新的地位。

3. 建立钻石贸易追溯体系

建议由国家质检总局牵头、上海派员参与，积极参与金伯利进程提出的区块链倡议，使用区块链技术验证和传递金伯利进程国际证书，完善金伯利进程证书制度对毛坯钻石追溯的作用，帮助和促进全球公平的钻石交易。充分联动上海宝玉石交易中心、上海钻石交易所、上海进出口商品质量安全溯源管理平台等，运用物联网、云计算和移动互联等现代化技术，构建以"钻石身份证"为载体的追溯体系，推动我国市场对国际质量体系的认知和国际质量标准的接轨，为全球天然钻石和合成钻石在源头上提供科学和严格的分隔机制，提高消费者甄别能力。

4. 根据自身优势在钻石产业链中精准布局

上海可根据自身特色和优势，聚焦以下重点领域：一是培育和集聚"看货商"资格贸易主体。2017年9月16日，由7家世界级钻石公司组成的钻石生产商协会（DPA）宣布将于2018年成立上海总部，上海可利用这一契机，加快集聚和培育具有"看货商"资格的贸易商主体。二是重视钻石珠宝设计高端人才。发挥上海钻石消费市场的影响力，吸引国际钻石珠宝设计人才集聚，联合行业、企业、学校等机构培养和集聚钻石珠宝高端设计人才。三是集聚钻石金融资源。发挥上海国际金融中心的优势，支持钻石金融产品的开发与创新。借鉴荷兰银行和比利时银行等"钻石银行"发展经验，在上海先行先试打造我国的"钻石银行"，发挥金融对钻石产业的配套作用，促进我国钻石产业发展。

二、培育钻石贸易

人工合成钻石技术的进步，有效弥补了天然钻石资源的短缺，被美国、比利时等钻石贸易大国认可和正名为"实验室培育钻石"（以下简称"培育钻石"），我国培育钻石技术和产能已经处于全球领先地位，进口博览会的举办是推动我国培育钻石贸易发展的重要平台。

（一）我国培育钻石贸易现状

1. 我国培育钻石技术水平和国际接轨

钻石作为稀缺宝石，在珠宝首饰、航天航空、电子电器等高端产业应用中具有重要价值。我国金刚石资源匮乏，主要依靠进口，为摆脱精密制造和国防工业发展的资源"瓶颈"。1960年10月我国开启"人造金刚石试验研究"项目。此后，在自主设备和技术创新的支持下，我国成功合成金刚石，检测数据与天然金刚石相同。我国培育钻石开始蓬勃发展，并逐渐形成了生产制造的优势地位，生成钻石的HPHT和CVD技术发展水平与国际同轨。

2. 我国培育钻石产能居全球首位

根据《合成钻石的现在与未来》，2021年，我国CVD反应炉预计达到4800台，全球占比约为25%。我国HPHT六面顶炉高达7000台，全球占比约为80%。我国"培育钻石"基本以HPHT技术生产的小颗粒钻石为主，且技术成熟、设备先进、产业工人熟练、人力成本较低，形成了黄河旋风、中南钻石、华晶科技、中乌新材料等全球知名企业，目前全球宝石级的小颗粒无色培育钻石几乎都是在我国制造。虽然我国HPHT技术生成的1克拉以上钻石产量相对较少，但是近年来CVD技术生成的1克拉以上、宝石级培育钻石逐渐量产，上海征世、杭州超然金刚石、宁波晶钻等企业在全球市场崭露头角。

3. 我国培育钻石行业管理制度逐步建立

地球上钻石总储藏量有限，而宝石级钻石也只有五分之一，目前澳大利亚、俄罗斯、南非等钻矿陆续宣布停车，2032年后天然钻石的产量将会大幅减少。由于培育钻石可以工业化生产，无须破坏地表和生态，能耗有限，而且成分和使用价值和天然钻石相同，2016年初，国际培育钻石协会（IGDA）在美国纽约成立，此后美国联邦贸易委员会（FTC）、美国宝玉石学院（GIA）使用术语培育钻石代替合成钻石。2019年7月17日，我国培育钻石生产企业发起成立中国珠宝玉石首饰行业协会培育钻石分会，培育钻石第一次正式获得行业和中介组织的认可，这将有助于推动我国培育钻石行业管理制度的逐步建立。

（二）完善我国培育钻石贸易监管制度的意义

目前，全球培育钻石跨境需求量与销售额持续上升，随着我国培育钻石产业设备、技术不断进步，产品质量获得国际市场的认可，相对于我国天然钻石的匮乏和依赖进口的现状，我国培育钻石被称为"争气钻"，因此，建立起与我国培育钻石技术、产能水平相匹配的贸易管理制度意义重大。

1. 有助于上海打造培育钻石贸易口岸

作为我国钻石贸易管理口岸和全球五大钻石交易平台，随着培育钻石在钻石和宝玉石贸易中重要性的提升，建立培育钻石贸易监管制度，是上海顺应钻石贸易发展趋势的重要体现，将为上海口岸新增十亿美元的出口量，能够进一步凸显上海作为全球钻石、宝玉石贸易和集散中心地位。培育钻石贸易规模的扩大、能级的提升，将有助于推动消费者认可，吸引钻石和宝玉石消费回流，更好地满足需求、创造需求、引领需求，将上海打造为培育钻石贸易口岸，加快推进上海国际贸易中心建设。

2. 有助于我国钻石产业供给侧结构性改革

施华洛世奇、戴比尔斯集团、巴菲特旗下的瑞奇莱恩等全球知名跨国珠宝集团，以及北欧芬兰维基、美国加利福尼亚钻石铸造等新锐企业强势涉足培育钻石珠宝生产和贸易，推动了全球培育钻石设备、材料、切割、设计、营销等产业链发展。完善我国培育钻石贸易监管制度，有助于集聚和培育具有国际影响力的交易主体，完善产业链和配套。有助于引进国际培育钻石机械设备、技术和产品，增强我国培育钻石企业自主创新能力，推动钻石产业供给侧结构性改革。

3. 有助于我国确立培育钻石的国际市场定价权和话语权

美国逐渐完善培育钻石贸易监管制度，戴比尔斯拟通过加大投入和宣传，进一步实现在培育钻石这一新领域确立定价权。根据戴比尔斯集团公开报道，从2019年开始，天然毛坯钻石产能年均下降1%~2%，需求量年均上涨3%~4%，供需缺口将进一步扩大，随着工艺质量和钻石尺寸的进步，培育钻石将有效弥补天然钻石供给不足，其贸易规模将大幅提升。因此抓住发展机遇，借助进口博览会举办机会，建立培育钻石贸易监管制度，有助于提高培育钻石贸易便利化机制，推动国内企业开拓国际市场，确立我国培育钻石国际市场定价权和话语权。

（三）相关建议

当前，我国培育钻石正处于从高速度增长向高质量发展阶段，因此要积极借鉴国际培育钻石贸易监管制度经验，参考我国天然钻石交易市场的培育机制，发挥上海钻石贸易口岸功能，完善我国培育钻石贸易监管制度。具体措施建议如下。

1. 明确"培育钻石"替代"合成钻石"作为行业术语

FTC贸易手册和GIA钻石鉴定书已经确认laboratory Grown（实验室培育）作为行业术语，但是，目前国内海关HS编码、质检证书等规章制度、行业规范文件依然是"合成钻石"，这不利于引导生产、贸易和消费需求。建议明确上海钻石宝玉石交易联合管理办公室作为我国培育钻石贸易的主管部门，行使国家商务、海关、外汇、工商等有关政府部门授权管理的有关事宜，包括培育钻石进出口、海关管理、外汇管理、工商行政管理等；建议将海关71042010、71042090、71049011、71049019、71049091、1049099、71049012、71059000、71051020等HS编码以及质检报告中"合成"字样替换为"实验室培育"。

2. 建立培育钻石检测认证标准和追溯体系

一是参考 GIA 发布的检测认证报告，以及比利时高阶层钻石议会（HRD Antwep）培育钻石分级报告，建议我国采用与国际接轨的 4Cs 描述，生成以及可以链接到报告查询系统的二维码，可以查询有关钻石净度处理等信息，并且注明是使用 CVD 还是 HPHT 技术。二是建立培育钻石追溯体系，将其列入重要产品追溯目录，探索构建以商务信用为核心的企业自治、行业自律、政府监管、社会监督的流通制度。

3. 调整宝石级培育钻石出口退税规定

为鼓励国外优质培育钻石进入中国，国家规定宝石级培育钻石在上海钻石交易所进口，可享受与天然钻石一样的税率：免关税、消费税后移，进口环节增值税超过 4% 的部分即征即退。因此，国外进口到国内市场的宝石级培育钻石，实际承担的进口环节综合税赋是 4%；我国生产的工业级培育钻石出口可退 5%~6%，非工业用途宝石级培育钻石却至少要交 16% 增值税，并且无出口退税。目前，我国对非工业用宝石级培育钻石出口没有相应退税，这在一定程度上限制了国内培育钻石企业参与国际竞争的积极性。建议及时调整宝石级培育钻石出口退税规定，将该品类纳入减税或退税的行列，降低企业税赋成本，推动培育钻石贸易阳光化、正规化和合规化运作，企业将更多的资金、精力投入技术研发中，使我国培育钻石企业保持引领地位。

4. 保障培育钻石企业开拓国际市场资金安排

建议上海钻石交易所将培育钻石贸易商纳入会员体系，制订会员标准和制度，享受相关权益；建设培育钻石交易平台，制订相关税收政策，推动形成相关的贸易、创意、设计、营销、检测、认证等行业集聚发展；加强中小企业国际市场开拓资金政策宣传，保障培育钻石企业享受相关政策优惠。

三、宝玉石贸易

"中国（上海）宝玉石交易中心"（以下简称"宝交中心"）是海关监管下进行封闭式交易服务的专业要素市场，2018 年升级为国家级平台，宝交中心主要提供宝玉石进口贸易一站式服务，是行业内唯一具备全流程可追溯的宝玉石国际贸易服务平台，现已集聚和培育具有国际影响力的交易会员 200 多家，预计"十四五"期末交易会员将突破 1000 家，交易总量超过 1000 亿元。在提升上海国际贸易中心功能能级，推动进口博览会溢出效应的扩大，更好地满足升级消费需求等方面都发挥了重要作用。

（一）宝玉石交易平台的基本功能和交易情况

一是完善和升级宝玉石产业链，提升上海国际贸易中心功能和能级。宝交中心交易品种涵盖红宝石、蓝宝石、祖母绿、翡翠、碧玺、软玉、琥珀、珍珠八大品类，业务实现境外追溯、进境/进口申报、保税仓储、鉴定检测、进口交易等全程覆盖。同时，宝交中心自主开发建立了覆盖原产地、流通、消费等全产业链信息的宝玉石追溯体系，并实行电子围网监管全覆盖的现代化海关监管模式，成为全国首家平台型高新技术企业，为规范和扩大上海宝玉石交易，推动上海建设成为世界级宝玉石交易中心，发挥了重大作用。

二是优化宝玉石市场供给和服务，更好满足人民日益增长的美好生活需要。宝交中心开发并运维了中国（上海）国际贸易"单一窗口"支付结算专区、进口博览会参展商服务专区，高效的通关服务和完善的追溯体系，提升了宝玉石交易的效率，让国外更多优质宝玉石能更快地进入国内市场。同时，宝交中心形成了包括宝玉石交易、设计、营销、检测、认证、追溯等相关产业和集聚区域，极大地推动了淮海路、南京东路步行街等核心商圈以及豫园等黄金珠宝消费集散地的功能升级，优化了宝玉石零售端的供给和服务，更好地满足、创造和引领了全国宝玉石消费需求。

三是成功运营进口博览会宝玉石专业馆，推动了进口博览会溢出效应的扩大。宝交中心连续两年成功完成进口博览会"钻石与宝石精品馆"的招商招展和运营服务工作，两届进口博览会共吸引了包括国际琥珀联盟、以色列钻交所、安特卫普世界钻石中心等全球性交易机构，以及古柏林宝石鉴定所、国家珠宝玉石监督检验中心等国内外顶尖权威的鉴定服务机构在内的28个国家、近400家国际钻宝企业和机构参展，展品总价值超过3亿美元，意向交易额达到5.7亿美元，大幅提升了我国宝玉石产业的国际地位和影响力。

（二）放大进口博览会溢出效应，推动宝玉石贸易发展的建议

上海钻石交易所的相关经验显示，初期由于进口税负较高，大量的钻石进口通过非正规渠道进入、国内消费需求转移到境外。2001年相关税收调整，为国内钻石行业发展和钻交所地位提升发挥了重要作用。长期以来，国内珠宝商和行业协会对宝玉石进口税负偏高反映强烈，热切期盼原材料进口渠道正规化、税收征管规范化和整个珠宝行业的阳光化。为进一步规范和扩大宝玉石交易市场和能级，充分放大进口博览会溢出效应，助推上海国际贸

易中心枢纽功能的提升,就宝玉石交易税收优惠政策及其具体实施提出如下具体建议:

一是参照上海钻石交易所现行税收政策、优化宝玉石税收政策。对八大类宝玉石(相应税则号另附)的毛坯(原石)和成品宝玉石(裸石)免征进口关税,宝玉石毛坯(原石)进口环节增值税实行全额免征,成品宝玉石(裸石)进口环节的增值税实际税负超过4%的部分实行即征即退,消费税率降至5%并移至零售环节征收。可在第三届进口博览会期间先行试点红宝石、蓝宝石相关优惠税收政策。

二是推动部门协同和数字技术应用、提升监管和追溯能力。参照国家对毛坯钻石和成品裸钻的管理政策,运用海关特种编号,在宝交中心内使用经税务核准的统一结算单(以确认属场内交易);由驻宝交中心的海关部门一个口子出具宝玉石进口环节增值税纳税缴款书,并视作内销宝玉石加工增值税进项税抵扣的凭证;同时,通过上海钻石宝玉石交易联合管理办公室(国内唯一的行业政府管理机构)和海关、税务、外汇、工商等部门与宝交中心联网等手段,对经过宝交中心进入国内外市场的宝石玉流量以及宝交中心场内的宝玉石交易量进行跟踪,通过"统一申报、追溯管理"的管理模式,有效规范进口,抑制走私,规范市场,促进加工,增加就业,保证国家税收增长。

第五节 进口消费[①]

进口博览会是国家搭建的国际性经贸和会展平台,将进一步扩大优质商品供给,丰富消费市场选择,带动消费结构优化,加快体制机制创新,倒逼供给侧结构性改革,推动消费创新升级,增强消费对经济发展的基础性作用。这对我国进口消费商业模式创新发展提高了优渥的体制机制土壤和市场培育与引导。

一、进口消费理论和我国进口消费商业业态的发展

金融危机以后,我国实施贸易平衡扩大进口的战略,尤其是加大了对中

---

① 本书内容主要来自:张娟."进口博览会"举办背景下我国进口消费商业模式创新研究[J]. 商业经济研究,2018(21):120-123.

高端消费品的进口。外贸企业为应对国际金融危机，积极开拓国际国内两个市场，利用原有的海外渠道，逐渐加大了进口业务的比重。我国居民收入水平的提高，为大规模地进口消费品提供了需求的空间，并进一步推动了我国进口消费商业业态的发展。

（一）进口消费的相关理论

长期以来，出口对国民经济增长和消费促进的作用已经被理论、政策和研究界所熟知。进口同样能够通过增加有效供给，倒逼产业升级，提升消费福利，推消费创新。根据重叠需求理论，进口由一国消费者的收入水平、消费偏好和进口商品价格决定。一国消费者的收入水平影响需求偏好和需求层次，收入水平越高，需求层次越高。反之，则相反。进口商品价格也能影响进口，进口商品价格越低，消费者对进口商品的偏好就越强，反之，则相反。根据关税理论，降低关税能够降低进口商品价格，提高消费者剩余。根据消费理论，进口还使国外高品质商品和服务进一步进入国内市场，改变消费者偏好，倒逼国内供给侧结构性改革，促进企业跟进高品质商品的生产和服务的提供，提高消费者福利。

根据以上进口消费相关理论，降低进口消费品价格、增加国内消费供给和提高消费者购买力和购买欲等，是我国目前进口消费商业业态发展和创新的主要出发点。

（二）进口消费商业业态的发展

进口消费品零售业态主要体现为百货店、超级市场、大型综合超市、便利店、专业市场（主题商城）、专卖店、购物中心和仓储式商场进口专柜，此外还包括专业的进口超市、进口直营店等，如Ole'、城市超市、Super City、久光百货超市等。这些商业业态中进口商品占比70%以上，由于具有品牌、渠道、质量、品类等保证，受到消费者的欢迎。但是，这类进口消费品商业业态与一般的商业业态基本相同，差别在于商品内容以进口为主，并没有明显的商业模式创新。

随着跨境电商的出现，以及跨境电商政策的不断完善，我国进口消费业态除了上述传统的形式之外，还出现了诸如跨境电商、保税展示交易中心、国别商品中心等创新模式，打破了进口消费品从国外厂家到出口，国内进口、批发，最后到零售端的流通模式。在这些创新的进口消费商业业态中，国外批发商可以与国内消费者直接进行交易，甚至国外的消费者可以与国内消费者直接交易。

二、我国进口消费创新业态和商业模式特征

（一）进口消费创新业态

1. 进口跨境电商

进口消费商业业态中目前发展最快的是进口跨境电商，是指将国外商品销售给国内的个人消费者电商，电商提供撮合交易、支付结算的平台，进而通过跨境物流送达商品、完成交易的商业活动，全球跨境电商的典型企业是亚马逊。2014年以前，我国跨境电商的参与者，主要是海外代购、转运服务商等小微个体。2014年，我国海关总署发布"56号"和"57号"文，从国家政策层面上承认和确立了跨境电商业态的合法合规性，并从政策层面扶植其发展。2016年，我国进一步规范了进口跨境电商的税收政策，将行邮税调整为综合税。随着政策的明朗，跨境电商行业吸引着各电商平台、线下零售商、资本方、创业者、地方政府等各种力量，跨境电商商业模式不断演变。按交互类型划分，跨境电子商务的主要模式可以划分为B2C、C2C等若干种；从经营主体划分，跨境电子商务分为平台型、自营型、混合型。平台型进口跨境电商，典型的模式是阿里巴巴的天猫国际，利用阿里巴巴强大的流量和服务，吸引海外品牌进驻平台，通过抽取进驻费、销售佣金和销售广告平台的形式实现盈利。由于跨境商品入境需要一定的国际物流、清关等服务，阿里巴巴成立菜鸟物流、一达通等配套企业，专门提供相关的跨境服务。因此，平台型跨境电商，已经从单纯的买卖平台，演变为跨境贸易综合服务商。自营型进口跨境电子商务业态，典型的案例是唯品会国际，买进海外商品，通过自建平台销售给国内消费者，围绕着此平台，集聚了一定的跨境贸易服务企业，形成了跨境贸易生态圈。综合型进口跨境电商，既自己经营商品或服务，同时也允许其他的卖家入驻平台，以京东商城最为典型，是前二者重合。

进口跨境电商模式的创新不仅仅体现在线上完成进口消费品的交易，更为重要的是改变了传统的跨境商品的国际物流环节，进口跨境电商的商品国际流通主要包括保税区备货和海外直邮。第一，保税区发货是商家利用海关保税监管区和监管场所的保税优势，先从海外大批量备货至保税区存放，由于免交关税，缓解了一定的资金压力。当购买发生时，商家再从保税仓打包清关发货，因为少了国外段的路程，所以到货时效快，损坏的概率也降低了很多。由于保税仓是需要提前备货的，因此商家以一般贸易形式将货物进口

至保税仓,商品规模大、种类比较少,一般销量比较大的商品会选择保税仓备货模式。目前国内领先的电商都在保税口岸建立了相应的保税集货与供应链备货模式(见表3.14),根据公开数据,天猫国际的订单中有60%都是在保税区完成备货与发货流程。第二,海外直邮是利用万国邮政联盟建立的通达的全球邮政体系,以及国际快递公司高效、快捷的全球配送网络,商家收到订单后,直接从海外通过邮政包裹或者快递发货,清关入境的速度相对要慢一些,费用可能也会更高,但是满足了消费者小规模、多批次购买要求。

表3.14　　　　　　　　进口跨境电商国际物流模式

平台	配送周期	物流布局
洋码头	海外直邮平均5天	全球17大物流中心,覆盖美国、日韩、欧洲、澳新
天猫国际	国内保税仓库5~7天,海外直邮平均7~15天	与各国邮政联盟合作,覆盖全球224个国家和地区
唯品会	国内保税仓库平均2~14天	建立11个国内保税仓库和12个海外仓库
小红书	国内保税仓库平均7~15天	在郑州、深圳和宁波设立保税仓库

资料来源:中国电子商务研究中心。

2. 进口商品保税展示交易中心

2013年,国务院批准下发的《中国(上海)自由贸易试验区总体方案》中明确,要"探索建立货物状态分类监管模式",通过创新监管模式,推进实施"一线放开、二线安全高效管住",促进二线监管与一线监管相衔接。进口商品保税展示交易中心,正是利用保税区的贸易监管政策与市场需求而形成的新型的进口消费新业态。该业态起源于上海自贸试验区的森兰商都,其商业模式创新主要体现在四个方面:一是进口商品以保税状态进入保税展示交易中心,进行展示、陈列、销售。贸易商的税款不用事先垫付,在发生实际交易后再定期向海关集中缴纳,流动资金减少、周转加快,成本相应降低,进口消费品形成了价格优势。二是海关对平台商品实施电子监管和状态管理,商检对平台商品进行预商检。保税展示交易中心集"统一监管、统一系统、统一纳税"于一体,从"物理围网"升级为"电子围网",由保税区铁丝网的物理围网向系统信息化的电子围网升级,将海关专用监管系统与WMS仓库管理系统、商场ERP管理系统整合对接,通过专用模块联网对进口消费品的流向实施状态监管,进口消费品的交货时间缩短。三是如商品在交易平台实现销售，在消费者支付货款时，货款与税款实现即时分离，保证了国家税款及时入库。由于建立了一套将仓库、商场、海关等管理系统连接的系统，海关可以根据商场销售库存的即时变化，实时监控商家的销售情况，商家则定期缴纳税款，实现了有效监管。四是如商品销售不佳或未实现销售，可灵活返回区内并转口境外，商户重新进行全球分拨。

随着我国进口保税展示交易监管和税收政策的不断调整，河南中大门保税直购体验中心进一步完善了进口商品保税展示交易中心业态，对森兰商都的商业模式也进一步完善。一方面，进一步打通境外供货商与消费者之间的通道，减少数道分销环节；另一方面，解决了跨境电商只能提供商品宅配，其线下店不支持现场提货的问题。"秒通关 + 现场提货"模式既可满足消费者购物充分体验需求，又能大幅降低时间与物流成本，激发了消费者"冲动购买"行为。同时，线下的保税体现中心与线上商场联通，所售商品享受国家赋予的跨境综合税率（多数商品当前税率为11.2%），低于传统商企的进口消费品所征收的综合税负。无论森兰商都，还是河南中大门模式，必须基于海关的监管创新，以及高效的海关、商家和仓库信息系统，目前符合海关监管资质要求的企业还较少，上海、郑州等跨境电商示范城市为数不多的企业能够获得试点资格，还不能进行全面推广。

3. 国别商品中心

国别商品中心是基于具有竞争优势的进口商品，以国家或地区为主题，搭建供应商与中国经销商、消费者交易的综合性贸易服务平台，通过提供展览展示、推广、培训、金融和物流服务等功能，引导国外商品（特别是国外中小企业）和各项专业技术产品进入中国市场。2010年1月，由上海卓好实业有限公司与中国京沪品牌管理中心共同发起的全球名品直购中心（GBF）成为国别商品中心探索的雏形。此后，上海陆续出现丹麦、日本、土耳其、斯里兰卡等国别商品中心，以及自贸试验区的澳大利亚等、中东欧十六国和智利国别中心。重庆、宁波、大连等城市陆续引进该模式，如宁波发展了22个中东欧国家特色商品馆。国别商品中心设立的目的是推广各国特色进口商品，以上海长宁区丹麦商品中心为例，它主要有两个功能：一是开展以国别商品为主的展览展示交易，通过不定期举办专题文化经贸论坛，促进进口商品品牌的推广；二是加强与海关保税监管区和监管点的合作，进一步提高进口通关的便利化水平。通过完善功能，丹麦商品中心将国内的麦蔻婴儿奶粉品牌成功进行了推广，在我国二线城市的婴幼儿奶粉市场占据了一定的份额。

随着商家对该模式的认可，国别商品中心的内涵和功能不断丰富，突出零售功能，导入国别文化，附加餐饮、娱乐等业态。大连日本街也称南山旅游风情街，地处大连市中山区南山脚下，是大连市重点旅游项目之一。街长700米，坐落有120余幢不同风格的别墅，其中高级住宅别墅近100栋，依照世界不同别墅风格精心建设的。临街两旁约30栋商业建筑设有日式餐馆、酒店、茶道表演馆、花店、书店、咖啡厅、服装定制店等商铺，以及影视艺术相关的创意工厂和创意店。上海七浦路服装批发市场的圣和圣韩国馆，成立于2009年。圣和圣韩国馆以韩国文化为商业主题、韩国服装服饰为主营内容，不断吸引优秀的韩国品牌商户入驻，为其提供场地展示，品牌整体形象的打造、对外推广、渠道拓展推广，设计师培育以及商业配套服务，吸引了450家左右商户，其中有近百家是在华投资的韩国商户、韩国独资品牌直营店、韩国服饰品牌中国区首家旗舰店等优质店铺。

4. 首店经济

"首店"一词最早出现在新闻报道中，主要指国际品牌在某个地理区域内开出的第一家门店。首店的人气效应和宣传价值使购物中心开始意识到其价值，促进了城市的商业创新及对外影响力，知名度、美誉度、国际地位等社会资本得到积累。2018年，随着上海市政府后续将首店经济视为打响"上海购物品牌"的一张靓丽名片，尤其是进口博览会带来了众多国际品牌首店，北京、广州、成都、西安、杭州等城市的"首店经济"也如火如荼地发展起来。国际品牌通过进口博览会这个重要窗口，见证了中国市场蓬勃旺盛的前景、庞大的市场发展空间，国际品牌相继抢滩登陆，在这些一线城市、新一线城市落子布局，陆续开设中国首店、区域首店。国际品牌主要在京沪高度聚集，据中商数据统计，上海2017年首店数量达到226家，2018年835家，2019年986家。

此前，在我国开店的主要是国际知名品牌、奢侈品牌，定位高端消费群体，主要布局一线城市，首届进口博览会后，更多不同档次的国际品牌开始进入中国，丰富了国内市场上的国际品牌种类，为国外商家打开中国市场铺路架桥，构成多元化品牌格局，让中国消费者拥有了更多的选择机会。首店对消费创新的推动价值，从区域商业价值来看，经过在一线及新一线城市的试水及探索后，首店经济的发展理念将不断下沉到二三四线城市，给三四线城市带来国际消费环境和商业理念。从对消费理念推动来看，推动视野开拓、对新鲜事物感兴趣、价值观多元、年轻的新消费提前对全球消费潮流及新品牌有了认知。从类型来看,餐饮成为首店的主流业态,并呈现细分化、全时段化、国际化特点。餐饮首店呈现国际化特点,2018 年上海餐饮首店中,西餐和日料种类居前两位,占比分别达到 12.1% 和 11.2%,品牌来源地跨越 20 个国家或地区。

(二) 进口消费业态商业模式创新的主要特征

第一,去中间化。与传统进口消费业态不同,进口跨境电商、保税展示交易和国别商品中心等业态,重点在于去中间化,现在的消费者可以直接向制造商或者进口商进行购买,不需要经过一系列多个环节。保税供货和直邮模式的创新,更是加快了通关过程。国别商品中心提供展示、推广等系列功能,减少了海外品牌尤其是小众品牌进入国内的推广成本。

第二,去国际价差。消费外流的最主要原因是国际价差,进口消费品的价格主要由生产成本、国际物流成本、进口管理成本、国内流通成本以及利润构成,根据企业反馈情况,进口消费品价差主要为进口管理成本所致。进口消费品卖家主要通过直邮、跨境电商政策,降低进口管理成本,即关税和增值税,从而减少进口消费品国际价差,提高消费者购买力(见表 3.15)。

表 3.15　　　　四类消费品 2018 年进口综合税率区间

消费品大类	关税	消费税	增值税	综合税率
化妆品	6.5% ~ 15%	15%(部分税号)	17%	46.59% ~ 58.29%
手表	11% ~ 20%	20%(部分税号)	17%	62.34% ~ 75.5%
箱包	10% ~ 20%	/	17%	28.7% ~ 40.4%
服装	10% ~ 25%	/	17%	28.7% ~ 46.25%

资料来源:根据相关网站材料整理。

第三,以消费者为导向。超市、百货、购物中心等进口消费传统业态,基本是生产为起点,即进口国外成熟的消费品,然后在国内以广告等形式开展营销和推广,培育消费偏好,达到销售的目的。而跨境电商、保税展示交易中心、国别商品中心等新业态以消费者为供应链的起点,即根据国内消费者偏好,根据热销的"网红商品",确定进口和销售的品种、品类、品牌和频次,并且利用保税仓库、全球日益发达的邮政、快递业务来缩短配送时间,提高消费者购买体验。

三、进口博览会举办对推动我国进口消费创新的作用和建议

进口博览会由我国主办,全球各国参与,广邀国内外采购商与会,是一个"买全球、卖全球"的开放性平台,是我国实施进口促进贸易战略的重要风向标。首先,进口博览会在上海举办,鼓励吸引全球的优质商品和服务集聚到上海、辐射到全国,逐步构建起覆盖全球的进口网络资源,进一步扩大进口规模。预计未来5年,中国商品和服务进口规模预计达10万亿美元。其次,扩大进口能够培育新消费。扩大消费品进口,能够增加国内消费者对高质量产品的选择,推动消费者偏好的改变,充分尊重与适应个性化、多样化消费选择,满足我国人民群众对美好生活的向往,带动和刺激国内企业对高品质消费品的跟进生产。最后,扩大进口能够提高消费福利。进口促进战略有助于推动消费品关税的下调和进口通关便利化,最大限度地降低进口成本和商品价格,提高消费者福利。因此,进口博览会的举办将为进口消费品商业模式创新提供优渥的土壤。以下主要从企业主体和政策措施两个层面提一些建议。

(一) 企业主体层面创新的建议

第一,提高选品能力。商业模式和技术手段的创新很容易被模仿、学习和超越的,但是商品目录的宽度和深度却是难以抄袭的。商品目录一般是买手决定的,专业的买手对流行趋势和消费市场非常了解,有敏感的前瞻性眼光预测未来的流行,并且与国际接轨;他们会理性分析市场各项数据,并从中得出下一季销售预测和订货量;他们熟知产品加工工艺及流程、周期,而且有广泛和成熟的国际采购渠道,并能在正确的时间、找到正确的地方、以正确的数量采买正确的商品,以及后期相应的营销策划和促销计划的能力等,从而形成自己独一无二的商品目录。这个商品目录,包括恰当的比例搭配爆款、引流款和利润款,以及选择哪些产品作为爆款、引流款、利润款和差异化款来迎合和引导消费需求。国外Shopbop、Saks Fifth Avenue等实体商场和电商平台,都越来越倾向买手制,而非国内的品牌入驻制,如亚马逊旗下的Shopbop引入了1000+国际设计师品牌。进口博览会举办后,消费品进口规模会进一步扩大,因此商品的差异化重要性更加凸显,买手制和买手能力尤其重要,是进口消费业态推动商业模式创新的关键。

第二,增加进口服务消费的供给。目前我国大城市,尤其以北京和上海

为首,消费格局已经实现根本性转变。2017年,北京在全国率先建立以总消费为目标的增长促进机制,实现总消费23789亿元,其中服务性消费占比达51.3%,率先步入服务消费主导时代,上海服务消费的比例也已经超过50%。进口博览会的举办特地设置了服务贸易板块,包括新兴技术、服务外包、创新设计、文化教育、旅游服务等内容,进一步增加我国服务消费供给,满足消费者日益增长的美好生活的需求。从服务的异质性来看,大多数的服务难以储存和异地提供,因此需要服务提供者和消费者进行面对面的交流,这成为线下进口消费业态的发展优势。进口服务消费已经有样本可循,主要体现在娱乐业中,例如迪士尼,其实质就是美国文化服务进口消费。此外,各国的唐人街虽然仍然以来自中国的商品消费为主,但是逐渐兴起的中餐馆、中医药服务,不断丰富唐人街的消费内涵。并且,例如新加坡的小印度、阿拉伯街,进口消费的内容包括各国的商品、餐饮、文化和艺术等内容的叠加,成为进口消费商业态商业模式创新的方向和可借鉴经验。

第三,形成进口消费供应链生态系统。进口消费品来自境外,到达终端消费者手中的时间如果没有国内消费品及时,则会降低进口消费体验,降低吸引力。因此,不断提高消费体验的效率,需要建立快速反应的供应链生态系统。进口消费品的供应链,包括从海外生产点、物流运输、出口国海外通关、进口国通关、进口国仓储点、物流运输,到终端消费。以一般贸易入境的进口消费品,要以打造全球差异化供应链集成平台为目标,通过去中间化的上下游产业链联盟,建立线上线下全网销售通路布局,并依托数字化技术和品牌服务能力,提升供应链效率。而以直邮形式入境的进口消费品,受到邮政包裹、国际快递、专线物流服务商质量的限制,主要在于合作伙伴的选择,最主要的是形成与物流服务商的高效率合作机制。

(二)政策措施层面创新的建议

第一,形成更优进口贸易便利化机制。进口消费商业模式的创新,尤其是涉及通关的便利化,建议通过进口博览会筹办契机,实施符合国际通行惯例的会展贸易便利化制度,打造涵盖"展前、展中、展后"的一揽子通关、检验检疫便利化措施,探索"6天+365天"保税展示交易常态化制度安排,加快复制推广。对标国际标准,优化外贸新业态监管模式,研究新型贸易监管和服务制度,探索形成"管得住、管得好、放得开"贸易便利化机制,加快贸易高端要素集聚,推动以技术、品牌、质量、服务为核心的新消费。

第二,推动消费品进口税收结构性改革。针对进口管理成本问题,我国需要推动消费品进口税收制度改革，包括加快推进与"一带一路"沿线国家签订自由贸易协定，并定期发布自由贸易协定的信息，提高进口消费品采购信息的透明度，利用自由贸易协定、降低进口消费品税收成本。进一步推进进口消费税和增值税改革，降低进口环节综合税收成本。积极争取新的购物退免税政策突破，简化境外旅客购物离境退税流程，争取打通电子发票与离境退税管理通道，早日实现"即买即退"政策试点突破。

第三，提高进口消费流通效率。加强国内重点进口口岸之间信息、设施和政策的连通性。提升国内国际海港、空港和铁路口岸连通性，加强与陆上运输体系衔接性，提高分拨配送效率。推动重点进口消费城市进一步完善重点物流园区分拨中心、公共及专业配送中心、城市末端配送节点三级城市配送物流网络，提高进口消费品末端配送时效。

第四章

进口博览会贸易区域促进效应研究

第一节 上海国际贸易中心建设研究[①]

中国国际进口博览会的举办,进一步凸显了上海国际贸易中心在全球贸易中的枢纽地位和长三角区域贸易的龙头地位。新时代背景下,上海国际贸易中心建设顺应全球贸易主体从制造向服务和数字领域的演变,破解贸易服务和数字服务的制度"瓶颈",突出贸易服务能力和数字连接能力,构建覆盖至长三角区域、辐射全国的内向贸易网络,拓展面向全球贸易合作伙伴城市的外向贸易网络。

一、引言

进口博览会是中国主动向世界开放市场、支持经济全球化和贸易自由化的重大活动。我国对外贸易发展战略主要以区域开放、产业开放、市场开放、主体开放和制度开放为主,进口博览会是一场活动,是世界上第一个以进口为主题的国家级博览会,是国际贸易发展史上的一大创举,既是我国对外贸易发展的新战略,同时也是落实外贸发展新战略的重大举措,可以说是我国外贸发展战略上的重要坐标。进口博览会作为重要的会展平台、经贸对话平

---

① 本节内容主要来自:张娟. 进口博览会视角下上海国际贸易中心建设的内涵和路径[J]. 国际贸易,2019(5):38-46.

台,在上海举办,使上海国际贸易中心的功能地位进一步凸显,尤其体现出其在全球贸易中的枢纽地位和长三角区域贸易的龙头地位。

经过十多年的推进,上海国际贸易中心建设已经形成一定的路径。上海作为国际贸易中心城市,既有新加坡、香港等转口型或独立关境型城市的特色,同时又有纽约、伦敦和东京作为腹地型或大国中心城市特征和使命,同时还要服务于中国贸易强国的战略目标,这使上海国际贸易中心建设的内涵和路径探索具有重要意义。在现代国际贸易中心的建设进程中,地理位置等重要性相对下降(匡增杰,2012),国际贸易中心内涵的变化由全球贸易内涵和格局决定(陈大中,2009),主要体现在国际贸易主体、内容和方式等三个方面(沈玉良、高耀松,2008)。本节的主要研究逻辑是:基于当前全球贸易形势特征,判断纽约、伦敦、新加坡和香港等国际贸易中心发展趋势,在进口博览会持续举办的大背景之下,找出国际贸易中心内涵发生变化的主要动力源,形成上海国际贸易中心建设的路径突破。

二、全球贸易主体的演变和上海国际贸易中心主体集聚路径

(一) 全球贸易主体的演变

一是服务业企业在全球价值链中地位越来越重要。经济全球化的基础是国际贸易和跨国公司,而跨国公司又是国际贸易实施的主体,因此国际贸易中心建设以及所在城市之间的竞争实质上是城市内部主体尤其是跨国贸易主体之间的国际竞争(沈玉良、高耀松,2008)。从历史进程来看,国际贸易中心城市一般都是从港口发展起来,因此其主体以铁路、船运、代理、进出口等企业为主。例如,纽约早期凭借港口优势,汇集了来自美国、欧洲乃至全球的进出口、运输、物流等贸易主体,成为全球最大的港口以及连接美国与欧洲市场的国际贸易中心。随着制造业的大发展,国际贸易中心也不再单纯是贸易商和贸易服务商的集聚,制造业企业尤其是制造业跨国公司成为推动贸易规模提升的主体,并且进一步还带动了通讯、金融、专业服务等企业国际化发展,由此推动了服务业跨国公司成为财富500强的主要来源(见图4.1)。在全球贸易活动的带动下,服务业投资占全球FDI存量的三分之一,服务业跨国公司也从制造业跨国公司全球化活动的配套成长为经济全球化的主角。由于服务要素在全球价值链和全球贸易网络中发挥链接、创造和增值作用,向价值链两端的服务环节跃升是发展中国家参与全球价值链和地位提

升的主要路径。纽约、伦敦等发达市场的国际贸易中心城市,其主体结构的变化较早呈现了该种趋势,金融、专业服务、研发、批发零售、物流运输等服务企业成为这些城市贸易活动运行的主体。

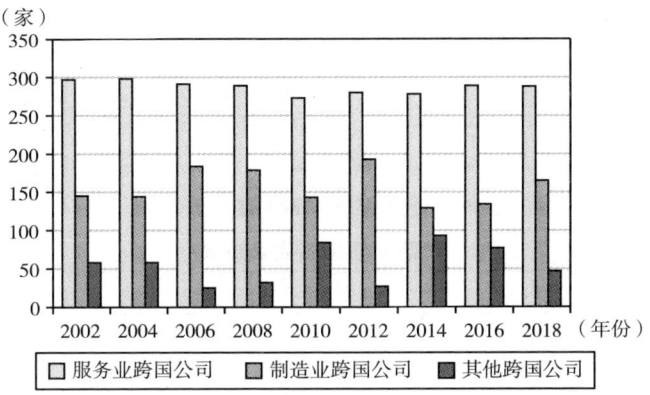

图 4.1 2002~2018 年财富 500 强服务业和制造业跨国公司结构分布

注:根据版面情况,作者提供 2002~2018 年偶数年份数据。原 500 强数据只分了服务业企业(为 1)和非服务业企业(为 2),没有划分出制造业和其他,本节根据国标行业的划分,将能源类企业、工程与建筑、采矿、原油生产、炼油业划分为其他企业,其他非服务业企业划分为制造业企业。亚马逊等数字企业在财富 500 被列为互联网零售和服务领域,本节因此将其列入服务业。

资料来源:根据财富 500 中文网相关数据整理。

二是数字企业成为全球贸易重塑的推手。3D 打印、物联网、人工智能、大数据等技术兴起推动了数字企业的发展,以亚马逊和谷歌等为首的数字跨国公司快速发展,在财富 500 强榜单中的排名不断靠前,从 2009 年的第 400 多位,上升到 2018 年的第 26 位和第 65 位,2016 年京东,2017 年 Facebook、阿里巴巴、腾讯也陆续出现在榜单之中,并呈现快速发展的态势(见表 4.1)。数字跨国公司可以分为三类:第一,基于互联网的数字平台,如电子商务、大数据、云计算等企业;第二,提供数字软件支撑的企业,如微软;第三,提供数字硬件企业,如华为。目前在国际贸易中心城市集聚的主要是提供货物和服务跨境贸易的数字平台类企业,如亚马逊、易贝、wish、谷歌、脸书等。以货物跨境传输为主的企业主要布点在传统货物贸易中心城市,如香港、新加坡和上海等。这些城市联通全球的生产基地和市场腹地,为其发展提供了货源、通道和市场的重要支撑。而以提供服务跨境贸易的平台类企业,集聚在服务创新能力较强的伦敦、纽约等贸易中心城市。随着数字平台类企业的集聚,为其提供数据存储、大数据、云计算、区块链等配套企业也进一步聚集。数字企业改变了传统的跨境交易方式,甚至使国际运输也从原先大批量集装箱海洋运输,部分分化为小批量空中运输。数字企业发展也进一步推动了国际贸易中心城市的贸易设施、贸易环境和贸易政策的变革。虽然数字跨国公司在规模和影响力上未及制造和服务跨国公司,但是由于数字对制造、服务领域的重塑能力,数字跨国公司日渐将成为国际贸易中心城市集聚的目标主体。数据显示,过去10年伦敦吸引的国际科技企业和项目全球排名第一,包括822家电子信息通讯技术企业,创造了约2.7万个就业机会。

表 4.1　2009~2018年财富500强中数字化跨国公司排名变动情况　　单位:百万美元

年份	排名	公司	营业收入	利润
2009	485	亚马逊	19166	645
	423	谷歌	21796	4227
2011	270	亚马逊	34204	1152
	325	谷歌	29321	8505
2013	149	亚马逊	61093	-39
	189	谷歌	52203	10737
2015	88	亚马逊	88988	-241
	124	谷歌	71487	14444
2017	26	亚马逊	135987	2371
	65	Alphabet	90272	19478
	261	京东	39155	573
	393	Facebook	27638	10217
	462	阿里巴巴	23517	6490
	478	腾讯	22871	6186
2018	18	亚马逊	177866	3033
	52	Alphabet	110855	1266
	181	京东	53965	-22.5
	274	Facebook	40653	15934
	300	阿里巴巴	37771	9673
	331	腾讯	35179	10581

注:根据版面情况,作者提供2009~2018年奇数年份和2018年份数据。2016年8月13日,谷歌宣布成立新公司 Alphabet.

资料来源:http://fortune.com/global500/.

（二）上海国际贸易中心主体集聚路径

进口博览会分国家贸易投资综合展和企业商业展，企业商业展有130余个国家和地区、2800多家企业参加博览会，15万名国内外专业采购商到会积极参与采购交易。这些企业不仅包括装备制造业、生物医药、食品农产品等行业的跨国生产企业和贸易企业，还有保税仓储、检测认证、会展物流、供应链服务、展示销售、商务咨询、专业金融等服务提供商，以及贸易方式、管理理念、技术手段和服务模式创新的数字企业。进口博览会还邀请了世界贸易组织、联合国工业发展组织等国际贸易组织机构，以及参展国贸易促进机构。随着上海土地成本、劳动力成本、居住成本和生活成本的上升，以及上海产业规划等影响，上海很难再集聚大量的制造业企业，上海国际贸易中心主体集聚要根据自身资源优势的调整，顺应跨国公司主体从制造业向服务和数字领域转变的趋势，以服务和数字领域跨国公司作为主要集聚对象。

一是重点聚焦贸易相关服务企业。制造业的离散，会在一定程度上导致本地货物贸易的分流，为了避免上海国际贸易中心地位受到动摇，需要重点塑造贸易服务功能，通过连接生产和市场两端，体现上海对贸易集散的核心能力。贸易相关服务企业，包括为贸易提供服务的企业和能够产生跨境贸易的服务企业。从贸易相关服务企业范畴来看，基本覆盖了全球价值链的服务环节。服务作为全球价值链的重要投入要素，充分集聚全球价值链的增值主体，才能在全球价值链分工中获得更高的贸易收益，发挥在全球和区域贸易网络中的影响力。第一，吸引为贸易提供服务的企业。改革开放40年来，上海贸易服务能力主要体现在货物出口方面。进口博览会持续举办带来进口持续扩大机遇，而进口货物入境更强调检测、分拨、批发、营销和金融服务，以及包括市场调研、法律、咨询等专业服务，因此，在新的历史机遇下，上海要形成此类贸易服务主体的集聚。第二，加快吸引能够产生跨境贸易的服务企业。推动服务业细分行业开放，吸引包括研发设计、建筑和工程服务、融资租赁服务、宾馆和酒店服务，以及能够实现跨境交付的医疗、教育等领域服务企业。

二是梯度集聚数字"金字塔"企业。数字主体的分布呈现"金字塔"型，底层主要是平台类企业，中间是提供软件支撑的数字企业，塔尖是提供硬件支撑的数字企业。平台类企业覆盖面广、数量多、创新快，有助于形成规模效应，平台类企业会衍生大量的交易数据信息，会带来大数据、云计算等基于数据挖掘的数字企业集聚，进口货物跨境交易平台还会带来物联网、区块链、软件服务和硬件支撑的数字企业集聚。上海数字主体的集聚应该顺着"金字塔"由下而上、梯度集聚。由于我国数字领域开放度不高,目前上海数字主体主要来源于国内企业,作为国际的贸易中心城市,只有集聚具有跨国经营能力的主体,才能真正实现连接国内外两个市场、两种资源的目标。与贸易相关服务企业集聚的路径不同,数字企业集聚的首要路径是推动开放。在国家安全和风险防控的总原则下,数字领域开放的有效路径是以自贸区改革开放深入为契机,探索建立数字主体集聚中心。在自贸试验区中落实中澳自贸协定、CEPA有关数字主体准入条款,允许符合条件的境外数字贸易企业在新片区内设立分支机构,提供数字内容、在线交易、搜索引擎、社交媒体等平台服务,对跨境数字业务准入的开放及要素自由流动进行压力测试。通过跨国公司主体的集聚带动相关合作企业、配套企业的集聚,使自贸试验区成为上海数字贸易主体创新创业集聚中心,待试点成熟后在上海其他地区进行复制推广。

三、全球贸易内容演变和上海国际贸易中心内容创新路径

(一) 全球贸易内容的演变

全球贸易主体演进带来了全球贸易内容的演变,国际贸易中心的内容会随之进行动态演变。早期,国际贸易中心以货物贸易为主要内容,当城市的产业基础转换以后,贸易内容也发生了变化(O'Connor,1989)。例如,当纽约及周边地区制造业逐步萎缩后,转口贸易和服务贸易的发展使国际贸易中心获得了新内涵(匡增杰,2012)。服务贸易和数字贸易的地位凸显,使国际贸易中心城市获得更为广泛的全球连接能力(MGI,2016)。

一是服务贸易发展使国际贸易中心获得贸易创造和增值效应。1990~2017年全球服务贸易总额从1706亿美元扩大到103530亿美元,全球服务贸易占贸易总额的比重从1990年的20%上升至2017年的28.2%。如果按照外国附属分支机构统计方法,服务贸易规模将大大超过货物贸易。服务贸易的发展,不仅能够产生大量的旅游、运输、金融、专业等服务贸易创造效应,更为重要的是使货物贸易增加值得到提升。2016年全球制造业出口增加值中服务占比高达30.67%,即服务作为投入要素对出口增加值的贡献率约为三成(见表4.2),如果再加上研发等服务要素,该比例可能还要提高3%左右。纽约、伦敦和新加坡等城市积极顺应该趋势,以货物交易为内容,以金融、

专业服务贸易为支撑,重点发展大宗商品现货和期货交易市场。交易市场的发展使这些国际贸易中心城市获得了交易的定价权,避免了货物流分散化后失去对全球贸易的主导能力。除了交易市场外,香港大力发展的离岸贸易,也是以货物为服务对象,但更多体现的是采购、订单和结算等服务的国际竞争力,2017年香港离岸贸易中服务活动价值占比约为11%,企业通过从事离岸贸易获得毛利率约为6.5%,提供贸易服务获得佣金率为7.1%。此外,研发、维修等服务贸易的发展,也主要以提高货物贸易的增值能力为主要目标。

表4.2　　2005~2016年全球制造业出口增加值中服务比重　　单位:%

年份	总比重	国内服务比重	国外服务比重
2005	29.69	18.21	11.48
2006	29.67	18.13	11.54
2007	29.89	18.37	11.52
2008	29.91	18.42	11.49
2009	30.42	19.57	10.85
2010	29.62	18.53	11.09
2011	29.48	18.19	11.29
2012	29.43	18.39	11.04
2013	29.91	18.86	11.05
2014	30.24	19.17	11.07
2015	30.32	19.56	10.76
2016	30.67	20.01	10.66

资料来源:根据OECD数据库TiVA 2018年版数据整理。

二是数字贸易发展使国际贸易中心城市获得更为广泛的全球连接能力。数字贸易为主要可以分为两类:一类是基于互联网交易和传输的货物贸易,也就是国内通常所称的跨境电子商务;另一类是基于互联网交易和传输的服务贸易,其典型特征是商品和服务依托互联网进行跨境交易或传输。数字贸易的发展对货物贸易和服务贸易既有替代效应也有创造效应,例如,原先以CD为载体进行跨境贸易的程序、技术,以印刷品为载体进行跨境贸易的书籍、报纸等,可以通过互联网进行跨境传输,这是对货物贸易的替代效应。这些商品的典型特征是可数字化,而且随着3D打印技术的成熟,可数字化的商品类别会越来越多,而相应地体现在货物贸易中的份额则呈现逐渐减少的趋势。根据世贸组织(WTO)公布的可获得统计数据,2000年可数字化商品进口额、出口额分别约为 1370 亿美元、1130 亿美元（见图 4.2），分别约占总进口额、出口额的 2.86%、2.6%，随着数字贸易规模和占比的不断提高，自 2012 年起可数字化货物贸易规模逐步下降，2016 年进口额和出口额占比降到不足 1%。互联网传输的便利化，使原先通过货物贸易形式开展的程序、技术、书籍等更加容易传输和扩大贸易规模，这是贸易创造效应。而原先只能通过商业存在形式实现的金融、保险、支付等服务贸易，可以在互联网条件下完成。总体而言，数字贸易对全球贸易的规模价值并没有削弱，电信技术和互联网技术（ICT）革命引发的信息管理创新，使远距离协调复杂的活动变得更加简单、迅速、安全，服务的可分割、可存储和可贸易性越来越强，尤其在全球货物贸易增速趋缓的背景下，数字贸易高速增长，成为全球贸易的创新动力和发展潜力。根据 MGI（2016）的报告，2005~2014 年全球数据流增长了 45 倍，大大超过贸易流和资金流。从国际贸易中心的实践来看，数字贸易的发展使国际贸易中心的内容和边界得以拓展，尤其是伦敦获得了新的贸易内涵。

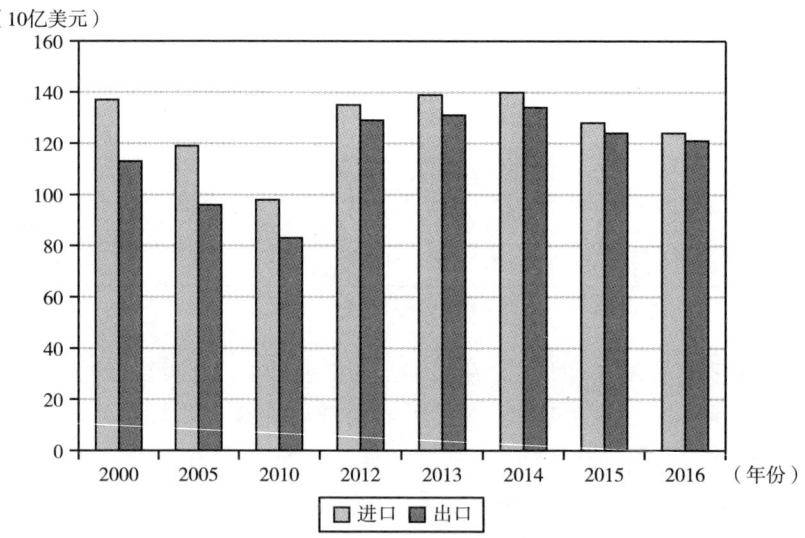

图 4.2　2000~2016 年全球可数字化商品贸易变动情况

资料来源：WTO《2018 年世界贸易报告》。

（二）上海国际贸易中心贸易内容创新路径

进口博览会是国家在上海搭建的国际性经贸和会展平台，为参展国产品进入国内市场提供了重要的窗口。上海国际贸易中心建设的重要使命重点要解决服务贸易和数字贸易发展的制度"瓶颈",凸显贸易服务能力,促进展品变商品。

一是逐步形成服务贸易的监管模式。服务贸易主要分为两类:一类是无形的贸易,另一类是与有形货物相关的贸易。数字技术的发展,使服务和货物的边界越来越模糊,也使与有形货物相关的贸易范畴越来越大。无形的贸易主要涉及外汇支付,正常的贸易行为已经不受到限制,目前主要是与有形货物相关的服务贸易监管一直未形成明确的制度。进口博览会在上海举办,进一步确立了上海作为中国最大贸易口岸的地位。随着制造功能的转移,上海外贸发展并不是主要服务于本地生产和消费,而是服务于长三角和全国甚至是亚洲区域和全球市场,由此形成了大量与货物流动相关的服务贸易发展,如研发、维修、会展等服务贸易。对于研发、会展、拍卖、维修、演艺等服务贸易中涉及的试剂、仪器、展品、艺术品等物品通关不畅的问题,采取主体资格备案、电子底账管理和后续核查稽查叠加的贸易监管模式,以企业信用等级为基础,实行分类管理。对于离岸贸易和转口贸易等,核心是解决货物流、资金流和信息流三流分离以后海关如何有效监管的问题。上海自贸试验区成立以后,试点的货物状态分类监管允许非保税与保税货物、国内采购和境外采购物品一同参与集拼、分拨,有效解决了离岸贸易、转口贸易和国内外分拨业务的监管问题。但是由于试点政策的时效以及试点主体的数量限制,并没有成为推动离岸贸易和转口贸易发展的常态化制度安排。建议积极争取在上海自贸试验区外有条件的企业复制推广,对全球采购、全球分拨企业推进货物状态分类监管制度。根据对新业务新模式监管的"包容审慎"原则,以单个企业复制推广为主,不从某个区域层面突破,以便于监管部门控制风险,提高复制推广的成功率,探索形成畅通高效的运作模式,推动离岸贸易和转口贸易规模化发展,释放上海贸易服务的优势和潜力。

二是探索兼顾安全和效率的数字贸易监管模式。首先,完善数字基础设施。上海要依托亚太电子口岸建设,加快5G布局,拓宽带宽,提高数字网络连通效率。其次,满足数据存储空间要求。由于我国数据本地化要求,数字企业发展还要建设一定规模的大数据中心,以满足海量数据存储需求。建议要先破除对大数据中心的错误认识,如能耗高、占地大、实际经济贡献小。数据本地化要求下,大数据中心是数据采集、国内外连接及分析中心,数字企业的发展必须依赖大数据中心的发展,即便是香港,也拨出柴湾和将军澳大幅地块发展高端数据中心,因此,上海产业规划布局中应留出一定的大数据发展空间。再次，跨境传输是数字贸易可贸易的前提。数字跨境传输需要依赖于一定的基础设施和监管制度。例如，宽带、互联网、物联网、区块连等是数字跨境传输的基础技术支撑，数据安全、数据产权等是数字贸易的制度基础。目前上海数字基础技术支撑已经具备，包括网络、信息、通讯、互联网、物联网、区块链、智能机器等，是建立安全的数字跨境传输的监管制度。在此可以参考负面清单管理模式，建议将与以下内容列入负面清单：(1) 意识形态有关的数据；(2) 公民以及客户的身份、交易等敏感信息；(3) 政府采购、机密信息，如国防和情报档案；(4) 有关数据存储、传输和处理的相关数据等。其他领域数据可以根据开放的进度进行动态调整，如可以放开目前市场化程度已经较高的旅行服务、职业教育，以及会计、建筑设计、工程咨询、资产评估、支付交易等专业服务数据的跨境传输。最后，提高知识产权保护和数据反欺诈能力，推动大数据尤其是非秘密大数据向社会开放，以推动企业创新发展。

四、全球贸易网络的演变和上海国际贸易中心网络建设路径

(一) 全球贸易网络的演变

全球价值链分工跨越发达国家和发展中国家，发达国家将非核心的制造业和服务业剥离，通过更专业化的分工获取更高利润。发展中国家，通过融入价值链，获得更加先进的知识、技术和管理经验，获得更有效率的经济发展路径[①]，因此形成了以北美、欧洲和亚洲为核心的价值链和贸易网络，催生纽约、伦敦、东京、新加坡、香港和上海等贸易节点城市，而区域贸易地位决定了这些国际贸易中心城市在全球贸易网络节点中的地位。中国、韩国、日本、印度等亚洲国家以美国、德国、英国为主要伙伴，所以亚洲、北美和欧洲价值链又呈交错状态（鞠建东，2018）。由于美国、德国跨国公司主导了研发、创新、商业等价值链的核心，在货物中间品贸易中，中国、美国、德国和日本是主导者，但是在服务中间要素品贸易中，中国和日本地位较低。美国是全球服务中间品要素的最大贸易国，并且以欧洲为主要贸易伙伴（Baldwin and Lopez Gonzalez，2014），因此，北美和欧洲在全球价值链中居主导地位，并体现出伦敦、纽约等国际贸易中心城市的地位，这些中心不仅掌

---

① https://www.jfdaily.com/news/detail?id=98261.

握了全球大宗商品交易的定价权,并且在全球服务、数字贸易等新兴领域也居于主导地位,所以纽约、伦敦等城市在全球贸易网络中具有更高的话语权。

亚洲区域价值链的形成和发展,使东京、新加坡、香港以及上海在全球贸易中心的地位越来越突出,而亚洲价值链仍然是以制造为主,这些城市主要以货物为主,并且形成了货物贸易网络连接的格局。大量的研究认为全球货物贸易将呈现分散化发展态势,但是新加坡、香港、上海不仅获得了服务贸易的发展机遇,其作为货物贸易中心的地位也得到巩固或抬升。如果根据国家/城市贸易占全球贸易的比重进行排名,2017年上海、香港和新加坡等国际贸易中心城市都能排在全球货物贸易前20名(见表4.3),上海和香港两个城市排名较2006年有所提高。这说明区域价值链的贸易内容决定了国际贸易中心城市的贸易内容和产业基础,与伦敦和纽约的贸易内容相比,货物贸易仍然是支撑香港和新加坡全球贸易的主要内涵,服务贸易的发展也主要体现在为货物贸易流动提供支撑上。

表4.3　　2006年、2017年国家/城市在全球贸易排名变动情况

排名	2006年				2017年			
	国家/城市	服务贸易占比(%)	国家/城市	货物贸易占比(%)	国家/地区	服务贸易占比(%)	国家/地区	货物贸易占比(%)
	世界	100.00	世界	100.00	世界	100	世界	100
1	美国	13.39	美国	12.23	美国	14.16	中国	11.48
2	德国	7.28	德国	8.67	中国	7.47	美国	11.07
3	英国	7.26	中国	7.22	德国	6.74	德国	7.31
4	日本	4.46	日本	4.82	英国	6.07	日本	3.83
5	法国	4.27	英国	4.34	法国	5.26	荷兰	3.43
6	意大利	3.51	法国	4.22	荷兰	4.61	上海(口岸)	3.28
7	中国	3.40	意大利	3.55	爱尔兰	4.14	法国	3.24
8	西班牙	3.26	加拿大	3.17	日本	4.03	中国香港	3.19
9	荷兰	3.24	荷兰	3.09	印度	3.63	英国	3.05
10	爱尔兰	2.68	中国香港	2.72	新加坡	3.60	韩国	2.94
11	加拿大	2.35	韩国	2.69	比利时	2.53	意大利	2.68
12	新加坡	2.32	西班牙	2.29	意大利	2.42	加拿大	2.41
13	印度	2.27	比利时	2.17	瑞士	2.38	墨西哥	2.35

续表

排名	2006年 国家/城市	服务贸易占比（%）	国家/城市	货物贸易占比（%）	2017年 国家/地区	服务贸易占比（%）	国家/地区	货物贸易占比（%）
14	韩国	2.24	墨西哥	2.13	西班牙	2.31	比利时	2.33
15	比利时	1.99	新加坡	2.12	韩国	2.25	印度	2.09
16	中国香港	1.94	俄罗斯	1.96	上海	2.10	新加坡	1.96
17	丹麦	1.72	中国台湾	1.77	加拿大	2.07	西班牙	1.88
18	瑞典	1.54	瑞士	1.22	卢森堡	1.92	阿联酋	1.76
19	卢森堡	1.42	印度	1.22	阿联酋	1.67	俄罗斯	1.65
20	奥地利	1.40	马来西亚	1.19	俄罗斯	1.57	中国台湾	1.61

注：由于不能获得伦敦、纽约服务贸易数据，因此这两个城市没有参与全球服务贸易的排名。
资料来源：根据WTO数据库资料整理。

新形势下，美国政府策动的贸易争端打乱了跨国公司全球价值链部署，投资的区域结构面临重构，并进一步体现为全球价值链区域格局的变化，欧洲取代美国成为国外附加值的主要贡献地区，东亚和东南亚国家成为发展中国家价值链中国外增加值的主要贡献者。另外，从全球多边和双边贸易投资规则的格局来看，为了应对美国贸易争端，欧盟和日本签署自由贸易协定，中国和欧盟商讨签订投资协定，这将突出欧洲和亚洲在全球贸易区域格局的地位，因此欧洲、亚洲等国际贸易中心城市在全球贸易网络节点中的地位和作用也将面临调整，未来可能出现的趋势是亚洲、欧洲的贸易中心城市之间的网络连接度将提高，在内容上除了体现为货物贸易外，服务贸易和数字贸易的重要性也会日益提升。

（二）上海国际贸易中心网络建设路径

首届进口博览会上，习近平总书记宣布将支持长江三角洲区域一体化发展并上升为国家战略。长三角区域是我国融入经济全球化程度比较高的地区，上海国际贸易中心的网络半径也不单单是服务于自身发展，而是需要发挥服务长三角区域的贸易发展，建立内向的贸易网络，才能持续发挥贸易中心功能。进口博览会以及"虹桥国际经济论坛"在上海举办，全球共商共议、共谋发展、共解难题，打造一个包容开放交流合作的经贸对话新平台，将推动上海国际合作的领域拓宽、层次加深，上海国际贸易中心应抓住该机遇，构建更深、更宽的外向的贸易网络，提高对全球贸易资源的集聚能力。而内向的贸易网络和外向的贸易网络的联通的实现，才能真正发挥上海作为全球贸易枢纽城市地位。

一是以进口为突破口、推动建立覆盖至长三角区域的上海国际贸易中心内向贸易网络。纽约、伦敦、新加坡和香港等城市贸易服务的范畴都不是城市自身，而是具有一定半径的周边城市群。在改革开放40年过程中，长三角区域还未形成统一的大市场，企业通过在各地成立分支机构来分散市场化风险，经营中遇到工商登记、税收管理、运输等各类问题更使长三角区域市场分割问题更加凸显，因此难以形成有效的区域集聚能力参与到全球贸易网络。进口博览会举办之后，长三角区域市场一体化上升为国家战略，这给上海国际贸易中心内向贸易网络延伸带来了契机。长期以来，上海口岸以地理位置优、基础设施好、配套服务全等因素，成为长三角地区乃至全国商品通向世界的窗口，也是全球商品进入中国市场的通道，可以进口市场一体化为突破口，推动上海国际贸易中心内向贸易网络的形成，其路径可以口岸通关、市场协同等为抓手实现突破。

（1）提高上海国际贸易"单一窗口"区域服务能力。围绕海港、空港和数据港实现三通，服务于长三角区域制造业进口、消费进口市场发展。从出口地交货开始，跟踪全球船舶、货运飞机等动态，将相关数据与上海口岸进出口货物信息进行整合，实现"通关＋物流"的全流程可视化和即时查询。在保持港口设施、口岸运作等优势的基础上，提高口岸货代、物流、金融、保险、批发零售等贸易专业服务效率，发挥数字联通、新技术应用、供应链创新、数据洞察和云端服务的作用。全面覆盖长三角区域港口，以及自贸试验区、出口加工区、综合保税区、保税仓库等具有口岸功能的海关监管区和监管场所，形成效率高、覆盖面广的上海国际贸易"单一窗口"区域服务能力。

（2）建立互联互通的进口交易市场。在美日等国家的进口贸易结构中，进口仍然以服务生产环节的需求为主，原材料和中间制成品进口约占一半以上。我国在不断扩大消费品进口、满足人民群众高品质生活要求的同时，仍然要以推动我国制造业的转型升级，并且避免扩大进口对产业竞争力的"破坏性"作用。因此，首先，建设一批覆盖生产和消费的进口交易市场。随着上海本地进出口规模的下降，建议上海要充分发挥货物服务优势，加快推动包括大宗商品、中间品和消费品在内的各类进口商品交易市场建设。在进口交易市场标的物的选择上，不仅要瞄准能源资源、农产品等大宗商品，推动定价机制的形成，还要服务于我国高端生产制造所需，建立智能及高端装备

（如机场设施、高铁装备）、人工智能、生物医药等进口生产资料和技术交易市场以及医疗、健康、宝玉石等消费品进口交易市场。其次，完善包括保税、仓储、分拨、支付、结算、营销、追溯、售后等政策和功能配套。重点探索保税展示模式在进口交易市场中的运用，包括保税监管平台和交易市场之间的流动机制、定价机制、完税机制。再次，还要抓住数字经济发展的前景，适应交易平台的数字趋势，探索线上和线下平台资源有效联动、互动，推动海量交易数据的挖掘、延伸和应用。最后，培育市场主体力量打破市场壁垒。跨国公司的发展推动了经济全球化和全球市场的统一，长三角区域进口市场的一体化也需要一批跨区域、跨领域市场主体的推动，以企业主体的内外连通能力，突破市场的分割状态。鉴于此，应研究制订长三角一体化示范区贸易总部企业培育计划，以主体信用为监管原则，提供政策供给、放宽市场准入、支持开放创新、完善金融支持，形成能够推动长三角进口市场一体化的贸易总部企业培育动力源。

二是上海国际贸易中心外向贸易网络拓展至全球贸易合作伙伴城市。进口博览会除了国家展、企业展外，城市贸易投资促进活动也是其中一个方面，参展城市围绕进口博览会开展的活动，将进一步强化上海与全球城市之间的经贸网络关系。上海可以借此机会，与全球城市、国际贸易中心城市、港口城市等建立贸易合作伙伴关系，突出城市作为全球经济单元的作用，成为国际经贸新格局下贸易投资活动的新通道。

（1）深化友城经贸合作模式。发挥友城关系在全球连接中的主导地位，重点以进口博览会参展国城市为目标，增加上海友好城市合作范围，扩大友好城市合作网络。友好城市的合作机制主要包括政策沟通、设施联通、贸易畅通、资金融通，政策沟通主要是形成贸易投资合作框架制度和安排，设施联通包括海运、空运、铁路等口岸畅通，贸易畅通主要是促进双方扩大货物贸易、服务贸易和数字贸易之间的合作，资金融通重点是围绕贸易开展，增加双方金融机构之间的合作。经贸合作的领域不仅包括制造业，还要推动会计、法律、咨询、金融、旅游、运输等领域合作。友城经贸合作的主体，除了政府外，还要加强中介机构和企业之间经贸往来，通过专业研讨会、论坛、座谈会、洽谈会等形式，侧重供需谈判。

（2）打造贸易性机构集聚空间。各城市一般都设立贸易投资促进机构，虽然不直接参与全球产业链、供应链和价值链活动，但是其存在的广泛性和多样性，以及庞大的数量特征，对全球贸易产生了全面而又深入的影响，使其聚集地城市活动边际得到了拓展。最明显的表现即为，贸易性机构带来的各种国际会议、展览和活动的召开，为城市贸易发展不断注入新活力和新边界。进口博览会举办以后，境外贸易商会、协会、促进机构落地需求明显，上海依托大虹桥地区，抓住进口博览会契机，建设标志性的贸易性机构集聚空间，制订相关政策，通过贸易性机构的连接能力推动城市之间贸易网络的联通。

第二节　联动长三角服务全国辐射亚太的进口商品集散中心研究[①]

发挥进口博览会溢出带动效应，加快建设联动长三角、服务全国、辐射亚太的进口商品集散中心建设是上海发挥进口博览会溢出效应的重要抓手。

一、打造联动长三角服务全国辐射亚太的进口商品集散中心的意义

一是我国进一步扩大开放、实施积极的进口促进战略的需要。进口博览会由我国主办、全球各国参与，是推动全球包容互惠发展的公共产品，构建人类命运共同体的中国方案，充分体现了我国支持多边贸易体制、发展自由贸易的一贯立场。进口博览会同期还举办了虹桥国际经济论坛，全球共商共议，共谋发展，共解难题，打造一个包容开放交流合作的经贸新平台。上海打造进口商品集散中心，是贸易便利化等制度完善和创新路径，是推动我国进口持续扩大的必然选择，是实现我国在进口博览会和虹桥国际经贸论坛发出的更高层次、更宽领域和更全方位的开放声音的具体实践。

二是长三角市场一体化战略的需要。进口博览会常态化的举办，预计将推动中国进口商品和服务在未来15年分别超过30万亿美元和10万亿美元，这将需要专业有效的促进平台和流通渠道，推动进口商品进入我国的生产和

[①] 本节得到2019年上海市政府发展研究中心重点决策咨询课题《借助进博会将上海打造成为联动长三角服务全国辐射亚太的进口商品集散中心研究》资助。

消费领域，实现进口博览会增加市场供给、丰富市场选择的效应。上海打造进口商品集散中心，为参展商及优质商品进入中国市场提供全方位、多渠道、多模式的市场促进服务，有助于进一步发挥进口服装、汽车、医疗器械、化妆品、加工食品、肉类、食用水生动物的最大口岸作用，通过培育对外连接国际市场、对内辐射长三角的贸易主体，带动长三角进口市场发展，推动长三角区域市场一体化形成。

三是上海经济发展动能转换的需要。进口博览会的举办，充分体现我国构建"人类命运共同体"的大国担当，是我国坚定不移推进新一轮高水平对外开放的政策宣誓。我国以更加自信、更为积极的姿态向全球扩大市场开放，在更大范围、更宽领域、更深层次上发展开放型经济。改革开放40年以来，出口导向型经济是上海经济发展的主要模式，上海打造进口商品集散中心，更加注重资源引进和自主创新相结合，是全球经贸新形势下上海经济发展动能转换的需要，即从出口导向型经济向内需主导型经济转变的重要标志。

四是提升上海城市能级和核心竞争力的战略需要。进口博览会搭建了享誉全球的开放式合作平台，国际国内交流进一步密切，上海获得了更为广泛和显著的国际影响力。上海打造进口商品集散中心，使全球最大贸易口岸城市地位得到巩固，有助于推动上海国际贸易中心枢纽功能的形成，航运市场话语权的发挥，以及人民币定价、支付和结算功能的实现。上海打造进口商品集散中心，有助于推动全球更多的新商品、新技术在进口博览会展示、交易和转化，推动上海经济和科创中心建设，从整体上提升上海城市能级和核心竞争力。

二、打造进口商品集散中心的国际经验借鉴

一方面，全球生产的碎片化使中间品贸易成为全球贸易的主导，进口和出口同步发展；另一方面，当通过出口换汇获得产业和经济发展能力后，出口导向型城市通过境外购买生产资料摆脱资源"瓶颈"约束，推动了大宗商品进口，通过离岸外包获得更加有效率生产供给和更高地位的产业分工，推动了中间品进口贸易的发展，通过购买海外更加丰富多样的生活品，使消费品进口规模大幅提升，以进口来摆脱低端制造分工，因此，进口导向城市与出口导向型城市发展相伴相生，都是全球贸易的表现形式。进口商品集散中心是城市作为全球贸易网络化、节点化、枢纽化的体现。打造进口商品集散

中心，要基于当前全球贸易形势特征，判断纽约、伦敦、新加坡和香港等全球城市进口贸易发展趋势，在进口博览会持续举办的大背景之下，找出进口商品集散中心的主体、内容和网络等内涵，形成上海进口商品集散中心的路径突破。

三、打造进口商品集散中心的基础、优势和"瓶颈"

（一）基础

1. 上海本地进口规模和地位

以人民币计价，"十二五"以来，上海市进口规模呈现稳步增长，从2011年的14703.2亿元增长至2018年的20343.1亿元，占全国进口的比重从13.0%波动上升至14.4%，2016年占比最高，为15.8%，上海市进口贸易额在全国各省区市中自2011年起超越江苏处于第三的位置，仅次于广东、北京，并在2016年、2017年超越北京位居全国第二；年均增速达5.4%，高于同期全市出口年均增速2.9个百分点，低于同期全国进口年均增速0.2个百分点（见图4.3）。上海市"十二五""十三五（2016～2018年）"进口年均增速分别为4.6%、6.7%，分别高于全国进口年均增速2.1个、-4.1个百分点，上海市进口在"十二五"期间年均增速高于全国。

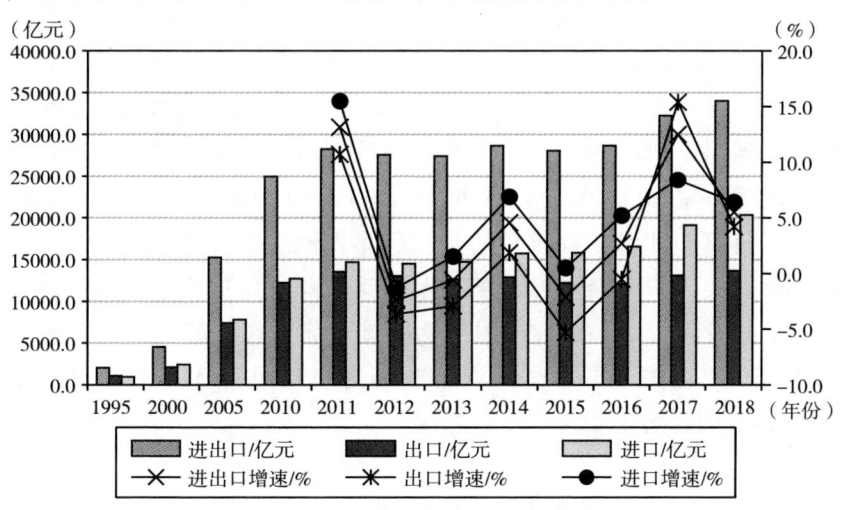

图4.3 上海市进口贸易规模及增速情况

资料来源：上海海关网站。

以美元计价，上海市进口规模从2011年的2276.5亿美元增长至2018年的3084.8亿美元，年均增速达6.6%，高于同期全市出口年均增速4.6个百分点，高于同期人民币计价年均增速1.2个百分点（汇率变动因素）；上海市"十二五""十三五（2016~2018年）"进口年均增速分别为6.5%、6.8%，分别高于全国进口年均增速2.0、-2.1个百分点。总体来看，"十三五"以来虽然上海市进口年均增速有所上升，但低于全国年均增速水平，这与上海市进口基数高、加工制造业转移、全国其他城市之间的竞争等有关。

2. 上海本地进口商品结构

上海市进口因商品归类范围调整等因素导致商品结构数据口径不一致，分2011~2014年、2015~2018年进行分析。

（1）2011~2014年。

2014年，机电产品、资源/能源和大宗原材料和消费品这三大类商品占上海市进口的74.1%，占比分别为54.3%、17.4%和2.5%；另外，主要商品种类还包括如农产品（4.7%）、纺织服装（2.4%）、其他（18.8%）。①机电产品。机电产品进口占比呈现下降态势，占上海市进口规模比重从2011年的56.3%下降至2014年的54.3%（2005年占比高达64%）。其中，集成电路、自动数据处理设备及部件是机电产品进口排名前三位的产品。②资源、能源和大宗原材料。资源、能源和大宗原材料进口规模略有下降，占上海市进口比重从2011年的2.9%下降至2014年的2.5%。而大口径的大宗商品进口规模占上海市进口比重从2011年的18.7%下降至2014年的16.2%，前六位主要进口的大宗商品是未锻造的铜及铜材、铁矿砂及其精矿、初级形状的塑料、成品油、钢材、铜矿砂及其精矿。③消费品。进口消费品占比逐年提升，占上海市进口比重从2011年的12.0%上升至2014年的17.4%。2014年，上海主要进口消费品前6种依次为交通运输类、医疗保健类、食品烟酒类、衣着鞋帽类、家庭设备类以及日化用品类。从具体商品分析，汽车、医疗保健品、服装及附件始终排名前三位，2014年，上海口岸进口整车为209.3亿美元，占全国汽车整车进口比重为34.4%，仅次于天津（35.6%），全国排名第二位。

（2）2015~2018年。

2018年，上海市机电产品、高新技术产品、消费品、资源/能源和大宗原材料、农产品这五大类商品占到全市进口的46.8%，占比分别为22.8%、15.7%、4.5%、2.4%和1.4%。①机电产品。机电产品进口主体是以外企为主的生产代工企业，随着近几年的产能转移，机电产品进口呈现逐年下降的态势，占全市进口规模比重从2015年的28.4%下降至2018年的22.8%。其中，集成电路、计量检测分析自控仪器及器具、自动数据处理设备及其部件是机电产品进口排名前三位的产品。②资源、能源和大宗原材料。近几年，资源、能源和大宗原材料进口贸易增长较快，从2015年的131.3亿元增长至2018年的497.3亿元，占全市进口比重从0.8%上升至2.4%。2018年主要进口的资源、能源和大宗原材料是矿物油、有色金属初级产品、金属矿砂、煤，除金属矿砂量价齐升外，其他三种均是量价齐降。③消费品。进口消费品占比基本保持稳定，占全市进口比重从2015年的4.8%（由于归类范围和统计口径原因，其占比从2014年的17.4%骤降至4.8%）微降至2018年的4.5%。从进口消费品结构看，中高端消费类所占比重较高，医药品、医疗仪器及器械、汽车零件排名前三位。

3. 上海本地进口来源地结构

2018年，上海市主要进口来源地为欧盟（28国）、东盟、日本、美国、韩国、中国台湾、瑞士、澳大利亚，进口额分别为4635.5亿元、2525.9亿元、2377.4亿元、1935.2亿元、1309.4亿元、1289.4亿元、1221.5亿元、1104.1亿元，占全市进口比重分别为22.8%、12.4%、11.7%、9.5%、6.4%、6.3%、6.0%，中美贸易摩擦升级以后，该结构又发生调整，自美进口呈现明显下降，占比为9%，而欧盟、东盟占比提高至24.2%、13.4%（见图4.4）。

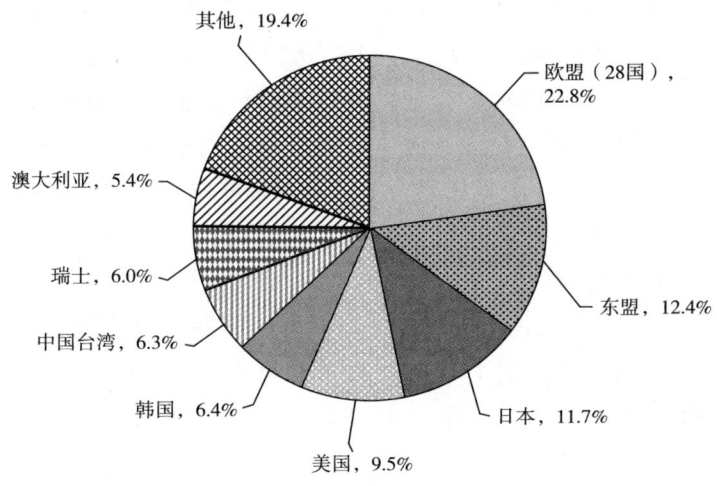

图4.4　2018年上海市进口来源地结构

资料来源：上海海关网站。

4. 上海本地进口海关报关情况

2018年,上海市进口在本地海关报关的货值为16795.3亿元,增长6.6%,占全市进口总值的82.6%,较2015年占比下降1.2个百分点,上海市进口在本地海关报关进口比重下滑。同期,上海市进口在异地海关报关的货值为3547.8亿元,增长5.6%,占全市进口总值的17.4%,较2015年占比上升1.2个百分点,上海市进口在异地海关报关比重有所上升。其中,在南京海关报关货值为592亿元,增长8.6%,是上海市进口最大的异地报关关区,其次是黄浦海关、天津海关;而在西宁海关、银川海关、合肥海关等报关进口货值增长很快,增幅分别高达10923.1%、464.7%、419.0%。该趋势进一步说明,全国的其他口岸和城市的口岸基础设施和贸易便利化水平进一步提高,上海本地企业货物进口的离散化趋势也开始呈现。

5. 上海口岸进口情况

2018年,上海口岸货物贸易进出口总额85317亿元,占全国的27.9%,居全国第一位;进口额36403.1亿元,占全国的25.8%。其中,本地企业经上海口岸进口的货值占比为55.9%,外省区市企业经上海口岸进口的货值占比为44.1%,较2015年上升2.3个百分点,较"十二五"末上海口岸辐射和集聚作用有所增强。在本地报关并经上海口岸进口的货值占比为74.1%;同期异地报关并经上海口岸进口的转关运输货值占比为25.9%,较2015年下降1.4个百分点。

2017年,上海口岸进口高新技术产品1.23万亿元,占口岸进口总值的36.8%。集成电路进口5624.5亿元,占口岸进口总值的16.8%;计量检测分析自控仪器及器具进口1004.2亿元,占口岸进口总值的3.0%。同期,未锻轧的铜及铜材进口1407.9亿元,占口岸进口总值的4.2%;汽车和医药品分别进口1219.7亿元和1061.3亿元,分别占口岸进口总值的3.6%、3.2%。

2017年,上海口岸对最大贸易伙伴东盟进出口1.58万亿元,占口岸进出口总值的19.9%。其中,出口8570.2亿元,占口岸出口总值的18.6%;进口7183.1亿元,占口岸进口总值的21.5%。同期,对美国进出口1.45万亿元,占口岸进出口总值的18.3%;对东盟进出口9529.4亿元,占口岸进出口总值的12%;对日本进出口8224.8亿元,占口岸进出口总值的10.4%。[①]

---

① 上海口岸进口商品结构和来源地数据摘自《2017年上海口岸发展报告》。

从上海口岸与上海本地进口的结构来看，随着上海本地制造业规模的降低，与之相关的机电等中间品进口逐渐减少，而消费品进口规模和占比不断增多。但是上海口岸仍旧服务于长三角以及全国腹地的生产制造，高新技术等制造机械和中间品占比相对较高。

（二）优势

1. 全球重要的制造基地和消费市场的腹地的优势

伦敦、纽约、新加坡、香港等作为区域的进口中心，都拥有一定的腹地资源，同样，上海打造进口商品集散中心的首要优势是长三角腹地，长三角地区以占全国 1/26 的土地、1/6 的人口，产出了全国 1/4 的国内生产总值、1/4 的财政税收、58% 的外资，消耗了全国 1/3 的进口贸易，是中国经济最发达、经济体量最大、综合竞争力最强的区域，是全球重要的制造业基地，尤其是上海、苏州、宁波、杭州和南京这五个城市，进口贸易占长三角 26 个城市群进口贸易总额的 80% 以上。"十三五"以来长三角地区进口增速超过全国，尤其是进口博览会后"三省一市"各类进口商品交易平台快速发展，助力我国进口规模持续提升（见图 4.5）。建设具有全球影响力的科创中心的创新需求与长三角腹地产业集群需求的结合，为推动上海打造进口商品集散中心创造重要的高新技术产品和技术引进的需求引擎。同时，上海是国际大都市，拥有较强的本地消化能力以及长三角地区消费腹地支撑作用，更好地发挥进口对满足人民群众消费升级的需求。

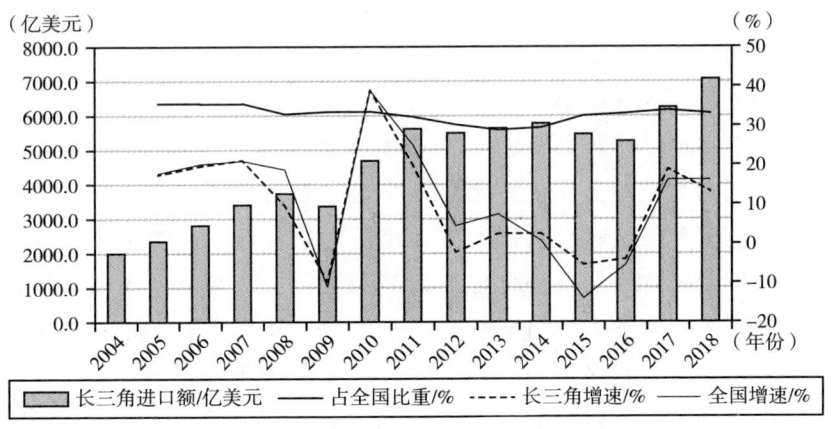

图 4.5　2004～2018 年长三角地区进口贸易情况

资料来源：上海海关网站。

2. 综合和专业进口商品展示交易的平台优势

目前，全国70%的服装、53%的化妆品、37%的汽车从上海进口销往全国各地。上海拥有综合保税区、保税物流中心等数十个海关特殊监管区，以及保税仓库等海关特殊监管区域；临港新片区、外高桥保税区还集聚了医疗器械、酒类、汽车、机床、化妆品、智能制造、文化等专业贸易平台，以及澳大利亚、智利、中东欧等国别地区商品中心，通过平台专业的服务，帮助全球商品、服务和技术顺利进入中国市场；上海还正在加快形成一批实现进口博览会溢出效应的进口平台，包括正在建设的虹桥进口商品交易中心、绿地全球商品贸易港等"6天+365天"交易服务平台。这些已经具有一定集聚效应和辐射效应的综合性和专业性的进口平台，是上海打造进口商品集散中心的突出优势。

3. 推动新型进口贸易发展的载体和制度优势

新型国际贸易是全球贸易发展的方向，是各国争夺经贸话语权的重点，是更具国际市场影响力和竞争力的特殊经济功能区建设的核心抓手。其中，以展示、研发、维修、租赁和再制造等为主的价值链贸易，主要附属于有形进口贸易，是国际贸易创新发展的重要内容。对标最高开放水平、最高国际标准，建设自贸试验区临港新片区，是我国进一步主动扩大开放、应对外部环境复杂变化的标志性举措，也是上海加快建设"五个中心"，显著提升城市能级和核心竞争力的重大战略机遇。临港新片区具有区位、功能、产业和主体集聚的基础，具备推进新型国际贸易发展所需的改革开放和创新发展的载体，以及面向未来发展的重要战略空间。

4. 高效率运作的口岸优势

目前，上海口岸货物贸易总额占全国的27.9%、全球的3.4%，该优势主要来自口岸的高效率运作：一是海港集疏运系统不断完善。上海港在航线数、覆盖面范围和集装箱航班密度方面都处于国际领先位置，洋山深水港已建设成为全球最大规模、自动化程度最高的港区。二是空港集散能力位居全国第一。近年来上海加大了与贸易伙伴城市之间开通直航，尤其是在"一带一路"沿线城市，推动了货机、客机腹仓带货空运业务发展，支撑了跨境电商进口、高技术高附加值货物进口。三是"国际贸易单一窗口"不断完善。上海"国际贸易单一窗口"于2014年启动，对标国际最高标准建立，目前已全面深化3.0版建设，形成了"监管+服务"10个功能板块，对接22个部门，服务28万家企业，成为长三角区域"国际贸易单一窗口"和上海打

(三)"瓶颈"

1. 全球贸易争端频发、技术引进难度加大

自2019年下半年以来,全球贸易冲突不断,包括中美贸易摩擦升级、美法数字税博弈、日韩信息通信领域技术竞争加剧,尤其是美国加大对我国技术出口管制。一是不断升级技术出口限制产业范围。2018年8月,美国参议院通过《出口改革管制法案》,发挥生物技术、人工智能和机器学习、定位导航和定时、微处理器等14个领域发布以中国为主的国家出口限制令,2019年5月14日,将此范围扩展到16个产业,对"中国制造2025"战略实施精准打击。二是精准实施主体准入和经营合作限制。美国加大利用外商投资审查等政策工具,限制我国企业通过并购、合资、合作等形式获取技术,还采取出口管制主体名单限制技术输出,包括华为、中兴、大疆、海康威视等企业,以及航天、军事、民用等领域科研院所。三是逐步扩大对自然人移动方式获取技术的限制。美国通过收紧留学、交流访问等签证,限制本国企业、高校国际人才交流和我国对美人才招募。从美国对我国技术围堵的路径来看,即便双边谈判取消加征关税,美国加速中美技术"脱钩"的主观意愿不会改变,自美国以及美国重要盟国进口技术的难度越来越大。

2. 长三角地区市场一体化还未形成合力

2018年首届进口博览会上,习近平总书记提出长三角一体化上升为国家战略后,长三角市场一体化开始推进,但是总体来看,市场一体化的障碍还较多。一是口岸功能差异化不足,各地区为提高本省区市的口岸进口规模,抢占进口资源,例如,各地口岸竞相发展红酒进口,其中相当大部分是口岸之间的规模转移,而并非增量提高;二是口岸之间的连通性不够,在通关一体化如口岸清关、转关运输、标准互认等方面还存在障碍,例如,企业反映不同海关之间信息还不能完全共享,存在重复查验的情况;三是同类进口商品主体需要在不同市场重复登记注册。企业需要通过在各地成立分支机构来适应本地化要求,工商登记、税收管理、运输等各类问题,使长三角区域市场分割问题更加凸显,因此难以形成有效的区域集聚能力参与全球贸易体系。

3. 进口博览会"展品变商品"效应未充分发挥

一是可变为商品的展品品类有限。根据《海关暂时进出境货物管理办法》,暂时进境货物通过口岸进口后,除在展会中少量消耗外,展会结束后原则上都应于我国海关规定的监管期限内原状复运出境,无法进入特殊监管区域内继续开展保税展示。二是展品可展示时间短。《海关暂时进出境货物管理办法》第10条明确,暂时进出境货物应当在进出境之日起6个月内复运出境或者复运进境。因特殊情况需要延长期限的,持证人、收发货人应当向主管地海关办理延期手续,延期最多不超过3次,每次延长期限不超过6个月。此外,区外商品展示的担保等手续繁杂、展品保税交易时货物申报方式不统一等现状,参展企业参与保税展示交易的难度大。三是展品通关流程烦琐。保税展示交易的展品查验率很高,每次都需要"一事一议"人工干预的方式放行,流程监管过于复杂。四是展品留购交易完税价格不合理。依据2014年的海关总署令第211号(《中华人民共和国海关审定内销保税货物完税价格办法》),保税展示交易展品发生留购时,海关要求按照柜台零售价来缴纳进口环节关税、增值税、消费税,会大大增加企业的成本,使保税展示交易模式的价格优势大大减弱。

4. 适应新型贸易发展需求的监管制度尚未形成

为了应对全球贸易主体、内容和网络的变化,掌握贸易的话语权和增值环节,抓住数字技术创新带来的机遇,美国、德国、日本等制造业和贸易大国,以及纽约、伦敦、新加坡和香港等国际贸易中心城市,通过贸易监管、税收、金融等制度创新调整,推动了新型国际贸易发展,包括转口贸易、离岸贸易、大宗商品交易,保税展示、研发、维修、租赁和再制造,以及技术贸易和数字贸易等。新型国际贸易在上海起步早、潜力大,包括研发、维修等价值链贸易,以及技术贸易、数字贸易等创新链贸易都是重要的贸易顺差部门,但是受到相关产业开放、贸易监管制度、金融监管制度,以及税收和总部政策制约,新型国际贸易发展仍处于探索阶段、发展潜力没有得到充分释放。例如,大宗进口商品交易需要的金融体系支撑不够,对标美国对外贸易区相关政策,附属有形进口货物的价值链贸易缺乏系统政策设计,重复进出境的监管、计价、征税政策不明确。再如,跨境电商进口保证金压力过大,跨境数据进口流动管理严格、知识产权保护机制尚不完善等。

总体而言,将上海打造成为联动长三角服务全国辐射亚太的进口商品集散中心已经具有比较好的基础和优势,目前面临的最大挑战包括:全球经贸争端的挑战、本地以及口岸贸易货物离散化挑战以及能够发挥上海服务辐射能力的新型进口贸易发展所需制度创新挑战。基于此,本章提出如下思路、路径和政策建议。

四、打造进口商品集散中心的总体思路和实施路径

(一) 总体思路

联动长三角服务全国辐射亚太的上海进口商品集散中心仍然要以商品进口贸易为核心，充分发挥上海世界级进口枢纽口岸规模作用。商品进口贸易重点体现在三个方面：一是上海发挥消费品进口口岸功能、不断扩大消费品进口、满足人民群众高品质生活要求；二是仍然要以服务生产制造领域的中间品、关键零部件和设备进口为主，提升长三角和我国的制造业能级；三是发挥有色金属、能源、化工类大宗商品交易市场作用，发挥为我国战略资源储备作用和提升大宗商品定价能力，服务于长三角区域、全国和亚太价值链运营。

围绕商品进口，要适应全球贸易内涵的发展，注重服务化和数字化赋能，利用临港新片区新型国际贸易发展的机遇，通过扩大开放、集聚主体、完善监管模式，提升上海口岸功能和能级，提升上海进口商品集散中心服务辐射能力。服务商品进口，深入推进进口贸易通道建设，借助进口博览会的举办，完善设施联通，推动"四位一体"的进口贸易通道体系，形成面向长三角、全国的进口市场通道，面向全球主要城市和地区的进口采购渠道。

(二) 实施路径

1. 推动进口主体形成集聚

进口博览会分国家贸易投资综合展和企业商业展，企业商业展有130余个国家和地区、2800多家企业参加博览会，15万国内外专业采购商到会积极参与采购交易。这些企业不仅包括装备制造业、生物医药、食品农产品等行业的跨国生产企业和贸易企业，还有保税仓储、检测认证、会展物流、供应链服务、展示销售、商务咨询、专业金融等服务提供商，以及贸易方式、管理理念、技术手段和服务模式创新的数字企业。进口博览会还邀请了世界贸易组织、联合国工业发展组织等国际贸易组织机构，以及参展国贸易促进机构。随着上海土地成本、劳动力成本、居住成本和生活成本的上升，以及上海产业规划等影响，上海很难再集聚大量的制造业企业，上海进口商品集散中心主体集聚要根据自身资源优势的调整，顺应跨国公司主体从制造业向服务和数字领域转变的趋势，以服务和数字领域跨国公司作为主要集聚对象，形成对制造主体增值和商品进口的赋能。

一是重点聚焦贸易相关服务企业。制造业的离散，会在一定程度上导致本地货物贸易的分流，为了避免上海贸易集散地位受到动摇，需要重点塑造贸易服务功能，通过连接生产和市场两端，体现上海对贸易集散的核心能力。贸易相关服务企业，包括为贸易提供服务的企业和能够产生跨境贸易的服务企业。从贸易相关服务企业范畴来看，基本覆盖了全球价值链的服务环节。服务作为全球价值链的重要投入要素，充分集聚全球价值链的增值主体，才能在全球价值链分工中获得更高的贸易收益，发挥在全球和区域贸易网络中的影响力。二是梯度集聚数字"金字塔"企业。数字主体的分布呈现"金字塔"型，底层主要是平台类企业，中间是提供软件支撑的数字企业，塔尖是提供硬件支撑的数字企业。平台类企业覆盖面广、数量多、创新快，有助于形成规模效应，平台类企业会衍生大量的交易数据信息，会带来大数据、云计算等基于数据挖掘的数字企业集聚，进口货物跨境交易平台还会带来物联网、区块链、软件服务和硬件支撑的数字企业集聚。上海数字主体的集聚应该顺着"金字塔"由下而上、梯度集聚。由于我国数字领域开放度不高，目前上海数字主体主要来源于国内企业，只有集聚具有跨国经营能力的主体，才能真正实现连接国内外两个市场、两种资源的目标。

2. 推动进口贸易内涵提升

进口博览会是国家在上海搭建的国际性经贸和会展平台，为参展国产品进入国内市场提供了重要的窗口。上海打造进口商品集散中心建设的重要使命重点要解决服务贸易和数字贸易发展的制度"瓶颈"，适应商品贸易和服务、数字化的不断融合，凸显贸易服务能力，丰富上海进口集散中心的内涵。

一是逐步形成服务贸易的监管模式。服务贸易主要分为两类：一类是无形的贸易，另一类是与有形货物相关的贸易。数字技术的发展，使服务和货物的边界越来越模糊，也使与有形货物相关的贸易范畴越来越大。无形的贸易主要涉及外汇支付，正常的贸易行为已经不受到限制，目前主要是与有形货物相关的服务贸易监管一直未形成明确的制度。进口博览会在上海举办，进一步确立了上海作为中国最大贸易口岸的地位。随着制造功能的转移，上海进口商品集散中心打造并不是主要服务于本地生产和消费，而是服务于长三角和全国甚至是亚洲区域和全球市场，推动形成了大量与服务相关的进口，如研发、维修、会展等服务贸易。

二是打造基于数字技术基础的各类进口商品交易平台。高品质消费品、高端装备、尖端技术和各类现代专业服务等是上海、长三角区域和我国产业发展中一直比较薄弱的环节,扩大进口在一定程度上会冲击这些产业的发展和就业。为了避免扩大进口对产业竞争力的"破坏性"作用,要将进口的压力转化为创新的动力,通过建立进口交易平台,鼓励建立自主创新体系,加快提高引进设备、技术和服务的消化吸收能力。

3. 推动进口贸易网络建设

首届进口博览会上,习近平总书记宣布将支持长江三角洲区域一体化发展并上升为国家战略。长三角区域是我国融入经济全球化程度比较高的地区,上海进口商品集散中心的网络半径也不仅仅是服务于自身发展,而是需要发挥服务长三角区域的贸易发展,建立内向的贸易网络,才能持续发挥进口集散中心功能。进口博览会以及虹桥国际经济论坛在上海举办,全球共商共议、共谋发展、共解难题,打造一个包容开放交流合作的经贸对话新平台,将推动上海国际合作的领域拓宽、层次加深,上海进口商品集散中心建设抓住该机遇,构建更深、更宽的外向的贸易网络,提高对全球贸易资源的集聚能力。而内向的贸易网络和外向的贸易网络的联通的实现,才能真正发挥上海作为全球贸易枢纽城市地位。

一是推动建立覆盖至长三角区域的上海进口商品集散中心内向贸易网络。进口博览会举办之后,长三角区域市场一体化上升为国家战略,这给上海进口口岸内向贸易网络延伸带来了契机。长期以来,上海口岸以地理位置优、基础设施好、配套服务全等因素,成为长三角地区乃至全国商品通向世界的窗口,也是全球商品进入中国市场的通道,可以进口市场一体化为突破口,推动内向贸易网络的形成,其路径可以口岸通关、市场协同等为抓手实现突破。

二是建设拓展至全球贸易合作伙伴城市的外向贸易网络。进口博览会除了国家展、企业展外,城市贸易投资促进活动也是其中一个方面,参展城市围绕进口博览会开展的活动,将进一步强化上海与全球城市之间的经贸网络关系。上海可以借此机会,与全球城市、进口商品集散中心城市、港口城市等建立贸易合作伙伴关系,突出城市作为全球经济单元的作用,成为国际经贸新格局下贸易投资活动的新通道。

五、打造进口商品集散中心的重点举措

(一) 深化双向投资为进口贸易夯实产业基础

充分发挥进口博览会投资沟通平台作用,增强双向投资力度,以投资夯

实贸易的产业基础，并通过优化产业投资结构，推动资源能源、制造中间品和最终消费品共同组成的货物进口贸易格局，以及劳动、资本和知识共同构成的服务进口贸易格局。

1. 发挥境外投资对进口的推动作用

一方面优化境外投资结构，推动形成区域贸易投资网络。鼓励境外投资企业并购国外优质科技研发类企业，加快先进技术设备及关键零部件的进口。鼓励商贸类企业境外投资，实现国内外市场协同发展，推动消费品进口。加快推进境外能源资源农业投资合作，建立长期、稳定、多元化的海外战略资源供应基地，支持境外能源资源回运。推动"一带一路"境外合作区建设，鼓励企业建立区域价值链网络，形成以母公司为核心的贸易投资网络体系，扩大中间制成品进口。另一方面以制造业境外投资带动服务出口。通过制造业境外投资带动铁路公司、公用设施公司等服务企业向海外拓展，扩大商贸服务、金融服务、专业服务等服务进出口。

2. 推动国际贸易主体的集聚

抓住进口博览会契机，汇集全球贸易和投资资源。鼓励跨国公司、全球各类大型知名采购商、高端装备和技术转移企业（含代理企业）以及运用先进技术手段和现代组织经营模式的新型贸易企业落地，从事贸易及相关配套服务，共同形成新的贸易网络。引进重量级与贸易和投资有关的国际组织机构，如积极争取联合国贸易和发展会议、世界贸易组织、世界贸易中心协会等国际组织设立亚太中心或亚太区域办事处，鼓励国外各类贸易促进机构、商协会组织、中介机构、贸易配套机构以及各类专业性服务机构新的汇聚，提升我国贸易服务能力，提高服务贸易国际竞争力。

（二）深化贸易促进为扩大进口提供市场通道支撑

进口博览会的举办，为参展国产品进入国内市场提供了重要的窗口，但是还需要进一步强化对进口商品和服务的推广，建设"6 天 + 365 天"进口交易市场和平台，推进进口商品和技术的创新转化，鼓励企业开展进口商业业态创新，发挥进口对我国生产效率提升和消费供给创新的作用。

1. 推动大宗进口商品交易市场建设

推进建设进口大宗商品交易中心，包括：结合产业发展趋势，准确定位大宗商品种类，做深上海期货交易所的交易品种，为其提供现货支撑，并形成良性互动。依托长三角及全国制造业优势，突出有色金属、能源、化工类产品的交易特色。坚持扬长避短，在矿石类大宗商品进口方面，以电子商务为主要手段,促进交易中心和物流中心相分离;做好前瞻性研究,积极培育废钢、稀土等未来发展潜力较大的市场领域;推进期货市场与现货市场互动发展,积极争取国际定价权,依托上海期货交易所已有的机制,在此基础上进一步丰富品种、强化服务、完善风险监控机制、优化政府政策体系;同时积极增强国际化能力,包括物流的国际化、资金的国际化、管理的国际化与参与者的国际化;进一步拓展大宗商品场外衍生品市场参与主体。逐步引导、探索建设沟通与联系场内外大宗商品类衍生品交易的系统化机制和产品。

2. 促进先进技术设备引进合作

一是加强与进口博览会参展国家、城市的科技合作,广泛关注进口博览会参展国和参展城市,摆脱我国技术引进的渠道依赖。强化知识产权保护执行力度,吸引全球企业在上海发布最新产品,以市场力量打破发达国家在高技术领域的进口封锁。积极顺应跨国公司在当地建立开放式创新生态系统的趋势,向参展外资科技企业开放国内科技创新研究合作项目,鼓励国内企业积极融入跨国公司开放式创新生态系统。降低进口技术设备的税收和成本,简化转让手续,鼓励大中型企业加快对先进技术设备引进、消化吸收和再创新。研究普惠性研发奖励政策,减少中小创新型企业成本,并且重点强调减少政策实施成本。二是建立专业领域的关键零部件和技术交易市场。根据进口商品特征,以及我国生产和消费所需,建立智能及高端装备(如机场设施、高铁装备等)、生物医药、医疗器械及医药保健技术产品、集成电路等技术交易市场。

3. 推动进口商业业态创新

进口博览会举办以后,继续加大对进口商业业态创新的支持。一是推动进口保税展示交易贸易监管制度的创新突破,包括推动更多具有市场渠道和零售业经营经验的企业成为保税展示交易的试点主体,制订保税展示交易的海关监管原则,税收征收的原则、标准和方法以及税收担保机制。二是大力发展进口跨境电子商务,集聚具有资源优势的跨境电商企业主体、跨境金融、跨境物流及其他相关服务企业,建立风险监测和商品追溯体系等,保障进口消费的安全。三是推动免税购物的发展。参照韩国、日本等模式,将购买对象扩大到离境前的本国居民,允许中国公民出境前在市内店购买免税品,出境时或者入境后在口岸隔离区内提货。解决在国际邮轮码头增设进境免税店的问题,对标著名国际消费城市,调整购物退税政策、操作流程和退税便利度。

(三) 深入推进进口贸易国际国内通道建设

要借助进口博览会的举办，完善设施联通，一方面是推动"四位一体"的贸易通道体系，优化与贸易合作伙伴之间的空中、海上、陆上、网上的基础通道；另一方面是推动我国进口贸易体制的改革，形成有效有序的制度通道。

1. 提高上海国际贸易"单一窗口"区域服务能力

围绕海港、空港和数据港实现三通，服务于长三角区域制造业进口、消费进口市场发展。从境外出口地交货开始，跟踪全球船舶、货运飞机等动态，将相关数据与上海口岸进出口货物信息进行整合，实现"通关+物流"的全流程可视化和即时查询。在保持港口设施、口岸运作等优势的基础上，提高口岸货代、物流、金融、保险、批发零售等贸易专业服务效率，发挥数字联通、新技术应用、供应链创新、数据洞察和云端服务。全面覆盖长三角区域港口，以及自贸试验区、出口加工区、综合保税区、保税仓库等具有口岸功能的海关监管区和监管场所，形成效率高、覆盖面广的上海国际贸易"单一窗口"区域服务能力。

2. 推动海空陆网跨境通道建设

不断提升国内国际海港、空港和铁路口岸连通性，提升流通基础设施承载力。发挥上海作为全球最大口岸贸易城市作用，加强国内重点口岸城市集疏运体系和航运服务体系建设，推进航空和水运口岸复合型枢纽建设，提高与"一带一路"节点城市之间的连通性。完善重点经贸合作区、物流园区和基地网络，加强海空港枢纽物流设施和多式联运能力建设，建设联接国内外的现代物流大通道。以进口博览会举办为突破口，重点加强网络通道建设，加快5G网络建设，实施贸易数据协同、简化和标准化，推动数字网络连通。

重点以进口博览会参展国城市为目标，增加上海友好城市合作范围，扩大友好城市合作网络。友好城市的合作机制主要包括政策沟通、设施联通、贸易畅通、资金融通。政策沟通主要是形成贸易投资合作框架制度和安排；设施联通包括海运、空运、铁路等口岸畅通；贸易畅通主要是促进双方扩大货物贸易、服务贸易和数字贸易之间的合作；资金融通重点是围绕贸易开展，增加双方金融机构之间的合作。经贸合作的领域不仅包括制造业，还要推动会计、法律、咨询、金融、旅游、运输等领域合作。友城经贸合作的主体，除了政府外，还要加强中介机构和企业之间经贸往来，通过专业研讨会、论坛、座谈会、洽谈会等形式，侧重供需谈判。

（四）深入推进适应服务和数字化发展要求的监管模式

1. 逐步形成服务贸易的监管模式

服务贸易主要分为两类：一类是无形的贸易，另一类是与有形货物相关的贸易。数字技术的发展，使服务和货物的边界越来越模糊，也使与有形货物相关的贸易范畴越来越大。无形的贸易主要涉及外汇支付，正常的贸易行为已经不受到限制，目前主要是与有形货物相关的服务贸易监管一直未形成明确的制度。进口博览会在上海举办，进一步确立了上海作为中国最大贸易口岸的地位。随着制造功能的转移，上海外贸发展并不是主要服务于本地生产和消费，而是服务于长三角和全国甚至是亚洲区域和全球市场，由此形成了大量与货物流动相关的服务贸易发展，如研发、维修、会展等服务贸易。建议积极推进货物状态分类监管制度，根据对新业务新模式监管的"包容审慎"原则，以单个企业复制推广为主，不从某个区域层面突破，以便于监管部门控制风险，提高复制推广的成功率，探索形成畅通高效的转运作模式，释放上海贸易服务的优势和潜力。

2. 探索兼顾安全和效率的数字贸易监管模式

一是完善数字基础设施。上海要依托亚太电子口岸建设，加快5G布局，拓宽带宽，提高数字网络连通效率。二是满足数据存储空间要求。由于我国数据本地化要求，数字企业发展还要建设一定规模的大数据中心，以满足海量数据存储需求。建议要先破除对大数据中心的错误认识，如能耗高、占地大、实际经济贡献小。数据本地化要求下，大数据中心是数据采集、国内外连接及分析中心，数字企业的发展必须依赖大数据中心的发展，即便是香港，也拨出柴湾和将军澳大幅地块发展高端数据中心，因此，上海在产业规划布局中留出一定的大数据发展空间。三是数字贸易依赖一定的基础设施和监管制度。例如，宽带、互联网、物联网、区块连等是数字跨境传输的基础技术支撑，数据安全、数据产权等是数字贸易的制度基础。目前上海数字基础技术支撑已经具备，包括网络、信息、通讯、互联网、物联网、区块链、智能机器等，未来重点是建立安全的数字跨境传输的监管制度。

（五）形成重点空间和区域支撑

1. 打造自贸试验区为辐射亚太的国家进口贸易创新示范区

一是做大做强一批进出口贸易平台。推动钻石珠宝、化妆品、医疗器械、豪华汽车等高端进口展销平台建设，做强外高桥红酒、机床、医疗器械等专业进口贸易平台，推动国别商品中心、全球商品直销中心、"一带一路"进口商品直销中心等进口业态发展。二是加快推进自贸试验区新片区贸易监管制度创新集成。借鉴国际上自由贸易园区的通行做法，实施外资安全审查制度，加大电信、保险、证券、科研和技术服务、教育等重点领域加大对外开放。打造集成电路、人工智能、生物医药、民用航空等产业集群。建立洋山特殊综合试验区，取消不必要的贸易监管、许可和程序要求，实施更高水平的贸易自由化便利化政策和制度，对标国际税收制度，大力发展附属有形货物进口的价值链贸易。推动要素自由化流动。探索外资数据中心准入制度，建立外籍人才工作许可、签证制度、交流访问和居留制度便利化安排，形成跨境贸易融资、资金管理、使用和结算的自由制度取消或最大限度地简化货物的管制措施，探索实施符合国际通行做法的金融、外汇、投资、税收和出入境管理制度，建立和完善金融和数据流动的风险防控体系。

2. 打造虹桥商务区为服务长三角和全国的国家进口贸易创新示范区

强化虹桥商务区枢纽平台功能，打造进口博览会溢出带动效应核心承载区。当好办好进口博览会的主力军，以建设虹桥国际开放枢纽、国际化中央商务区、国际贸易中心新平台为载体，增强服务长三角、服务全国、联通国际的枢纽功能。这其中包括三项：一是打造虹桥国际开放枢纽。支持虹桥商务区会同各区完善会展重大设施和交通配套，打造国际会展产业核心区。吸引国际贸易投资机构、国际商协会和知名国际论坛等入驻。支持国内外展商和采购商与国外投资机构在虹桥商务区开展活动。二是形成国际化中央商务区新功能。着眼服务进口博览会展客商交易需求，优化完善虹桥商务区金融保险、会议展览、研发创新、商贸流通、物流仓储、专业服务等综合服务功能，支持一批商事法律、贸易仲裁、咨询服务等专业机构落户。三是打造上海进口商品集散中心新平台。做大做强虹桥进口商品展示交易中心等一批功能性平台，在南虹桥保税物流中心开展保税仓储监管区块链应用试点，打造进出口商品物流集散枢纽。建设虹桥数字贸易跨境服务集聚区。构建跨境贸易管理大数据平台，实现进口贸易智慧通关新模式。

3. 打造长三角一体化示范区进口生产资料交易示范基地

长三角一体化示范区在"青嘉吴"地区，核心区域是浙江嘉善县西塘镇、姚庄镇，上海青浦区金泽镇，苏州昆山市锦溪镇、周庄镇和吴江区黎里镇。这些是我国重要的纽扣、丝绸、聚酯及涤纶短纤，以及装备制造、电子信息、食品加工、新材料、新能源和生物制药等产业基地，尤其是华为落户淀山湖，将进一步提升该地区的制造能级。基于示范区的定位和重要角色，建议打造跨区域一体化的进口生产资料交易示范基地，围绕瞄准世界科技前沿，加强国际对接，引进和采购关键技术设备，推动进口生产资料在区内流转，推进技术引进、消化和吸收，并推动创新效益进一步扩散。

六、打造进口商品集散中心的相关政策突破

（一）争取数字领域开放

一是适当放宽外资进入电信领域的股比限制。在离岸数据中心内，允许外商对电信业务100%持股，开展国外云计算服务提供商试点业务，可以不经过国家关口局的数据检查，但是需要保留对其数据的抽查权。二是试点部分领域跨境数据进口。放开目前市场化程度已经较高的旅行服务、职业教育、大宗商品交易和零售等交易数据跨境传输。在风险可控的前提下，放开学术、研发等领域数据跨境流入的管制。三是符合条件的企业可提供跨境数字贸易增值服务。允许特殊管理区内的局域网在与国内互联网物理隔断的情况下通过专用光缆直接连接国际互联网，符合条件的境内外企业在特殊管理区域内可以通过专用光缆直接提供跨境数字贸易增值服务。四是提高知识产权保护和数据反欺诈能力。推动大数据尤其是非秘密大数据向社会开放，以推动企业创新发展。更新知识产权司法保护理念，建立跨境数据流动下知识产权保护机制，合理平衡消费者权益、知识产权权利人利益和国家贸易政策，妥善作出侵权与否的认定。

（二）争取支撑进口市场发展的税收制度

一是分类制订总部优惠政策。为促进高端产业在上海自由贸易港的集聚，建议以功能型总部型企业集聚为突破口，促进我国在全球价值链中的地位攀升，发展离岸、转口和大宗进口商品交易。可以考虑借鉴新加坡的经验，针对不同类型的总部型企业制订对应的财政扶持计划。例如，新加坡针对贸易型总部的"特许石油贸易商"（AOT）、"特许国际贸易商"（AIT）计划以及全球贸易商计划（GTP）；针对航运中心类总部及服务机构的获准国际航运企业计划（AIS）、获准船务物流企业计划（ASL）、新加坡还是金融优惠计划（MFI）等；针对金融类服务机构的金融与资金管理中心税务优惠计划（FTC）和金融税务优惠计划（FSI）等，总体符合"两头在外"特征的贸易享受15%的所得税优惠。二是制订服务总部政策。将从事业务流程服务外包的跨国公司地区总部和投资性公司纳入支持范围，将认定条件放宽为离岸服

务外包业务收入不低于企业当年总收入的10%，对经认定的本市技术先进型服务企业给予企业所得税地税部分的减免优惠。三是探索制订部分进口贸易交易价格认定和征税标准。对在上海自贸试验区临港新片区内进口加工生产并复出口的原材料，免征关税、增值税等进口环节税；新片区内加工、生产并销往国内市场的货物，企业可根据其对应进口料件或实际报验状态，选择按成品或者按料件适用的税率及内销价格计征关税税款；保税展示交易商品按照到岸价格征收相关的税收；允许飞机、船舶、大型海工设备融资租赁货物承租企业按照租金分期缴纳关税。

（三）争取新型进口贸易监管制度的进一步突破

一是最大限度地简化或取消"一线"涉证管理。对于法律法规未明确规定须在"一线"核验许可证的货物应放至二线核验；必须在"一线"核验许可证的货物可以采取告知承诺、存证备查等方式，并豁免原产地证明，提高一线进出境效率。实施差别化申报。在"一表式"舱单申报的基础上，根据业务需求设计不同的申报要素，对于研发、维修、检测、展示、中转集拼等设计不同的申报项目，以满足企业多种模式运作需求。二是完善货物状态分类监管。建议在物流类、贸易类企业试点的基础上，将维修、研发、租赁、展示等附属有形货物进口的价值链贸易等纳入试点。参考美国对外贸易区经验，允许不同的状态分类之间可以互相转换，在划分为保税、非保税的基础上，根据货物流动区域的不同，建议分为国内货物地位、新片区海关特殊监管区、特惠外国地位、非特惠外国地位等，根据相应法律法规对不同分类货物和流转区域征税（或免税）和监管。三是制订附属有形货物进口的价值链贸易可开展目录。建立保税维修限制目录，将海关特殊监管区外的保税维修审批权限下放给地方管理部门，做出许可决定并报商务部及各相关部委备案，各部委加强事中、事后监管；允许开展飞机发动机、汽车零部件、工程设备、数控机床等高技术含量、高附加值、无污染高端装备的进口再制造复出口业务。支持有业务需要的企业，对自产的属于重点旧电产品范围内的产品开展进口再制造；允许小分子和大分子药物研发、细胞及基因疗法研发、医疗器械测试、临床试验等重点领域和关键环节发展生物医药研发外包模式。探索允许外商投资人体干细胞、基因诊断与治疗技术开发和应用。

（四）探索开放创新和风险有效管控的大宗进口商品交易金融管理制度

一是先行先试金融业对外开放措施。支持金融机构按国际通行规则为大宗商品现货离岸交易和保税交割提供基于自由贸易账户的跨境金融服务。支持贸易商获得开展大宗商品衍生市场业务资质,包括贷款与贸易融资、避险增值理财、保税交割、场外衍生品资质等。二是创新大宗进口商品交易的结算制度。完善清算所将"T+2"改为"T+15"付款模式,允许企业采用"净额轧差"模式进行清算。依托国家级要素市场监管优势,进一步扩大上期所标准仓单交易平台交易规模,丰富交易品种,切实解决期货市场交易标准化与现货市场需求多元化的矛盾,有效提升产业链上下游企业贸易能级。

第三节 长三角区域贸易投资一体化研究

习近平总书记在首届进口博览会开幕式上提出,"将支持长江三角洲区域一体化发展并上升为国家战略",这体现了区域一体化发展的新要求。长三角地区作为中国经济最发达、开放程度最高的地区,通过贸易投资活动与全球经济深度链接,率先享受进口博览会所带来的经济增长和区域协同溢出效应。同时,进口博览会也成为推动长三角区域贸易投资一体化高质量发展的重要平台。

一、长三角区域贸易投资一体化演进和形成机制

长三角区域位于长江下游,多为冲积平原,土地肥沃,水源丰富,适合农业以及经济作物生长。

(一) 长三角区域一体化的政府推动力

受制于经济社会发展程度和统治要求,无论是在封建王朝还是民国期间,长三角区域一体化还未正式被提出。十一届三中全会以来,中央进行了一系列经济体制改革的探索,意欲打破条块分割、促进横向经济联系就是其中之一。1982年12月,国务院决定建立上海(长江三角洲)经济区,包括上海在内的10个市成为一个经济区,并规定上海作为整个经济区的中心,这是国家在战略层面推进长三角区域一体化的第一次尝试,并于1983年2月在上海成立国务院上海经济区规划办公室,并在机构改革背景下于1988年6月撤销,但是上海经济区区内企业之间的联合,城际之间的经济交流,区内的资金、能源、技术等资源共享等机制为长三角区域一体化提供了经验借鉴。

此后，关于长三角区域经济一体化的交流和探索并没有停止，1990年中央提出浦东开发开放，并作为发展长江三角洲经济发展的重要抓手，并分别于1992年成立了城市协作部门联席会议制度，1997年召开城市经济协调会。此后，2005年、2006年、2007年，长三角两省一市主要领导座谈会在杭州、扬州、上海召开。2008年9月，国务院《进一步推进长江三角洲地区改革开放和经济社会发展的指导意见》，同年安徽省领导应邀出席领导座谈会。2010年《长江三角洲地区区域规划》颁布实施，2014年国务院发布的《关于依托黄金水道推动长江经济带发展的指导意见》，长三角区域一体化范围正式拓展至江浙沪皖三省一市。2016年《长江三角洲城市群发展规划》正式颁布实施，规划要求长三角率先建立一体化发展体制机制，创建城市群一体化发展的"长三角模式"。2018年6月，上海、浙江、江苏以及安徽共同制订《长三角地区一体化发展三年行动计划（2018～2020年)》的纲领性文件，囊括了12个合作专题，覆盖范围包括上海、江苏、浙江、安徽全境的41个城市。

2018年11月5日，习近平总书记在首届中国国际进口博览会上提出：支持长江三角区域一体化发展并上升为国家战略，着力落实新发展理念，构建现代化经济体系，推进更高起点的深化改革和更高层次的对外开放，同"一带一路"建设、京津冀协同发展、长江经济带发展、粤港澳大湾区建设相互配合，完善中国改革开放空间布局，长三角区域一体化在行政力量的推动下加快了步伐，贸易投资一体化的探讨也逐渐增多。2018年12月，长江三角洲一体化对外投资合作发展联盟在上海举办启动仪式。2019年5月长三角供应链创新与应用大会成功举行，同年9月"2019长三角化工行业公平贸易及产业合作发展论坛"在沪举行。本次论坛以"应对国际经贸风险，推动产业高质量发展"为主题，12月，"2019长三角汽车零部件产业发展高峰论坛"在上海举行，发布了《2019上海及长三角汽车零部件贸易发展报告》。

（二）长三角区域投资一体化的历史脉络

明清时期江南地区商品经济的发达促进了商业资本的繁荣，近代开埠通商使金融资本趋向上海，上海成为近代中国乃至东亚的金融中心，但是在这个时期，上海的洋行并未形成向长三角区域辐射，这与当时开放历程有关系，另外，也与长三角区域经济发展程度有关，洋行还没从上海内向发展的意愿。外资主体在长三角的集聚主要发生在中国改革开放以后。

在改革开放的早期，长三角主要是以乡镇和民营企业为主，而上海更多的是国有企业承担经济发展的主角。浦东开发开放以后，上海成为外资投资的热土,由于土地、劳动力的资源的充沛,再加上东西联动,上海引用外资的空间比较大,引资形式以单个企业、绿地投资为主。20世纪90年代后期,面临土地资源有限、商务成本上升等不利因素,上海重点转向总部企业。在这种思路下,长三角区域城市加大在上海招商引资,吸引从上海调整出去的外资,尤其是加工制造企业,包括苏州、嘉兴、无锡等近上海周边区域率先获得外资主体的集聚优势。外资规模(以实际利用外资额测度)逐年增加。上海外资规模在长三角城市群稳居第一,其他城市外资规模大致与该城市距离上海的距离负相关,距离上海越近的城市外资规模就越大,由此形成环绕上海的外资辐射区,上海为该区域的辐射中心。而外资在长三角区域的集聚发展,又加强了区域之间的性质和经济联系,使区域之间的投资环境均质化,进一步便利了外资企业在长三角的扩张。

随着跨国公司500强企业在上海产业布局不断跨界,并且在区域上以上海为核心,向长三角地区和全国布点,上海作为管理中心、投资中心的作业日益凸显。上海不仅顺应了此种趋势,并且从引资战略上进行调整,政策从产业向总部机构倾斜,通过加大吸引管理决策、资金管理、采购、销售、物流、结算、研发、培训等复合型功能的总部,不仅推动了产业结构调整、能级提升,对长三角区域的带动效应更加显著。大量的跨国公司在上海成立地区总部,在长三角区域布点生产制造,与前阶段以承接上海的产业转移的特点不同,这次更多的是跨国公司在区域上进行分工,上海作为总部,临近上海的苏州、无锡、嘉兴等城市承接具有一定技术的产业外资,而安徽、江苏等更加内陆的城市则是布局一些更加大型或者土地劳动力密集型的产业。

(三) 长三角区域贸易一体化的历史脉络

区域贸易一体化发展,离不开货运发展的交通设施、农业工业基础和企业经济发展基础。隋唐以来,随着大运河的开凿,漕运带来南北经济的联通,并形成了区域的商贸中心。例如,扬州成为官盐贸易中心,并形成对安徽一带的辐射服务,后期苏州和杭州成为棉纺织和粮食贸易中心,辐射到吴越两地,长三角区域逐渐成为中国最重要的经济区。明朝之前,已经有波斯等地商人来往,明朝在南京建都后,则对长三角地区的对外贸易通道建设起到了重要的推动作用,尤其是航运业发展在外船涌入后获得改进。

近代开埠为长三角区域贸易带来新的活力,工业革命以后,长三角区域又成为我国民族工业发展的重要区域。由于长三角区域临海,并使上海的贸易地位迅速提升,替代了苏州和杭州区域贸易中心地位,上海之外的区域更多地成为工业和农业的生产基地，上海吸纳了来自苏杭地区的农产品出口贸易，进口了面纱、生活用品。1864~1904年，上海的对外贸易总值维持在全国的50%左右，其中一半进口洋货由上海转运至国内各埠，从而加强了上海与周边区域的经济联系，贸易的纽带同样推动了国内商品的市场流通。

改革开放以后，长三角区域贸易一体化的演进主要有两个路径：一方面，长三角国有、乡镇、民营等主体发展模式，直接推动了区域产业发展和经济发展。国有外贸公司首先获得外贸经营权，强化了其与国际市场开展交易的谈判能力、采购能力和贸易过程控制能力。随着外贸经营主体的放开，大量外资外贸公司、采购公司在上海集聚，典型如上海的世贸商城，深入长三角市场进行采购。早期就是承担了跨国采购中心的工作，外资主体把长三角优质的产品采购供应国际市场。另一方面，长三角集聚的大量外资是出口导向型的，在不同的区域其功能也不一样。例如，在上海以采购和供应链管理为主，江苏、浙江和安徽主要是其生产基地，通过跨国公司内部区域的分工实现了长三角贸易网络的分工，即以上海为国际贸易中心城市进行集散，随着长三角区域经济发展和人均收入水平的提高，以及产业和产品分工的细化，进口中间品和消费品贸易增多，上海除了作为出口的通道外，进口集散的地位也日益凸显。2019年上海口岸货物进出口总额约合12212.74亿美元，占全球货物进出口总额的3.2%，继续居世界城市首位。其中，进口约合5138.12亿美元，占全球货物进口总额的2.7%；出口约合7074.62亿美元，占全球货物出口总额的3.7%。大量的贸易来自长三角区域，尤其是在上海的口岸出口中，上海本地贸易占比约为9%，余下几乎是来自长三角的贸易量，进口占比约为14%，其余为长三角区域城市进口贸易。

对外贸易的发展，推动通商口岸的兴起。近代长江三角洲地区的通商口岸数量达14个，包括上海、宁波、镇江、南京、芜湖、温州、苏州、杭州、吴淞、浦口、海州、徐州、无锡和蚌埠。目前长三角是我国沿海5个港口群中分布最密集、吞吐量最大的港口群，适合对外贸易的发展。

二、长三角区域贸易投资一体化发展情况

（一）长三角地区贸易投资发展情况

1. 长三角地区对外贸易依存度高于全国

2019年，长三角地区进出口贸易总额达到112999.8亿元，占全国进出

口总额的35.8%，同比增长2.3%，低于全国0.9个百分点；进出口贸易依存度（进出口总额/GDP总值）为47.6%，高于全国15.8个百分点（见表4.4），说明长三角地区高度参与经济全球化。自2001年加入世贸组织（WTO）后，长三角地区的进出口贸易额上涨了9倍，出口额和进口额分别增长了9.7倍和8.3倍。

表4.4　　　　　　　　2019年长三角地区对外贸易情况

	进出口额（亿元）	全国占比（%）	长三角占比（%）	同比（%）	出口额（亿元）	同比（%）	进口额（亿元）	同比（%）	依存度（%）
全国	315505.0	100.0		3.4	172342.0	5.0	143162.0	1.6	31.8
长三角	112999.8	35.8	100.0	2.3	66727.5	4.4	46213.3	-0.8	47.6
上海	34046.8	10.8	30.1	0.1	13720.9	0.4	20325.9	-0.1	89.2
浙江	30832.0	9.8	27.3	8.1	23070.0	9.0	7762.0	5.8	49.4
江苏	43379.7	13.7	38.4	-1.0	27208.6	2.1	16171.1	-5.7	43.5
安徽	4741.3	1.5	4.2	9.4	2787.0	11.6	1954.3	6.3	12.8

资料来源：全国及各省市海关网站。

2019年，长三角地区合计出口总额66727.5亿元，占全国比重38.7%；同比增长4.4%，低于全国0.6个百分点。2019年，长三角地区合计进口总额46213.3亿元，占全国比重32.3%；同比下降0.8%，低于全国2.4个百分点。

2. 长三角地区实际利用外资对全国贡献过半

2019年，长三角地区合计新批外商投资项目14138个，同比上年降低12.4%，全国占比达34.6%；合计利用合同外资金额1801亿美元，较上年增长17.0%；实际使用外资金额达766.7亿美元，降低2.4%，占全国比重55.5%（见表4.5）。

表4.5　　　　　　　　2019年长三角地区利用外资情况

	新批外商投资项目（个）	长三角比重	全国比重	合同外资（亿美元）	长三角比重	全国比重	实际使用外资（亿美元）	长三角比重	全国比重
全国	40888	—	100	—	—	—	1381	—	100
长三角	14138	100.0	34.6	1801	100.0	—	766.7	56.8	55.5
上海	6800	48.1	16.6	502.5	27.9	—	190.5	14.1	13.8

续表

	新批外商投资项目（个）	长三角比重	全国比重	合同外资（亿美元）	长三角比重	实际使用外资（亿美元）	长三角比重	全国比重
浙江	3580	25.3	8.8	436.5	24.2	135.6	10.0	9.8
江苏	3410	24.1	8.3	626	34.8	261.2	19.4	18.9
安徽	348	2.5	0.9	236	13.1	179.4	13.3	13.0

资料来源：根据国家统计局、各省区市统计、商务部门官网整理。

3. 长三角地区对外投资增速引领全国

2019年，长三角地区对外投资较上年大幅降低，地区全年共363.44亿美元，同比降低21.1%，占全国总对外投资比重为32.9%。新签对外承包工程合同199.94亿美元（不包括江苏），较上年有所回落，占全国比重为8.7%；完成对外承包工程营业额272.61亿美元，较上年同比增长3.8%，占全国比重为15.8%（见表4.6）。

表4.6　　　　　2019年长三角地区对外投资情况

	对外投资（亿美元）	全国占比（%）	长三角占比（%）	新签对外承包工程合同（亿美元）	全国占比（%）	长三角占比（%）	对外承包工程完成营业额（亿美元）	全国占比（%）	长三角占比（%）
全国	1106	100.0		2296.43	100		1729	100	
长三角	363.44	32.9	100.0	199.54	8.7	100.0	272.61	15.8	100.0
上海	139.94	12.7	38.5	125.44	5.5	62.9	94.01	5.4	34.5
浙江	120.4	10.9	33.1	52.7	2.3	26.4	67.3	3.9	24.7
江苏	89.5	8.1	24.6				77.8	4.5	28.5
安徽	13.6	1.2	3.7	21.4	0.9	10.7	33.5	1.9	12.3

资料来源：根据国家统计局、各省区市统计、商务部门官网整理。

（二）2018年长三角地区贸易投资运行特征

1. 欧盟成为长三角地区外贸重要伙伴

欧盟取代美国成为最重要出口市场。从出口商品主要国别（地区）看，长三角对欧盟、美国、东盟出口总额分别是12666.15亿元、12354.81亿元、7855.1亿元，分别同比增长5.0%、-8.0%、17.0%，占长三角地区比重分别为19.0%、18.5%、11.8%。欧盟是长三角地区进口首要来源地。从进口商品主要国别（地区）看，长三角地区自欧盟、东盟、日本市场进口总额分别是7810.84亿元、5355.9亿元、5109.98亿元，分别同比增长3.0%、

-8.2%、-0.2%，占长三角地区比重分别为16.7%、11.6%、11.0%①。

2. 机电产品是长三角地区外贸的主力军

机电产品、高新技术产品为长三角地区出口主力。从主要出口商品看，长三角地区机电产品、高新技术产品出口额分别为39149.51亿元、17938.7亿元，分别同比增长3.9%、0，占长三角地区出口额的比重分别为58.7%、26.9%。机电产品进口占比高。从主要进口商品看，长三角地区机电产品、高新技术产品进口额分别为21381.41亿元、14401.58亿元，分别同比下降1.5%、0.1%，占长三角地区进口额的比重分别为46.2%、31.1%。

3. 长三角地区对全国贸易顺差贡献率高

2019年，长三角地区实现贸易顺差20514.2亿元，对全国贸易顺差的贡献率为70.3%；贸易顺差同比增长18.5%，而全国贸易顺差额同比增长25.2%。贸易顺差额从高到低排列依次是浙江、江苏、安徽，顺差额分别为15308.0亿元、11037.5亿元、832.7亿元，分别同比增长10.6%、16.0%、33.7%；上海市实现了贸易逆差，逆差额为6605.0亿元，同比增长1.1%，对顺差有收窄作用。

4. 长三角地区是全国制造业外资主要集聚地

2019年，长三角地区制造业实际使用外资合计267.62亿美元，占长三角地区实际使用外资的34.9%，占全国制造业实际使用外资的75.5%；服务业实际使用外资合计493.26亿美元，占长三角地区实际使用外资的64.3%，占全国服务业实际使用外资的49.3%（见表4.7）。

表4.7　2019年长三角地区服务业与制造业实际利用外资情况

	服务业实际利用外资（亿美元）	服务业全国占比（%）	制造业实际利用外资（亿美元）	制造业全国占比（%）
全国	1000	100	354.4	100
长三角	493.26	49.3	267.62	75.5
上海	172.86	17.3	17.12	4.8
浙江	88.6	8.9	43.7	12.3
江苏	143.8	14.4	117.2	33.1
安徽	88	8.8	89.6	25.3

资料来源：根据商务部、各省区市统计、商务部门管网数据测算。

---

① 因安徽省数据缺失无法计算具体进出口市场份额，因此本部分长三角对主要市场进出口仅包括江浙沪。

5. 长三角地区在"一带一路"高速增长

2019 年,长三角地区在"一带一路"沿线投资金额为 118.7 亿美元,占比为 79.1%。其中,上海对"一带一路"沿线国家和地区对外直接投资额 39.5 亿美元,全国占比为 26.3%,增长 34.9%,主要投资地为巴基斯坦、印度尼西亚和菲律宾等国家。浙江"一带一路"投资 42.2 亿美元,全国占比 28.1%。江苏全年新增"一带一路"沿线对外投资项目 289 个,同比增长 23.0%,投资额 34.3 亿美元,全国占比为 22.9%。安徽对"一带一路"沿线国家和地区投资 2.7 亿美元,全国占比为 1.8%,同比增长 42.1%(见表 4.8)。

表 4.8　　　　2019 年长三角地区在"一带一路"投资情况

	金额(亿美元)	比重(%)
全国	150	100
长三角	118.7	79.1
上海	39.5	26.3
江苏	34.3	22.91
浙江	42.2	28.1
安徽	2.7	1.8

资料来源:根据商务部、各省区市统计、商务部门管网数据测算。

(三)长三角地区贸易投资分地区发展情况

1. "三省一市"外贸发展特征分化

上海口岸发挥长三角地区龙头地位。2019 年上海口岸货物进出口总额 84267.9 亿元,比上年下降 1.2%,全国占比 26.7%。其中,进口 35453.0 亿元,下降 2.6%,全国占比 24.8%;出口 48814.9 亿元,下降 0.2%,全国占比 28.3%。上海具有综合和专业的进口商品展示交易平台、具有贸易服务功能的基础,是全国服装、汽车、医疗器械、化妆品、加工食品、肉类、食用水生动物进口的最大口岸。2019 年,上海市货物进出口 34046.82 亿元,增长 0.1%,占全国的 10.8%,占长三角的 30.1%,进出口总额位列全国省区市第三位,城市第一位;进出口贸易依存度为 89.2%,居长三角首位。其中,出口 13720.91 亿元,增长 0.4%,占全国的 8.0%,占长三角的 20.6%;进口 20325.9 亿元,下降 0.1%,占全国的 14.2%,占长三角的 44.0%。

浙江进口贸易增长潜力较大。2019 年,浙江货物进出口 30832 亿元,增长 8.1%,占全国的 9.8%,占长三角的 27.3%,进出口总额列全国省区市第四位；进出口贸易依存度为49.4%，居长三角第二位。其中，出口23070.0亿元，增长9.0%，占全国的13.4%，占长三角的34.6%；进口7762.0亿元，增长5.8%，占全国的5.4%，占长三角的16.8%。

江苏进出口出现小幅下降。2019年，江苏货物进出口43379.7亿元，下降1.0%，占全国的13.7%，占长三角的38.4%，进出口总额列全国省区市第二位；进出口贸易依存度为43.5%，居长三角第三位。其中，出口27208.6亿元，增长2.1%，占全国的15.8%，占长三角的40.8%；进口16171.1亿元，下降5.7%，占全国的11.3%，占长三角的35.0%。

安徽进出口增速领先。2019年，安徽货物进出口4741.3亿元，增长9.4%，占全国的1.5%，占长三角的4.2%，进出口总额列全国省区市第十三位；进出口贸易依存度为12.8%，居长三角第四位。其中，出口2782.0亿元，增长11.6%，占全国的1.6%，占长三角的4.2%；进口1954.3亿元，增长10.8%，占全国的1.4%，占长三角的4.2%。

2. "三省一市"吸收外资分工协作

上海吸收外资形成对长三角地区溢出效应。自2019年以来，上海加快制定实施了《关于本市进一步促进外商投资的若干意见》和《上海市人民政府关于本市促进跨国公司地区总部发展的若干意见》，进一步扩大开放、提高利用外资质量和水平，利用外资情况积极向好。2019年上海实到外资190.48亿美元，增长10.1%。第三产业外商直接投资实际到位金额172.86亿美元，增长11.6%，占上海实到外资的90.7%，占长三角服务业实际利用外资35.0%。制造业外商直接投资实际到位金额17.12亿美元，下降2.0%，占全市实际利用外资比重为9.0%，占长三角制造业实际利用外资的6.4%，占全国制造业4.8%。全年新增跨国公司地区总部50家，至2019年底累计引进跨国公司地区总部720家，总部数量继续保持全国领先，服务于长三角地区的生产制造，形成合理的空间布局和产业链配套。

浙江成为长三角地区服务业外资新集聚区。伴随我国不断加深的产业结构调整，全球加工中心向中国转移，浙江凭借其优越的营商软硬环境和大量配套产业，创新打造湖州、温州、嘉兴高质量外资集聚先行区，利用外资规模保持稳定。2019年浙江实际利用外资135.6亿美元，占长三角地区的17.7%，全国的9.8%。其中，制造业实际利用外资43.7亿美元，下降26.8%，占全省实际利用外资总额的32.2%，占长三角地区制造业实际利用外资的6.4%，占全国制造业的4.8%。服务业实际利用外资88.6亿美元，占长三角地区的18.0%，占全国的8.9%。

江苏制造业外资成为长三角地区制造业的重要支撑。在外资企业从上海向长三角转移的过程中，江苏积极顺应跨国公司在华投资策略，积极配合调整政策，同时熟悉掌握外商新的投资方及领域，注重从"办企业竞争"到"改善投资环境"的竞争，采取了一系列应对措施。江苏实际使用外资261.2亿美元，比上年增长2.1%。新批及净增资9000万美元以上的外商投资大项目377个，比上年增长6.8%。全省制造业实际使用外资117.2亿美元，占全省实际使用外资的44.8%，占长三角制造业实际使用外资的43.8%，占全国制造业33.1%。江苏利用外资结构持续优化，其中，生物技术和新医药产业、高端软件和信息服务业、新一代信息技术产业实际利用外资同比分别增长127.8%、99.5%、49.4%。

安徽加速追赶长三角地区利用外资步伐。近年来，安徽利用外资不断向中高端领域拓展，在带动产业转型升级方面发挥了重要作用。安徽进一步加大现代制造业、服务业引资力度，简化以市场为主导、企业为主体、政府服务为保障的项目谋划机制。2019年安徽实到外资179.4亿美元，长三角地区占比223.4%，全国占比13.0%。其中，制造业引资保持稳定，累计吸收外资89.6亿美元，同比增长4.7%，电子及通信设备制造业、化工、冶金、农产品制造业等行业实现增长；服务业累计吸收外资88亿美元，同比增长45.2%。高技术服务业实际使用外资6亿美元，同比增长282.7%。到2019年末，来皖投资的境外世界500强企业增加到88家，其中当年新引进4家。

3. "三省一市"境外投资以上海为桥头堡

上海成为长三角地区企业海外投资总部的集聚地。2019年，上海对外直接投资中方投资额139.94亿美元，下降17.1%，长三角境外投资占比38.5%，全国占比12.7%。新签对外承包工程合同额125.44亿美元，增长5.4%，长三角地区（不含江苏）占比62.9%，全国占比5.5%；完成对外承包工程营业额94.01亿美元，长三角地区占比34.5%，全国占比5.4%。在实施"一带一路"倡议进程中，上海用好金融中心多层次金融市场优势，为国内"一带一路"相关地区和企业提供融资支持，支持市场主体"走出去"。上海发挥上海自贸区FT账户、跨境资金池等功能，打造面向境内外市场主体的资产交易平台，支持"一带一路"沿线市场主体大宗商品和金融资产交易。上海深化外商投资和境外投资制度创新，成为长三角地区企业海外投资总部的集聚地。

浙江实际境外投资水平基本平稳。2019年浙江全省备案、核准的境外企业和机构共计763家，境外企业中方投资额121.1亿美元，同比下降34.1%；境外企业实际投资额81.3亿美元，同比增长5.2%。从行业结构上来看，主要涉及制造业、批发和零售、电力能源等行业。从累计数据来看，截至2019年12月底，浙江全省经审批核准或备案的境外企业和机构共计10549家，全省累计中方投资备案额823.92亿美元，覆盖148个国家和地区。从主要投资目的地来看，浙江对外投资前五位的国家和地区是中国香港、美国、印度尼西亚、瑞典和德国。2019年，浙江对外承包工程合同额52.9亿美元，同比增长33.1%；对外承包工程营业额71.9亿美元，同比下降2.7%。

江苏企业主要在亚洲地区投资生产网络。2019年，江苏全省全年境外投资新批项目数达827个，同比增长5.2%；中方协议投资金额为89.5亿美元，同比下降6.08%。从行业上来看，2019年江苏对外投资以第二产业和第三产业为主。第二产业金额同比增加8.71%，占比为57.14%，其中制造业占比达到了52.05%；第三产业金额同比下降19.87%，占比为42.19%，其中批发和零售业占比为19.46%，租赁和商务服务业占比为12.22%。从对外投资目的地分布国家和地区来看，亚洲占2019年江苏对外投资总金额比重为60.22%，欧洲为15.73%，拉丁美洲为11.15%，北美洲为6.83%，非洲为5.22%。

安徽对"一带一路"沿线国家和地区投资快速增长。2019年，安徽全年新批境外企业（机构）87个，实际对外投资13.6亿美元，同比下降6.1%。其中，对"一带一路"沿线国家和地区投资2.7亿美元，同比增长42%。全省全年对外承包工程新签合同金额21.4亿美元，同比下降57.7%；完成营业额33.5亿美元，同比增长11%。

三、发挥进口博览会效应，推动长三角区域贸易投资一体化的突破口和路径

改革开放40多年，在市场和政府的双重推动下，长三角区域贸易投资的一体化格局基本架构已经形成，未来应该顺应主体内部分工格局下政府进行战略规划和一体化分工。

（一）把吸引跨国公司作为长三角区域一体化主体推动力

外资的进入，使长三角的产业、贸易一体化有了原始动力。但是一方面

由于国内产业基础和市场规模发生了变化；另一方面全球经贸摩擦和疫情影响使跨国公司发生了变化，长三角区域主体的一体化格局也将发生调整。

1. 积极适应全球直接投资呈现结构性变化

市场导向型投资趋势加强。中美经贸摩擦和新型疫情凸显全球价值链投资未来不仅要注重效率，而且还要关注安全性，投资更加侧重市场导向型。绿地投资短期推进影响大。绿地投资项目的孕育期较长，生命周期也甚至可能长达数十年，全球形势对现有投资项目和在建投资项目短期推进影响较大，但是长期影响有限，疫情冲击影响比较大的行业进入洗牌期，尤其是部分冲击较大的行业和企业业绩会下滑，使原先并购计划提前进入实施阶段。区位优势或被重新评估。出于安全、便利需要，投资促进活动趋向于近岸化和本土化，区域内投资或将增加。地区疫情控制效果和效率成为考虑区域投资国际竞争力的参考因素。数字成为全球直接投资的重点。数字不仅成为新的经济内容，推动制造业和服务业融合并催生新的行业和生产方式，而且成为抗击疫情和缓冲疫情的重要技术力量，未来将成为全球直接投资的重点领域，包括电子商务领域、数字技术、网络安全、保健和生物技术。但是线下旅游、餐饮、零售、娱乐、教育等服务业短时间内不会形成全球 FDI 大规模流入。国际直接投资产业结构发生了变化，长三角区域吸引外资产业视角也应发生变化，更加侧重于集聚面向国际国内市场两个层面的外资，更加侧重向服务和数字领域产业外资，是区域外资产业结构调整的方向，但是要避免竞争的雷同，一方面要顺应主体对区域产业分工的市场力量；另一方面，在政府方面也要发挥长三角办这样协调机构的作用，发挥进口博览会招商引资平台作用，通过产业地图等形式强化区域协同，进行产业的分工错位。

2. 根据跨国公司地区总部功能进行区域功能调整

跨国公司地区总部机构重要性凸显。随着数字技术发展，跨国公司组织体系网络化、扁平化更加明显，跨国公司通过地区总部实现研发、制造、服务、资金等全产业链资源整合，地区总部机构功能趋于上升。贸易和研发职能将加强。全球贸易保护主义使跨国公司全球生产扩张的速度放缓，供应链、生产链和价值链将呈现区域化导向，由于进口博览会释放的国内消费效应，跨国公司地区总部对区域生产、销售、服务、研发等管理职能将增强，并且贸易型总部等功能机构的重要性更加凸显。就长三角区域层面而言，上海更多地发挥总部外资功能，侧重对长三角区域城市的资本、贸易、结算等服务，而江苏、浙江、安徽也应该形成外资的不同功能错位。

3. 适应开放式创新效应的区域分工

随着全球经济逐步进入数字时代，以合作、共享、开放、协同为特征的开放式创新逐渐在跨国公司创新生态圈涌现，强生、英特尔、联合利华、普华永道、罗氏、诺华、微软等跨国公司纷纷在上海以创新中心、加速器、孵化器等不同形式创设开放式创新平台。受我国经济增长和消费市场前景的鼓励，跨国公司开放式创新生态系统内境外初创型企业、中介机构有向我国集聚的趋势。从行业来看，主要集中在数字、制药、汽车等重点领域以及快速消费品领域。从成效来看，开放式创新生态系统内，外资和内资企业加速融合创新，并且已经诞生了一批成果和"独角兽"企业。现在已经形成了上海作为研发创新中心，而长三角作为成果转化基地，长三角外资主体从企业、产业已经进入功能和创新的区域分工。第二届进口博览会举办期间，中国人民银行发布了《金融支持长三角G60科创走廊先进制造业高质量发展综合服务方案》，未来在基于科技创新领域形成的一体化机制需要进一步深化和落地，推动科技创新的区域梯度分工。

（二）把吸引跨国公司作为长三角区域一体化主体推动力

1. 全球供应链深度调整下的区域供应链一体化

国际贸易保护主义和单边主义日益盛行，地缘政治风险持续上升，国际经贸摩擦不断加剧，尤其是中美经贸摩擦复杂性、长期性和严峻性的特征依然存在，对我国进出口贸易形成较大下行压力，国际市场份额提升难度增加，出口面临新一轮"去加工贸易化"，高新技术产品进口制约因素增多、不确定性加大。新科技革命和产业变革在全球范围深化推进，世界经济区域化特征更加明显，推动全球范围内的价值链、产业链和供应链布局深化调整，特别是新冠肺炎疫情促使跨国公司降低对单一市场依赖的意愿更加强烈，谋求更加多元化布局，加速近岸化、本土化发展。但同时，我国庞大的市场规模、完备的供应链体系以及良好的抗风险能力，特别是与日本、韩国、东盟良好的贸易投资联系，以及在"一带一路"沿线国家影响力的逐步增强，将有利于吸引全球供应链向我国及长三角地区集聚，推动长三角地区成为世界级产业集群。因此，要进一步发挥长三角一体化机遇，围绕供应链一体化进行区域一体化的顶层设计。其中包括：设计具有高度的活力和创新驱动力的研发体系，具有高度的开放性、包容性、便利性的营商环境，突出包括海港、空港、铁路和陆路"四维一体"的交通体系。还包括：以国家级经济技术开发区为引领，构建跨区域贸易投资网络，推动沿江各类贸易和产业园区优势互补、强强联合，共建跨区合作园区和合作联盟。增强产业转移促进中心（商务部上海基地）功能，建设服务长三角、服务长江经济带、服务全国的贸易投资和产业合作平台，促进安全产业链的构筑。

2. 以进口博览会为突破口，深化长三角区域市场一体化发展合作机制

中国具有的超大规模人口、超大规模国土空间、超大规模经济体量，形成了超大规模统一市场（国务院发展研究中心课题组，2020），能够使有效的市场供给实现规模和范围经济。进口博览会的常态化举办，将带来5年内10万亿美元的进口商品和服务、15年内分别为30万亿和10万亿美元的进口商品和服务，中国扩大进口的信号加速推动了进口输入型供应链的扩张。一是最终消费品进口输入供应链。进口消费品将利用中国拥有的14亿左右的人口规模，尤其是在已经形成规模和强度聚集的中心城市、城市群获得规模经济和范围经济的优势。二是中间品进口输入供应链。进口中间品将供应于中国已经形成的较为完备的产业体系，嵌入于多层次、多元化的分工环节，在"中国制造"中不仅获得国内市场的规模和范围经济优势，而且通过在中国加工制造再出口到全球市场。

进口博览会举办以来，长三角区域从战略层面推动进口贸易的发展，并对企业主体贸易行为发生导向，在改革开放的早期，浙江商人主要是在海外建立商贸城市，把国内商品推向国际市场，进口博览会举办后，海外华商开始转变贸易方式，将国际商品进口到国内。例如，浙江平湖的平湖国际进口商品城，是由葡萄牙华侨陈坚先生等几位企业家共同投资兴建的，其发动温州瑞安人在欧洲同乡会网络优势，通过在海外获得奢侈品服装箱包代理权品牌点授权，获得规模采购的价格优势。基本这样的贸易方式网络的变化，一方面要推动进口口岸贸易联通，高效整合空港、海港及铁路枢纽资源，沿海沿江港口江海联运合作和联动发展，强化门户功能。推动区域通关一体化改革，加快建设具有国际先进水平的国际贸易单一窗口。另一方面，推动市场一体化建设。区域一体化发展的目的就是使区域内主体获得规模经济和范围经济效应，出口贸易的发展更多地体现长三角国际层面的一体化进程，进口市场的发展则更加需要国内市场一体化进程的协同。在区域的协同中，不但是上海的首位城市需要发挥资金、信息、人才、技术、专业服务等贸易要素集聚方面的优势，帮助各省区市外贸企业拓展国内外销售渠道，引导外贸企业精准对接消费需求，研发适销对路的内销产品，更需要进行市场一体体制机制的协同，破解当前主体经营的碎片化分割，以及商品、服务、人员等要素跨省市流动和交易中的制度瓶颈。

第五章

进口博览会贸易监管创新促进效应研究

第一节 区域通关一体化

区域通关一体化改革是近年来海关最重要的改革任务之一，目的就是在区域内形成监管更严密、通关更便捷、流程更科学、运转更高效的一体化管理机制与运作模式，让出口企业跨区域通关更便捷，受惠范围更广。在进口博览会举办之前，长三角出口贸易发达，通关一体化的探索已经开始。进口博览会举办之后，长三角区域一体化上升为国家战略，区域通关一体化的任务也迈向纵深，由于长三角三省一市70%以上的货物出口从上海口岸通关，长三角国际贸易单一窗口成为区域通关一体化的方向。

一、长三角区域通关一体化的需求

长三角区域通关一体化的需求，既与产业一体化发展需求有关，也是区域基础设施一体化和管理体制一体化探索的结果。

（一）产业一体化发展对通关一体化的需求

改革开放后，长三角区域在经济发展过程中，逐渐形成了以江苏苏南地区的加工贸易产业群、上海地区的现代服务业和生产服务行业、浙江东北部地区的一般贸易制造业等三类代表性规模产业。并且，长三角已经在以新能源为代表的领域已形成较为完整的协同产业链。例如，长三角地区动力电池生产企业主要分布于浙江临安、江苏南通、安徽芜湖等城市，电动机主要分布于浙江杭州、绍兴等城市，汽车装配则主要分布于安徽芜湖等城市。它们的形成与发展都与外商直接投资（FDI）和国际市场需求直接相关，长三角区域产业以出口为主。"一带一路"倡议提出后，长三角产业开展国际合作，目前境内20个通过确认考核的"一带一路"海外经贸合作园区中，长三角地区拥有6个，其中4个是东南亚国家的，主要产业涵盖金属制造、精细化工、日用消费品、汽车及机械制造等长三角传统优势产业。其带动了国内生产资料、中间品和最终品大规模出口。在此背景下，优化和提升产业发展软环境，提高贸易便利化水平，深化产业链合作，已成为推动产业一体化发展、提高区域综合竞争力、保持区域产业优势的必然选择。

（二）口岸集群化发展对通关一体化的需求

长三角区域内共拥有开放口岸46个。其中，沿海主要港口有8个、内河规模以上港口26个，形成上海港、宁波舟山港为主体，南京港、镇江港、南通港、温州港、台州港等和众多内河港组成的港口群。上海港是我国最大的综合性港口，水域范围为长江上海段和杭州湾北岸水域、黄浦江水域和洋山港水域，拥有9大港区，最大设计靠泊能力为30万吨级，同时也是我国著名的国际航运中心。2018年，上海港完成集装箱吞吐量4201万TEU，增速4.42%，连续九年排位全球第一；2018年宁波舟山港完成货物吞吐量10.8亿吨，增速7.3%；完成集装箱吞吐量2637.8万TEU，增速7%，排名晋升全球三强，在最新的新华波罗的海国际航运中心发展指数排名中，从全球第18位跃至第14位。《2018年中国235个机场吞吐量排名》显示，2018年在全国37个千万级机场中，长三角地区有上海浦东、上海虹桥、杭州萧山、南京禄口、宁波栎社、温州龙湾、合肥新桥这7个机场吞吐量迈入千万级行列。2018年，上海两大机场完成年旅客吞吐量11769.97万人次；完成年货邮吞吐量416.94万吨。截至2018年，共有107家中外航空公司开通了在上海的定期航班，连接全球48个国家和地区的300个通航点，其中国际航点135个。

（三）"大通关"物理设施的发展对通关一体化的需求

自20世纪90年代建立"大通关"制度以来，长三角区域以大通关建设协作机制为牵引，不断推动跨地区、跨部门的大通关合作，打下了良好基础。2001年，国务院办公厅下发《关于进一步提高口岸工作效率的通知》，到2006年前后，四省市的海、陆、空口岸点上较为完善的"大通关"制度已基本形成。2013年,上海率先开展国际贸易单一窗口建设,2015年,江苏、浙江、安徽、上海四地"单一窗口"建设进展明显,上海在1.0版上线运行的基础上,全面推进2.0版建设。江苏、浙江两省在沿海太仓、常熟、宁波等地实现"单一窗口"上线运行。在各自推进"单一窗口"建设的同时,四省市口岸办协作启动长三角区域"单一窗口"建设的探索。2017年以来,三省一市单一窗口已实现与国家单一窗口标准版对接,货物申报等主要业务实现全量切换,为长三角单一窗口建设提供了很好的基础保障。自2018年7月1日以来,海关通关一体化在全国实施,长三角地区企业无论在三省一市哪个口岸进出口货物,均可自主选择在企业所在地或口岸完成申报和缴税等海关手续,长三角三省一市70%以上的货物出口从上海口岸通关,据此长三角区域通关一体化的基础基本形成。

二、现有通关制度与贸易便利化需求不相一致

(一)跨关区制度还存在不统一、不协调

目前,进出口货物跨区域通关制度主要有海关的"转关""属地申报、口岸验放""属地申报、属地放行""检验检疫一般模式""出口绿色通道""进出口直通放行"6种。企业选择"属地申报、属地放行"通关模式时,可以在属地海关完成申报、放行等全部海关手续,但检验检疫仍存在收发货人或其代理人仍然需要在属地和口岸两个地方分别办理相关手续,才能实际完成货物进出口。制度间不协调造成货物通关全流程难以简化,制约了区域贸易便利化发展。除此之外,由于对同一通关制度的标准、流程把握互有不同,不同地区的关、检部门执法不统一的现象仍然存在。例如,在归类、价格、原产地等海关执法要素上,各直属海关都依托自身机构进行审核认定,判定结果也仅在本关区范围内有效。

(二)现有制度无法满足现代物流发展要求

物流既是货物跨区域流转的载体,也是跨区域通关制度监管、服务的主要对象之一。一是随着进口博览会的连续举办,各地发展进口的势头逐渐增强,长三角贸易方式从跨区域生产供应、出口,到全球采购、跨区域分拨,对区域内集疏运体系、集散分拨、及时送达已经成为现代物流发展的基本趋势。现有通关制度中有关申报、查验放行的规定,已经无法满足现代物流集散分拨的趋势和要求。二是随着长江航道条件的不断改善,进一步完善长江

航道网络结构，发挥武汉、南京等上游港口的节点作用，发展"二次转运"（即长江上游各港口的小批量货物，通过小型支线船舶运送到节点港口，再用大型支线船舶对同一目的港货物进行集拼转运）模式，解决上海枢纽港口吞吐能力不足和支线船舶候港时间过长影响物流效率的问题，已经成为统筹推进长江集疏运体系建设、促进长江经济带发展的重要环节，长三角沿江城市积极申请一类口岸资质，但是受到进出口资源规模、腹地范围、口岸吞吐量的制约，一类口岸功能发挥不佳，造成重复建设。三是多式联运是指两个以上运输方式组合成的联合运输方式。收发货人只需与多式联运承运人签订全程提单，即可实现货物的一次托运、一次计费、一次保险和一次报关，并通过承运人组织各区段不同承运工具完成货物的全程运输。多式联运因其整体最优化效益，已成为当前国际运输的主要形式。但是由于跨关区的通关"瓶颈"没有彻底解决，进一步制约了多式联运业务的实现。

（三）制度制约了企业的自主选择权利

现有通关制度中都包含部分分类监管内容，但由于长三角区域进出口企业诚信管理体系尚未完全建立，监管手段一般是通过设定适用企业范围来控制风险。在海关"属地申报、口岸验放""属地申报、属地放行"和检验检疫"出口绿色通道""进出口直通放行"等制度中，都对适用企业范围进行了严格限制。例如，海关的"属地申报、属地放行"制度规定收发货人必须为高资质类，但是绝大部分企业无法自主选择与产品需求相适应的最佳通关模式，贸易便利化需求难以实现。

（四）监管模式的创新推广不足

"单一窗口"是提高贸易便利化的重要措施，其实质是贸易和运输企业通过一点接入一个信息平台、实现一次性递交满足监管部门要求的标准化单证和电子信息，监管部门处理状态（结果）通过单一平台反馈给申报人。建设好"单一窗口"，既是落实十八届三中全会提出的"信息互换、监管互认、执法互助"要求的具体举措，也是优化监管模式、提高监管效能、降低综合物流成本的重要途径。2014年6月18日，上海国际贸易"单一窗口"试点的两个试点项目（一般贸易进口货物的申报与结果反馈、船舶出口岸联网核放）已通过测试，但与国际先进经验和国际通行规则相比，上海国际贸易"单一窗口"试点仍处于建设阶段，与促进长三角区域整体贸易便利化需求仍有较大差距。

三、进口博览会背景下推动长三角区域通关一体化的建议

进口博览会的连续举办,推动了长三角区域通关一体化持续优化,随着长三角海运口岸和空运口岸的基础设施逐步协同,未来加强信息一体化建设势在必行,最重要的路径在于推动长三角区域国际贸易单一窗口建设。

(一)长三角区域国际贸易单一窗口构建基本原则

目前国际贸易单一窗口有国家标准版和地方版,上海、江苏、浙江、安徽都已经有了地方版的单一窗口。因此,在此基础上,单独建设长三角区域国际贸易单一窗口时间和财务成本都比较高,可探索在国家标准版中构建长三角单一窗口版块。单一窗口的功能层面,主要扩展与货物贸易进出口流程相关的基本服务和增值服务功能,包括税收缴纳、贸易融资、海运货运保险、物流服务等,特别是引入区块链、人工智能等数字技术手段,形成货物贸易和与贸易相关服务融合发展的生态圈。单一窗口的数据方式,由于长三角区域经济外向度比较高,通过借鉴国际标准和数据协调,生成一套经协调的带有语义标准的核心数据元,使国际供应链中个体信息系统具有数据互操作性,这将为后续对接东盟单一窗口(ASW)奠定基础。

(二)长三角区域国际贸易单一窗口与区域版单一窗口的协同原则

长三角区域国际贸易单一窗口主要通过深入推进上海、江苏、浙江、安徽地方版国际贸易单一窗口数据安全共享,实现衔接和协同。一是数据汇集。依托"单一窗口",逐步汇集覆盖相关口岸和贸易主管部门、交通港航管理部门、行业机构、运营企业、金融机构及第三方平台数据信息,打造覆盖国际贸易全流程的大数据平台。二是数据交换。研究实施数据安全管理和交换共享规则,各地基于已有的落地数据,在符合安全管理规范前提下,开展数据共享合作,提高口岸综合治理能力。三是数据开放。推动公共数据服务开放,提高数据公共服务效能,便利企业统一在"单一窗口"平台办理申报、查询等业务,推动企业提高经营效率。四是跨区申报。完善长三角国际贸易"单一窗口"跨区域申报功能,逐步推动长三角重点口岸实现"单一窗口"跨区域申报全覆盖,助力跨区域重点企业优化申报资源配置,降低运营成本。

(三)长三角区域国际贸易单一窗口与世界级港口群发展的联动原则

长三角区域国际贸易单一窗口的建立离不开建立与世界级港口群相适应的口岸管理机制,需要进一步开放服务市场、优化营商环境,规划引领,强

化规划的刚性、延续性。一是对接政务。推动"单一窗口"与政务信息平台对接，不断拓展长三角国际贸易"单一窗口"公共数据覆盖面和应用性，提高数据使用效率。二是对接行业。推动"单一窗口"与水、陆、空、铁等行业机构信息化平台对接，逐步建立和完善长三角港航物流大数据库，为长三角口岸一体化及多式联运发展提供数据支撑。三是对接企业。推动"单一窗口"与长三角有条件地区的功能性平台和重点企业信息化管理系统对接，支持各类园区、重点企业提高综合管理和跨境贸易效能。

第二节 保税展示交易[①]

一、上海保税展示交易常态化推动进展

进口保税制度起源于英国，20世纪以来，各国为促进和鼓励本国对外贸易的发展，竞相建立保税制度，其范围也从单纯加工所需进口原材料扩大到转口贸易、进口批发零售等业务。近年来，我国海关积极应对全球产业结构调整趋势，创新"保税+"贸易监管制度，其中保税展示交易是指经海关注册登记的上海自由贸易试验区内企业可以在试验区内或区外开展保税展示和交易的经营活动。

保税展示交易的"先销售后缴税"改变了传统"先整批缴纳关税和进口环节税再逐步进行销售"的操作模式，如保税商品销售不佳可重新进行全球分拨。该模式把企业从传统进口销售模式占用大量资金的困局中解放出来，缩短了资金周转周期，受到相关企业的欢迎。

（一）上海保税展示交易制度的基本规定和操作流程

1. 保税展示交易制度基本规定

一是自贸试验区背景下保税展示交易的规定。2013年，国务院批准下发的《中国（上海）自由贸易试验区总体方案》中明确，"深化功能拓展，在严格执行货物进出口税收政策的前提下，允许在特定区域设立保税展示交易平台"。2014年《上海海关关于在中国（上海）自由贸易试验区开展保税展

[①] 本节得到2019年上海市商务委员会调研课题《推进本市保税展示交易常态化方案调研》资助。

示交易业务的公告》（沪关公告〔2014〕9号）对保税展示交易业务具体进行了规定：开展保税展示交易的主体需在自贸试验区内注册；建立专门的信息系统与海关联网；区外展示交易需提供足额税款担保；展示时间一般为6个月。

二是进口博览会背景下保税展示交易的规定。为推动进口博览会溢出效应，海关总署颁布的2018版和2019版进口博览会海关通关须知和便利措施中，对保税展示交易的相关规定做了拓展和延伸：第一，保税展示交易主体范围从自贸试验区拓展至经海关注册登记的海关特殊监管区域或保税物流中心（B型）内企业；第二，保税展示交易区域范围从自贸试验区拓展至进口博览会展馆或常年展示馆。

2. 保税展示交易操作流程

围网内企业如果需要开展保税展示交易，涉及两个环节的操作流程。

一是出区展示交易。企业通过信息化系统向主管海关办理货物出区展示手续，需要提交以下材料：（1）展示合同、协议、邀请函或展位确认书等证明文件；（2）出区展示货物清单；（3）保证金或保证函；（4）海关认为需要提交的其他材料。在综合办公区进行保税展示的，区内企业一般需要每2个月向海关报送展示货物的销售、库存明细记录和存放地点。货物出区展示完毕，区内企业应当通过信息化系统办理货物回区手续，最长不得超过货物出区之日起6个月。因特殊情况需要延长期限的，区内企业应当向主管海关办理延期手续，延期最多不超过3次，每次延长期限不超过6个月。延长期届满应当复运回区或办理进口征税手续。

二是发生交易行为。如果货物在出区展示期间发生内销的，区内企业应当向主管海关提交以下材料：（1）内销保税展示货物清单；（2）发票；（3）许可证件（涉证货物提交）；（4）海关认为需要提交的其他材料。与此同时，区内企业应当自内销之日起30日内向主管海关集中办理进口征税手续，集中申报不得跨年度办理。主管海关征税放行后，信息化系统自动退还区内企业的担保额度。

（二）上海保税展示交易主要载体建设情况

1. 虹桥保税展示交易中心

为放大进口博览会带动效应，吸引全世界有优势、有特色、有竞争力的商品和服务，构建覆盖全球的进口贸易促进网络，打造联动长三角、服务全国、辐射亚太的进口商品集散地，推进面向亚太及全球市场的跨境贸易合作，按照"政府主导、企业主体、市场化经营"的原则,上海正在加速推动虹桥进口商品保税展示交易中心及其配套的保税物流中心(B型)建设。

一是项目推进情况。项目建筑面积共20万平方米,由保税物流中心(B型)和保税展示交易中心组成。目前已由市属、区属的国资公司合资,成立上海虹桥国际进口商品物流有限公司及上海国际虹桥进口商品展销有限公司,分别作为虹桥进口商品展示交易中心(二期)的开发建设主体和项目运营主体,9月保税物流中心(B型)已经完成验收,这是为对接进口博览会而量身定制的海关特殊监管区,也是目前国内开放程度最高的保税仓库,赶在第二届进口博览会开幕前投入运营,不仅为做好进口博览会展品物流保障服务提供新的重要载体,而且可同时满足保税延展和跨境电商平台的功能需求,就近承接进口博览会的溢出带动效应。项目二期还规划有一栋5万平方米和一栋2万平方米的商业楼,目前正在细化设计,争取年内开工。

二是招商引资情况。虹桥进口商品保税展示交易中心将缔造聚合度最高、参与面最广、功能设计最全、规划容量最大、政策配套最佳、能够实现"买全球、卖全球"、线上线下联动的商品交易的新模式,让消费者购买到真品牌、更优质、更低价的世界各国的商品。截至2019年7月底,交易中心一期新地北片区的3#、4#、7#、8#楼已于5月1日开始试营业,开设了保税展示交易馆、东浩兰生健康生活馆、东方时尚生活馆、上汽进口汽车馆四个展馆,总面积约4937平方米,包含食品、保健品、生活用品、汽车等300多个品牌,近3500种商品。交易中心一期新地南区10栋楼一楼约14000平方米正在开展招商工作。

2. 外高桥保税展示交易平台

自贸试验区外高桥保税片区是上海最早开展保税展示交易的区域,并不断调整发展模式,目前国内保税展示交易制度和平台建设主要以此为样本,进行创新和演绎。

(1)森兰商都保税展示交易平台开展情况。2014年,自贸试验区外高桥片区保税展示交易平台首先以森兰商都为载体,依托现有的250万平方米的保税仓库,通过内外联动,将保税区内的"库"与区外森兰的"店"有效融合,开展保税展示交易试点。但因为森兰商都所在区域人流量不高,企业的利润难以覆盖保税展示交易运行的成本,2016年将该业务模式暂停。目前,森兰商都努力打造"自贸跨境&新零售"为主题的特色商业,引进了具有跨境和新零售概念的网易考拉、苏宁极物、DIG PLUS、涉谷站等项目。

(2) 外高桥十大平台保税展示交易试点情况。为了破解保税展示交易利润难以覆盖运行成本的难题，目前外高桥主要将保税展示、交易扩展应用在机床、文化艺术品以及珠宝手表等高价值产品上。外高桥营运中心与全球第二大奢侈品集团历峰合作从事珠宝、首饰等产品的保税展示以及保税展示交易业务试点，新增瑞表集团区外保税展示业务。2015年2月开始历峰就开始进行保税展示业务试单。在保税展示模式开展顺利的基础上，2018年9月，保税展示业务升级为保税展示交易业务试点。目前，历峰集团设在上海国金中心以及恒隆广场的卡地亚、梵克雅宝等奢侈品牌专卖店，已顺利进行保税展示交易固定场所备案；未来计划陆续铺开至上海各个高级商圈。试点品类主要是全球限量款的珠宝首饰、手表等高端消费品。保税展示及保税展示交易试点不仅能提高历峰的品牌知名度、促进品牌销量，而且还节省企业的运营成本，减缓资金压力。近期，外高桥保税区还指导支持了绿地全球商品贸易港获批海关特殊监管区外保税展示点，规划区域达到3000平方米。目前取得了一些突破：展品从外高桥出区保税展示，展示后不回外高桥保税区，而是通过海关虚拟过卡、账册衔接等操作直接返回至保税监管区域。

二、保税展示交易制度的国际准则和经验借鉴

（一）国际公约

有关保税展示交易的国际公约，在世界海关组织（WCO）主要体现为《京都公约》和ATA公约体系，以及1972年制定的《国际展览会巴黎公约》附件《关于国际展览会参展者进口货物的海关规章》。

1. 京都公约

为加强对保税货物的监管，保证保税制度的顺利施行，《关于简化和协调海关制度的国际公约修正案议定书》（以下简称《京都公约》）为世界各国进口保税制度的立法实践提供了范式。《京都公约》专项附约四"海关仓库和自由区"、专项附约六"加工"第一章"进口加工"构成保税制度的基本国际标准。其中，海关仓库制度规定，进口货物在海关监管下未缴纳进口税费必须存放在指定地点；自由区制度规定，缔约方在境内的一部分区域，进入该区域的任何货物，进口税收视为在关境之外；进口加工制度规定，拟用于制造、加工或修理并随后出口的货物进入关境可以免纳进口税收。

2. ATA 单证册公约体系

展品暂准进境制度是展品保税入境制度安排相关的条约，系统体现在 ATA 单证册公约体系中，可细分为 1963 年《ATA 公约》体系和《伊斯坦布尔公约》体系，对 ATA 单证暂准进境商品范围、特别规定及程序性条款等做了说明和解释，两个公约体系下 ATA 单证册在使用条件、运作流程等方面都是一样的。其中需要说明的是 ATA 单证是暂准进境制度的特殊形式和具体模式，用于解决展览等货品入境的税收等制度安排，但是在运用 ATA 单证册通关之外，还存在大量无 ATA 单证册、仍需要暂准进境、展览用之外的货物。

3. 海关规章

借鉴 1961 年《ATA 公约》的成果，世界海关组织（WCO）在 1972 年专门制定了《关于国际展览会参展者进口货物的海关规章》，并将其作为《国际展览会巴黎公约》的附件。《海关规章》的缔结，使参展的暂准进境货物的海关监管制度成为世博会国际规则中最为详尽、最为明确的领域，成为世博会顺利举办和保护参展国利益的重要制度。其包括暂准进境货物的范围、暂准进境货物的法律地位、暂准进境货物的监管、免税货物的范围及其免税条件、海关便利措施以及《海关规章》的适用。《上海世博会特殊规章第 7 号：有关货物的通关、运输和处理》是据此、并参照以往世博会的做法所制订的与世博会货物的通关、运输和处置的方法。

（二）国际经验借鉴

1. 欧盟

《欧盟海关法典》第七编特殊程序中的第三章储存和第五章加工中的第二节进境加工构成了欧盟保税制度，包括税收政策，保税仓库可分为公用保税仓库和专用保税仓库等。并且，明确保税仓储不能用于除远程销售（包括互联网方式）等形式以外的货物零售，进口商品价格按照到岸价确定，关税按照从价税征收。由于展品暂准进境制度以及 ATA 单证制度起源于欧洲，在展品及其他需要货物暂时进境的领域，各国的接受度和执行情况都较好。

2. 美国

美国对保税货物和展会用货物暂时进口也有相关规定，主要体现在美国《1934 年对外贸易区法》（简称 FTZ Act）、《美国联邦法规》（简称 CFR）第 15 卷商业与对外贸易第 400 部分、第 19 卷关税第 146 部分等部分。

一是暂时保税进口（TIB）。TIB 是指在不超过进口之日起三年内，以出口或者销毁为目的，不能进行国内销售的临时保税货物进口，逾期不按规定出口或者销毁的，应当依法承担违约金。TIB 获批入境每一年都有重新申请延期，最长不超过 3 年。这与我国现行的保税展示交易制度是不一致的。

二是展会用进口。根据 CFR 第 19 条第 147 项，进口货品可以免税用于展览，以及相关的建设、安装和维护目的。展会用进口货物除了要支付港口维护费外，不需要支付任何其他税费或费用。如果展会用进口货品销往国内市场，需要依照海关法的规定，按照该货品入境时的状况、数量以及入境时的实际税率征收关税和国内税收。展会结束后 3 个月需要重新申报用途，但是没有规定最长入境时间，具体规定如下：

（1）申报入境，用于进口：须根据该物品的状况和数量以及在该物品入境时的实际税率，缴纳关税和税款。

（2）进入保税仓库存储。

（3）用于其他的法律规定。

（4）用于另一展览会：依照此规定为展览会进口的物品，应当继续由海关保管。

（5）转为另一种海关监管地位或状态。

（6）进入对外贸易区：以"区域限制商品"身份进入外经贸园区的商品，经外经贸园区理事会认定符合社会公共利益后，可以进入外经贸园区进行销售。

（7）自愿放弃或销毁：在展会截止日期之前或之后 3 个月内的任何时间，为展会而进入的任何物品都可以在海关监管下被遗弃或销毁。

（8）出口。

（9）放弃给政府：任何为展会而进入的物品，如在交易会结束后 3 个月内未做上述任何处理，将被视为被遗弃至政府，并可被出售或销毁。

与欧盟不同，美国对 ATA 公约体系内的承诺是有限的，美国现时允许使用 ATA 单证暂时进口专业设备、商业样品和广告材料，国际商会美国分会为发证和担保机构，同时可以收取相应的服务费用。

（三）国内实践

1. 河南中大门保税直购体验中心

河南中大门保税直购体验中心（以下简称"中大门"）位于河南保税物流中心内，其贸易监管方式和商业模式借鉴并优于森兰商都。一方面，中大门利用保税物流中心的优势，商品批量、低价进入保税仓库，按照跨境电商进口综合税模式收税。根据目前跨境电子商务零售进口税收政策，在限值以内进口的跨境电子商务零售进口商品，关税税率暂设为0；进口环节增值税、消费税按法定应纳税额的70%征收。目前中大门内多数商品进口税率为9.1%，部分高档化妆品进口税率为23%，在结算时由消费者承担，有时商家做活动会由商家承担税费。另一方面，保税展示交易线下店和跨境电商线上平台相结合。消费者在线下直购体验中心选取进口商品，在跨境电商平台下单，既满足了消费者购物充分体验的需求，又激发了"冲动购买"行为。"秒通关＋现场提货"模式，使消费者既享受了跨境进口电商的价格优势，又能够现场提货。目前，中大门在郑州已经开设有5家线下连锁门店，从2018年起，公司积极跨省推广复制跨境O2O成熟模式。2018年12月15日，广西南宁南大门跨境保税直购中心正式投入运营。2019年5月1日，陕西延安中大门延百国际购物公园开业，以及内蒙古、贵阳、昆明、山东等网点布局正在布局。

但是中大门模式仍然有政策"瓶颈"：一是受全国跨境电商政策限制，中大门保税展示交易的产品品类有限；二是个人消费额度受限。行邮政策中单次交易限值5000元，人年度交易限值为26000元，限制了总体消费规模以及高价值单品消费规模的提升。

2. 北京亦庄保税展示交易平台

为复制推广上海自贸试验区经验，博大世通国际物流（北京）有限公司根据亦庄开发区海关《关于同意博大世通公司开展保税展示交易业务的函》，开展保税展示交易业务。北京亦庄保税展示交易平台与上海一样，采取的是"前店后库"模式，"前店"指的是保税直购中心，而"后库"就是北京亦庄保税物流中心的保税仓库。符合条件的企业可以按照规定将进口商品存放于保税仓库，将样品在保税直购中心进行保税展示。目前亦庄保税展示交易平台主要在王府井地区开展区外保税展示交易，查验流程相对上海较为简单。此外，外高桥片区保税展示交易平台在北京新光也试点开展保税展示交易。

三、进口博览会和上海保税展示交易平台联动效应情况

进口保税制度由来已久，进口保税展示交易制度是对保税制度的重要突破，有助于发挥进口博览会溢出效应，推动进口博览会展会变成商品。

（一）进口博览会进口贸易促进效应情况

1. 推动全球新品首发

首届进口博览会共有5446件尚未进入中国的产品及服务，其中，有101件具有代表性的先进产品、技术或服务为全球首次公开展示，476件为首次在中国展示。第二届新增24国家参展，全球和中国首发约为391件，路威酩轩、资生堂、庞巴迪、礼来等一批知名跨国企业成为进口博览会上的"新面孔"。进口博览会正逐渐成为各行业新品、技术发布和采购交易的首选平台，推动了上海首店经济发展，2019年前三季度上海首店756家，同比增长1.75倍，其中普拉达和芬迪首次在品牌所在地以外举办新品首发时装秀。苏皖两省在2019年上半年也共有78个首店品牌开业。

2. 推动进口商品采购渠道多元化

进口博览会除了吸引来自美国、欧盟、日本等传统地区的参展商外，还吸引了"一带一路"沿线国家超过1000多家企业参展，占总数的30%，贸易企业的采购网络不断拓宽。例如，绿地企业深入波兰、意大利、匈牙利、乌克兰等地采购，东航开通布达佩斯等中欧地区航线，助力跨境电商企业拓展采购渠道。2019年前三季度，上海从"一带一路"沿线国家进口规模增长约为9.9%，引领了进口贸易的增长。据上海海关最新统计显示，在进口总体下降的背景下，我国从第二届进口博览会参展国进口实现了逆势增长，前三季度累计实现进口3.09万亿元，比2018年同期增长8.8%。

3. 推动进口商品国内销售通道逐步构建

为推动进口博览会效应实现，上海共认定了49个"6天+365天"平台，包括综合服务平台、跨境电商平台、专业贸易平台和国别商品中心。截至2019年6月底，各平台挂牌运营至今，已实现进口额748.6亿元、销售额494.5亿元，引入了508家首届进口博览会参展商的11545件展品，价值42.6亿元。这些平台企业还在全国建立分销渠道，例如，通过借助长三角区域一体化机遇，将保税展示交易模式推广至南京等地区。再如，绿地贸易港加快其G-Super零售店在全国布点，预计到2021年将在全国开出200家门店。

4. 推动保税展示交易等贸易方式创新发展

首届进口博览会以来，上海大力推动虹桥进口商品展示交易中心、绿地全球商品贸易港、高岛屋、外高桥等保税展示交易平台建设，这些主体在推动进口贸易方式创新、完善贸易便利化制度方面发挥了积极作用，成为发挥进口博览会溢出效应的重要载体。其中，虹桥进口商品展示交易中心已吸引了近 80 家进口博览会参展企业入驻，第二届参展主体 30 家，包括北连大米、资生堂、联合利华、Moulin roty、遇喜以及贝拉米、枫树汁、米技、Boulevard 古董车等一大批市民喜闻乐见的国际品牌成为虹桥品汇的"新客"，涵盖美食美妆、婴童用品、厨房家居、汽车娱乐等领域，进口国家涉及英法德意日韩和西班牙、比利时、乌克兰等。绿地全球商品贸易港第二届进口博览会期间，与 23 个国家的近 40 家企业及贸易商达成采购意向。137 家入驻客商中，112 家采购订单金额近 4 亿美元。在全国 70 家超市设立"进口博览会专区"，售出近万件进口博览会同款产品。此外，外高桥在第二届进口博览会上举办了 3 场专题活动，涵盖医疗器械、化妆品、酒类产品，通过自贸区保税功能叠加进口博览会机遇，大力推动产业发展。

5. 推动进口医疗医药产品上市进程

国外进口医疗器械和医药进口上市，一直是我国市场开放推进难度大的领域，进口博览会的举办推动了该领域改革开放的重要突破。医疗器械及医药保健展区是进口博览会七大展区之一，汇集了 300 多家参展企业，罗氏、阿斯利康、强生、赛诺菲、拜耳、飞利浦、美敦力、诺和诺德、赛默飞世尔等全球医药行业巨头，21 家三甲医院定向对接。进口博览会加快了新品入市的时间，尤其是在健康医疗领域，如阿斯利康的肺癌药物奥希替尼仅用不到两个月的时间就通过了中国药监局的审评，创造了史上最快的新药申请（NDA）速度的纪录。默沙东的 9 价宫颈癌疫苗凭借其显著的功效性突破在短短 9 天内就获得了中国药监局的批准，创造了史上最快的有条件批准上市速度。美敦力公司经导管植入式无导线起搏系统获批上市，比预期提前一年。

（二）保税展示交易平台常态化推动的瓶颈和障碍

保税展示交易平台货物主要来源于展会的展品，以及存在于海关特殊监管区域和场所的非一线涉证保税货物，从自贸试验区成立到进口博览会举办后的效果来看，推动保税展示交易常态化开展的"瓶颈"和障碍主要来自进口博览会展品变商品的机制，以及保税展示交易政策制度设计。

1. 进口博览会展品变货品有限制

一是包括 ATA 单证项下在内的暂时进境货物通过口岸进口后，除在展会中少量消耗外，展会结束后原则上都应于我国海关规定的监管期限内原状复运出境，大多数展品无法进入特殊监管区域内继续开展保税展示，这使代表行业"专、精、尖、特"展品主要停留在会展层面，保税展示交易平台可以对接的进口博览会展品资源有限，不能有效发挥促进效应。二是暂时进境货物应当在进出境之日起 6 个月内复运出境或者复运进境。因特殊情况需要延长期限的,持证人、收发货人应当向主管地海关办理延期手续,延期最多不超过 3 次,每次延长期限不超过 6 个月。由于可以展出的时间短暂,进口博览会多数展品不能继续从进口博览会转向其他综合性和专业性展会,不能充分对进口博览会展品进行推广。

2. 保税展示交易货物通关流程烦琐

保税展示交易是海关制定的特殊监管模式,因此对项下的通关制度进行了特殊的管理。(1) 通关流程烦琐。主要包括:①区内展示:准备审批文件——申请海关三级审批——海关系统放行——货物运送出区;②出区展示后退回特殊监管区域:准备返区文件——货物进区过卡口——海关保证金自动核销释放——仓库数据恢复;③出区展示后内销即发生留购:区外展示——柜台销售——店铺系统登记——隔月向海关进行缴税申报。①②均可归为保税展示,③是保税展示交易,保税展示与保税展示交易的主要区别是出(保税)区展示后是否能发生留购,前者需要返回保税区后才能进行后续交易,后者可以当场在柜台销售。(2) 担保成本较高。开展保税展示交易的企业需要担保,全国乃至上海各保税区执行的担保形式各有不同,如上海外高桥保税区采取的保函种类为银行保函和现金,上海机场综保区则使用银行保函,并允许部分资信好的企业采用企业保函担保方式,货物可选择留购、回到区内或退回国外,解除担保。总体而言,保税展示交易流程监管过于复杂,与河南中大门"保税展示交易+跨境电商"模式相比,"冲动消费"的体验度不高。企业需要负担较高的物流、通关和担保成本,箱包、服装、饰品、鞋子、眼镜等差价比较大的奢侈品,才能抵消保税展示交易成本。

3. 区外保税展示交易开展场所范围和时限不统一

一是开展地区有限。根据自贸试验区框架下保税展示交易区外展示交易规定,如上海外高桥保税展示交易平台展示范围仅限上海和北京,进行定点备案。北京和上海属于一线城市,进口商品的覆盖率已经较高,如果仅限于这两个城市,很难发挥服务辐射效应,尤其是服务长三角生产和消费所需。二是开展时间有效。出区展示有效期限为固定 3 个月,可延期 3 次,最长 1 年;上海机场综保区平台以及北京的部分主体可以享受 6 个月、可延期 3 次、最长 2 年的保税展示交易时效。该问题与进口博览会展品变商品的情况相似,总体而言,很难有效发挥保税展示交易的推广促进效果。三是类别有限。我国对部分进口商品进行许可证、批准证、配额证、濒危证等形式管制,因此不是所有保税进口货品都可以用于保税展示交易。

4. 保税展示交易完税基准不明确

依据2014年的海关总署令第211号（《中华人民共和国海关审定内销保税货物完税价格办法》），第十一条中的规定："海关特殊监管区域、保税监管场所内企业内销的保税物流货物，海关以该货物运出海关特殊监管区域、保税监管场所时的内销价格为基础审查确定完税价格；该内销价格包含的能够单独列明的海关特殊监管区域、保税监管场所内发生的保险费、仓储费和运输及其相关费用"。从目前操作来看，保税展示交易以第一次交易价格作为完税基础，但是不同主体由于商业模式的差异，第一次交易有的是发生在入境，有的是发生在零售端。如果第一次交易发生在入境，完税价格即为入境价，与一般贸易进境价格相似，消费者无须承担展示等环节成本税负。如果第一次交易发生在柜台零售后，完税价格则将展示环节的成本包含在内，消费者需要承担展示等环节成本税负。目前，虹桥进口商品展示交易中心和高岛屋保税展示交易商品售出后按柜台销售价完税，外高桥片区平台出区展示价格按照进境价，但是发生留购按照国内柜台销售价来执行完税基准，这些实践不仅与2014年的海关总署令第211号规定不一致，而且不同主体、不同环节操作也不一致。

假设化妆品一般贸易方式以进口价征税，为简化计算设定进口环节税率，进口价100元，销售定价150元，消费者实际税负27.2元，企业销售毛利率17.1%。保税展示交易状态（按销售价全额征税），同样销售定价150元，消费者实际税负36.4元，企业销售毛利率降至10.5%，企业若想达到与一般贸易模式同等的销售毛利率，则零售环节销售定价必须提高13.9元。虽然中大门保税展示交易也是采取柜台销售价格全额征税，但中大门模式是跨境电商模式，进口环节增值税、消费税按法定应纳税额的70%征收，同样上述进口价和销售价，消费者实际税负为30.0元，企业销售毛利率为14.8%，若要保持原有毛利率水平，只需要提价4.9元。虽然毛利率稍低于一般贸易模式，但高于上海保税展示交易模式，并且在实际操作中，企业通常会通过让利等活动替消费者缴纳税收，因此消费者最终承受的是不含税的销售价格，由于郑州对此模式还有其他补贴措施，最终商品销售价格具有优势。此外，保税展示交易对货品种类限制多，可以试点的奢侈品品类有限。奢侈品品牌都有严格的价格管控体系，保税展示交易不能冲击品牌专卖店价格，森兰商都和金鹰不能够售卖当季产品。

四、推动保税展示交易常态化的相关建议

(一) 明确保税展示交易常态化平台和功能

上海已经形成了以外高桥国际贸易营运中心、虹桥国际进口商品展销有限公司、高岛屋、绿地集团等主体运营的保税展示交易平台,经过近5年的推进,这些主体已经积累了开展保税展示交易的优势和经验,包括综合保税区、B型保税物流中心、保税仓库等保税场地的支持,以及拥有商品采销、国际贸易、物流仓储、商业运营等供应链服务能力等。

建议以虹桥进口商品保税展示交易中心、自贸试验区外高桥片区保税展示交易平台、高岛屋作为保税展示交易常态化开展的功能主体,支持新联纺Gracelife、绿地全球贸易港等企业作为商业模式创新主体,形成"3+X"主体推进模式,主要服务进口博览会展品、保税进口新品保税展示交易,通过降低监管成本和流通环节成本,发挥全球新品销售价格引导机制,缩小国内外产品价差,推动境外消费回流。建议由上海市商务委员会、上海海关、进博局进行授牌确认,争取获得进博局等单位支持,定期、分行业开展进口博览会展商对接会、洽谈会,使保税展示交易平台真正成为进口博览会参展国和企业提供进入国内市场的通道。

1. 形成不同主体功能和业务错位

虹桥进口商品保税展示交易中心将作为发挥进口博览会贸易促进效应、上海打造进口商品集散地的重要抓手,以及本市保税展示交易常态化推进的重点平台。自贸试验区外高桥片区保税展示交易平台主要发挥服务商和进口生产资料交易平台作用,为保税进口商品提供中间配套服务,同时继续推动高岛屋等保税展示交易的探索作用,以及支持新联纺Gracelife、绿地全球贸易港等利用保税展示交易功能、结合自身业务特征进行商业模式创新。

2. 制订保税展示交易平台集聚主体政策

为积极吸引进口博览会"资信情况好、业内知名度高、带动贸易量大"参展商和采购商入驻,提供租金减免入驻优惠;海关指导平台为入驻企业搭建仓库管理系统、零售管理信息系统建设,与海关专用监管系统进行无缝对接;海关允许平台为入驻提供企业信用担保,向海关递交"企业信用保函"免于企业申请烦琐的银行保函,而后由平台公司对入驻企业实施监管。

(二) 丰富保税展示交易货物品类

1. 推动进口博览会等展会展品进入保税展示交易场所

借鉴美国展会用进口商品海关制度，只要对国内市场不产生倾销等冲击行为，允许展会用保税进口货物、暂准进境展品纳入保税展示交易货物范畴。进口博览会结束后，暂时进境商品以及展会用进口货物进入海关特殊监管区、B型保税物流中心等海关规定的保税展示交易所依托的海关特殊监管区域或保税物流中心（B型），丰富保税展示交易的来源地和货物品类，推动进口博览会展品充分展示。允许二线涉证商品开展保税展示交易。

2. 延长暂准进境货品和区外保税展示交易时间

除了食品、农业品、化妆品等低值、保质期短的消耗品外，建议延长暂准进境货品、区外保税展示交易有效期限，从目前的3个月拓展至6个月，可延期3次，最长不超过3年。

(三) 完善海关监管模式和流程

1. 简化通关流程

一是简化监管要求。根据规定，试点主体在海关监管区域内注册，经向海关申请并缴纳关税保证金，可以将海关监管区域内的保税物品运至"中国国际进口博览会保税展示交易中心"开展保税展示交易。这种模式目前在政策上没有障碍，试点主体需要建立电子账册，进行出区担保、建设结算系统、核定零售价格与关税，并经海关验收后，可以实现零售功能。虽然此种模式存在操作流程烦琐等问题，但是在上海有实践的基础，海关有操作的经验。第一阶段提升信息化程度，从电子账册逐步过渡到货物状态分类监管模式，避免进境出展重复查验、减少抽样数量和频次。对出区展示中发生留购，无须在展示结束后回区，允许平台运营企业及提供担保的企业向海关集中申报，依法纳税后核销，同时释放担保额度。第二阶段加快推动保税展示交易区块链应用，从根本上解决监管的难题。二是简化留购核销流程。对出区展示中发生留购，无须在展示结束后回区，允许平台运营企业及提供担保的企业向海关集中申报，依法纳税后核销，同时释放担保额度。

2. 拓展区外保税展示交易区域范围

根据《进口博览会海关通关须知》进口博览会参展商品可以运至常年展示交易中心开展保税展示交易。一是建议进一步明确上海保税展示交易场地范围。包括"6天+365天"展示交易中心，上海市商务委等职能部门认定的保税展示交易场所，以及海关认定的保税展示交易场所，在展会期间和结束后，应当都可以适用保税展示区外范围规定。二是建议进一步将范围覆盖到上海市级商圈、特色街区，以及长三角城市中高端商业体，扩大保税展示交易效果，推动长三角地区进口一体化市场建设。

3. 放宽展品出区担保条件

除原有银行保函和现金方式以外，同意符合条件的企业予以企业保函担保方式；基于企业信用进行管理，对开立银行保函的审批流程，适当予以简化，以缩短时限，便利企业快速出区展示交易；对暂未满足企业保函担保方式而仍需要沿用银行保函的，将原有海关批准的出区展示有效期限，与区外保税展示交易开展时效一致，如企业申请延期、银行保函和企业保函自动延期。

4. 确定展品留购交易的完税基准

一方面，保税展示交易主要作用是推动贸易方式创新、引导全球新品国内定价机制、减小国内外价差、推动消费回流；另一方面，保税展示交易的主体、区域、品类限定，交易规模有限，对国家税基贡献微乎其微，不会造成税收流失。因此，一是明确留购后完税价格基准。参考国际公约以及国际实践，执行《中华人民共和国海关审定内销保税货物完税价格办法》相关规定，进一步明确保税展示交易货物按照该货品入境时的状况、数量、价值以及海关特殊监管区域和场所内发生的存储费用等作为征税价格基础，以入境时的实际税率征收关税和国内税收。二是对确实从进口博览会退回的展品，保税区海关可参照展会期间的消耗额度，根据区内展示的实际情况对数量和总值再次核定，在合理范围内的，按照相关规定免征关税和进口环节增值税、消费税。

参考文献

一、中文参考文献

[1] 程大中. 国际贸易中心的历史演变及其对上海的启示 [J]. 世界经济情报, 2009 (07): 17-19.

[2] 杜振华. 金砖国家通信服务贸易研究 [J]. 重庆大学学报: 社会科学版, 2012, 18 (5): 29-35.

[3] 对外经济贸易大学技术贸易课题组. 中国技术贸易50年 [J]. 国际贸易问题, 1999 (10): 11-18.

[4] 费鸿萍, 蒋林. 自贸区背景下进口贸易线上线下商业运营模式研究——基于破坏性商业模式合法性悖论 [J]. 商业经济研究, 2015 (32).

[5] 傅正华, 雷李军. 建国以来我国技术转移的发展阶段及特点 [J]. 华南理工大学学报 (社会科学版), 2006 (06): 14-17+52.

[6] 巩咏梅. 国际互联网在贸易中的促进作用 [J]. 对外经贸, 1998 (5).

[7] 管荣伟. 我国跨境零售进口电商市场"去跨境化"现象解析 [J]. 中国流通经济, 2017 (5).

[8] 韩耀, 曹杰, 庄尚文. 网络经济下国际分工的演化及其经济机理研究 [J]. 国际贸易问题, 2005 (10): 24-28.

[9] 黄丙志, 石良平. 世界城市视角下国际贸易中心的当代"节点"特征 [J]. 上海经济研究, 2010 (11): 59-65.

[10] 建国以来技术设备引进情况 [J]. 计划工作动态, 1985 (06): 29-30.

[11] 鞠建东. 中美贸易争端的冲击与中国长期发展路径 [J]. 清华金融评论, 2018 (07): 16-20.

[12] 匡增杰. 全球供应链整合视角下上海国际贸易中心建设 [J]. 开

放导报，2012（4）：41-44.

[13] 李海静. 新中国技术引进的历程分析 [D]. 内蒙古师范大学，2008.

[14] 李佳欣."互联网+对外贸易"模式发展的若干分析 [J]. 财经界：学术版，2015（17）：32-32.

[15] 罗伯特·吉尔平. 跨国公司与美国霸权 [M]. 东方出版社，2011.

[16] 梁俊伟，张二震. 贸易投资一体化格局下区域内部经济协调发展——基于长三角内部板块的研究 [J]. 南大商学评论，2007（03）：95-125.

[17] 刘雅媛，张学良."长江三角洲"概念的演化与泛化——基于近代以来区域经济格局的研究 [J]. 财经研究，2020，46（04）：94-108.

[18] 陆忠伟. 美国发动的贸易战重击全球供应链，跨国公司会如何选择？上观新闻2018.

[19] 南志光. 我国跨境电商零售业进口碎片化贸易形态及其发展原因 [J]. 商业经济研究，2018（10）.

[20] 裴长洪. 我国服务业地区协同、区域集聚及产业升级 [J]. 经济学动态，2013（10）：158-158.

[21] 钱运春. 长江三角洲外资空间演进对城市群发展的推动机制 [J]. 世界经济研究，2006（10）：70-74.

[22] 乔尔·科特金. 全球城市史. 社会科学文献出版社 [M]. 2006.

[23] 乔章凤，李青原，李丛珊. 国际化城市产业发展模式与特征分析 [J]. 国际经济合作，2016（11）：76-79.

[24] 上海财经大学财经研究所城市经济规划研究中心. 2008上海城市经济与管理发展报告. 2008

[25] 上海市口岸服务办公室. 2014-2017上海口岸发展报告. 2017.

[26] 上海市商务委员会. 2015上海服务贸易发展报告. 上海人民出版社. 2015.

[27] 上海市商务委员会. 2020上海国际经济贸易发展报告. 上海科技情报出版社. 2020.

[28] 沈玉良，高耀松. 上海现代国际贸易中心建设：内涵、利益和思路 [J]. 国际贸易，2008（5）：30-34.

[29] 沈玉良. 国际贸易中间商、贸易交易方式与贸易监管制度改革 [J]. 科学发展，2010（10）：86-90.

[30] 沈志华. 对在华苏联专家问题的历史考察：作用和影响——根据中俄双方的档案文献和口述史料 [J]. 中共党史研究, 2002 (2): 38-44.

[31] 沈志华. 苏联专家在中国 [J]. 中外文摘, 2011 (20): 23-23.

[32] 孙少勤, 娄曼. 进口产品多样性对全要素生产率的影响研究——基于中国制造业行业面板数据的实证分析 [J]. 产业经济研究, 2018 (4).

[33] 孙唯. 互联网对我国对外贸易流量的影响及区域差异 [D]. 华中科技大学, 2011.

[34] 唐珏岚. 生产性服务业集聚—大都市形成与发展的必由之路. 广西社会科学, 2006 (2).

[35] 王利华. 中国跨国公司对外直接投资区位选择研究 [D]. 华东师范大学, 2010. p35-36.

[36] 王星, 郑淑蓉. 我国进口跨境电子商务运营模式比较 [J]. 商业经济研究, 2017 (13).

[37] 王子先. 中国生产性服务业发展报告2007. 经济管理出版社, 2007.

[38] 王子先. 上海国际贸易中心建设在全国外贸转型升级中的先导作用 [J]. 国际贸易, 2011 (10): 34-38.

[39] 吴兰. 基于零售业态演变的我国进口跨境电子商务业态分类 [J]. 商业经济研究, 2017 (20).

[40] 薛安伟, 张幼文. 以扩大进口推动高质量发展 [N]. 解放日报, 2018-07-24 (010).

[41] 杨涛, 罗丽梅. 长三角世界级机场群发展策略. 澎湃新闻 2020-05-21.

[42] 查贵勇, 程静岚. 上海生产性服务业发展的问题. 区域经济, 2007, (3).

[43] 张二震, 马野青. 贸易投资一体化与长三角开放战略的调整 [M]. 人民出版社, 2008.

[44] 张家璇. 华为公司"走出去"战略分析 [J]. 经贸实践, 2017 (15): 173.

[45] 张娟、沈玉良. 发挥国际进口博览会效应, 持续扩大我国进口 [J]. 国际贸易, 2018 (10): 45-51.

[46] 张娟. 服务业跨国公司的贸易效应. 经济科学出版社. [M]. 2017.

［47］张娟．中国出口增加值的服务要素贡献率提高了吗？［J］．世界经济研究，2019（04）：119－133＋136．

［48］张相文．INTERNET下的国际贸易创新［J］．国际贸易问题，2003（8）：1－4．

［49］张秀莉．1982！上海经济区——国家在战略层面推进长三角一体化的第一次尝试．上观新闻．2019－07－09https：//www．jfdaily．com/news/detail？id＝161996．

［50］张宇燕．《跨太平洋伙伴关系协定》文本解读［M］．中国社会科学院出版社．2016．

［51］郑友揆，韩启桐：中国埠际贸易统计（1936－1940），中国科学院编译局1951年版，第12页．

［52］钟韵，闫小培．西方地理学界关于生产性服务业作用研究述评．人文地理，2005，（3）．

［53］中金．长三角一体化：潮起江海阔，扬帆正当时．https：//mp．weixin．qq．com/．

［54］周振华．崛起中的全球城市：理论框架及中国模式研究［M］．上海：格致出版社，2008：50．

［55］朱有为，张向阳．国际制造业与服务业向中国转移的协同关系分析．中国软科学，2005．

二、英文参考文献

［1］Coe, Dicken, Hess. Global production networks: realizing the potential［J］. Journal of economic geography, 2008, 8 (3): 295.

［2］Emmanuelle Ganne. Can Blockchain revolutionize international trade? WTO Publications, 2018.

［3］Gestrin, Michael V. and Julia Staudt, The digital economy, multinational enterprises and international investment policy, OECD, Paris. 2018.

［4］Gereffi. The organization of buyer-driven global commodity chains: how US retailers shape overseas production networks［J］. Contributions in Economics and Economic History, 1994: 95. p97.

［5］Gereffi, Fernandez-Stark. Global value chain analysis: a primer［J］. Center on Globalization, Governance & Competitiveness (CGGC), Duke University,

North Carolina, USA, 2011. p9.

[6] John T. Bowen Jr., Thomas R. Leinbach. Air cargo services in Asian industrializing economies: Electronics manufacturers and the strategic use of advanced producer services. Regional Science, 2003.

[7] Juleff – Tranter L. E. Advanced producer services: Just a service to manufacturing? The Service Industries Journal, 1996.

[8] O'Connor. Australian ports, metropolitan areas & trade – related services [J]. The Australian Geographer, 1989, 20 (2): 170.

[9] OECD – WTO – UNCTAD. Implications of Global Value Chains for Trade, Investment. 2013. 6.

[10] UNITC: Digital Trade in the U. S. and Global Economies. 2013.

[11] S. Illeris. Producer services: the key factor to economic development, Enterpreneurship and regional development, 1989.

后　　记

　　2018年4月10日，习近平主席在博鳌亚洲论坛开幕式上宣布在上海举办首届中国国际进口博览会，引发了各界关注，而我也有幸能以不同的角色参与其中。

　　首先，作为一名研究者，我参与了进口博览会相关破题研究。包括《建设进口博览会"6天+365天"常年保税展示交易中心场所方案研究》、《抓住中国国际进口博览会新机遇，推进上海国际贸易中心建设》研究。并且，还承接了上海市人民政府发展研究中心的重点决策咨询课题《借助进博会将上海打造成为联动长三角服务全国辐射亚太的进口商品集散中心研究》、上海市商务委员会调研课题《推进本市保税展示交易常态化方案调研》等。这些研究任务，督促我去系统研究进口博览会的运行和溢出效应机理。

　　其次，作为一名工作者，我有幸连续三届参与进口博览会的保障工作，两届作为平行论坛联络官。不仅亲眼见证了十多年前上海提出的"东有陆家嘴，西有虹桥"高端论坛的设想得以实现，而且还在国家战略层面得到升华。这为我研究进口博览会提供了更加直观的感受，给本书相关研究提供了实践支撑。

　　最后，作为一名消费者，我从生活的点滴中感受到进口博览会对我们生活带来的变化。我可以从各种零售渠道，购买来自全球的原料、烹饪异国风味的美食，从各种穿戴设备、智能家居、交通出行工具中，感受全球科技的变化。因此，在本书中，我引入了进口消费创新研究，将进口博览会贸易促进效应从国际贸易向消费领域进行创新拓展。

　　在此，我不仅要感谢上海市商务委员会、上海市商务发展研究中心、上海市政府发展研究中心等单位研究支持，还要特别感谢廖璇、解丽文等同事的帮助，本书的出版也得到了她们在方法和思想上的支撑。

最后要深深感谢我的家人，对我的研究和创造给予了理解和支持，使我有充分的时间去思考、去写作。他们始终陪伴我左右，每一次的等待和拥抱，让写作的艰辛也充满温暖。